Realisierung Luc Quisenaerts
Konzept, Gestaltung und Reproarbeiten: Paul Kusseneers
Druck: A. De Cuyper-Robberecht n.v.
Texte und Bearbeitung der englischsprachigen Ausgabe: Anne & Owen Davis
Bearbeitung der französischsprachigen Ausgabe: Philippe Bockiau & Philippe Françus
Bearbeitung der deutschsprachigen Ausgabe: Eva & Hans-Jürgen Schweikart
Fotos: s. Seite 208
Verlag: D-Publications - Lier - Belgien
Lizensausgabe für die ReiseArt Verlags- und Produktiongesellschaft GmbH & Co
KG Erfurt - München - Osnabrück 1999

ISBN 3-933572-00-2   D/1998/8101/7

© Kein Teil dieses Buches darf ohne schriftliche Genehmigung des Verlages in irgendeiner Form - durch fotokopie, Mikroverfilmung oder irgendein anderes Verfahren - reproduziert oder in eine von Maschinen, insbesondere von Datenverarbeitungsanlagen, verwendbare Sprache übertragen oder übersetzt werden.

1. Auflage

Zu Gast in der PROVENCE

REALISIERUNG

LUC QUISENAERTS

TEXTE

ANNE & OWEN DAVIS

VERLAG D-PUBLICATIONS

DIE REIHE
Zu Gast...

Liebe Leserin, lieber Leser,

in dieser Buchreihe möchten wir Ihnen die jeweils schönsten Hotels und Restaurants eines Landes, einer Region oder einer Stadt sowie deren Besonderheiten, z.B. auf dem Gebiet der Handwerkskunst, vorstellen. Begleiten Sie uns auf dieser Entdeckungsreise, werfen Sie einen Blick hinter die Fassaden von Hotels, Weinschlößchen und Restaurants und lassen Sie sich überraschen, welche Genüsse diese für Auge und Gaumen zu bieten haben.

Der Zweck dieser Reihe ist es, Ihnen die Möglichkeit zu geben, beim Blättern in den einzelnen Bänden die vorgestellten Hotels und Restaurants - und auch die Umgebung, in der sie liegen - gewissermaßen als Vorgeschmack auf den Urlaub zu durchstreifen und ihre mannigfaltigen Reize zu entdecken. Daher kann diese Reihe, und auch jeder Band für sich, als wertvolles Archiv betrachtet werden, mit dem man sich ein Stück der Schönheit, wie sie von begeisterungsfähigen Menschen erhalten oder geschaffen wurde, in sein Zuhause holt.

Mit den Bänden dieser Buchreihe haben Sie sozusagen den „Schlüssel" zu einer faszinierenden und oft kaum entdeckten Welt in der Hand, deren typische Atmosphäre auf den Buchseiten spür- und erlebbar wird.

Der Inhalt wurde vom Herausgeber sorgfältig zusammengestellt, so daß dem Reisenden eine einzigartige Erfahrung und ein unvergeßlicher Aufenthalt garantiert sind.

Luc Quisenaerts
Herausgeber

Zu Gast in der PROVENCE

Hotels

Eignet sich die Provence nicht ideal als „Auftakt" für diese Reihe? Später, in einem der folgenden Bände, werden wir ausgesuchte Restaurants kennenlernen, und jeder Küchenchef wird einige seiner Geheimnisse preisgeben ... zunächst jedoch begeben wir uns auf eine Entdeckungsreise zu den schönsten Hotels der Provence, von denen sich jedes auch durch seine großartige Lage auszeichnet, sei es zwischen den schroffen Felsen der Alpilles, im faszinierenden Sumpfland der Camargue, zwischen dem Grün und dem Lavendel des Lubéron, im Schatten des Papstpalasts zu Avignon, unter der strahlenden Sonne am Fuße des Mont Ventoux oder an den Stränden des azurblauen Mittelmeers.

Unsere Reise führt zu den schönsten *mas*, die man sich vorstellen kann, aber auch zu Hotels, die einst Klöster und Abteien waren, zu altehrwürdigen Burgen und Schlössern und zu stattlichen Herrenhäusern. Doch wo auch immer wir verweilen, überall wird uns der Formen- und Farbenreichtum erfreuen, den Gauguin, van Gogh und Cézanne in unvergleichlicher Weise auf die Leinwand gebannt haben.

HOTELS

	Pag.
Château des Alpilles	10
Hostellerie de Crillon-le-Brave	16
Cloître St-Louis	22
Hostellerie La Grangette	28
Le Moulin de Lourmarin	34
Domaine de Châteauneuf	40
Le Mas de la Fouque	46
La Bastide	52
Jules César	56
La Cabro d'Or	62
Abbaye de Sainte-Croix	68
Château de Montcaud	74
Le Mas d'Entremont	80
Le Mas de Peint	86
Hostellerie Le Castellas	92
Hostellerie du Vallon de Valrugues	98
Château Unang	104
Oustau de Baumanière	110
Grand-Hôtel Nord Pinus	118
Auberge de Cassagne	122
Château d'Arpaillargues & Gén. d'Entraigues	128
Hostellerie Les Frênes	134
Château de la Pioline	140
Les Roches	146
Auberge de Noves	152
La Bastide de Capelongue	158
Villa Gallici	164
Le Relais de la Magdeleine	170
La Mirande	176
Le Mas de l'Oulivié	184
La Mas de la Brune	190
Le Bistrot d'Eygalières	196

Château des Alpilles

Die Alpilles dominieren als felsige Bergkette die provenzalische Landschaft südlich von Saint-Rémy-de-Provence. In dieser Gegend errichteten die Römer Aquädukte, um Wasser nach Arles und in die Städte und Dörfer der Umgebung zu leiten. Das großartigste Bauwerk dieser Art ist der Pont du Gard, der noch heute, Jahrhunderte später, eindrucksvoll vom Talent der frühen römischen Baumeister zeugt.

Das Château des Alpilles liegt ganz in der Nähe dieser wildromantischen Berglandschaft, in Saint-Rémy-de-Provence. Trotz seines Namens war das Anwesen nie der Sitz von Schloßherren, sondern viel eher ein großes Landhaus mit Wirtschaftsgebäuden, Zier- und Nutzgarten, Teichen, Weinbergen und ausgedehnten Ländereien.

1979 kauften Jacques und Françoise Bon das Anwesen und machten es zu einem Viersternehotel. Die Geschicke des Hotels sind eng mit der Stadt Saint-Rémy verknüpft, die heute sehr im Trend liegt und zahlreiche Besucher anzieht.

Das wunderschön restaurierte Hotel umfaßt sowohl das Wohnhaus wie auch die ehemals für landwirtschaftliche Zwecke genutzten Trakte. Die Lounges, Privatsuiten und Zimmer bieten allen modernen Komfort und sind dennoch stark von provenzalischen Traditionen geprägt. Das warme, freundliche Interieur und die Gartenanlage zeugen von einer ruhmreichen Vergangenheit.

Hier zu wohnen, bedeutet reinsten Luxus: Vom ersten Moment an ist der Aufenthalt ein Genuß, die Speisen munden hervorragend, und die exquisite Weinkarte ist umfangreich. Gästen, die sich sportlich betätigen möchten, stehen neben dem Schwimmbad auch mehrere Tennisplätze zur Verfügung. Der ehemalige Stuntman Patrick Montomé, der den Club Hippique in Saint-Rémy leitet, organisiert regelmäßig Gruppen-Ausritte in die Alpilles, und Françoise Bon bietet Landrover-Touren ins unentdeckte Herz der Camargue an. Und am Ende eines ereignisreichen Tages erwartet einen dann wieder das gastliche Château des Alpilles.

Hostellerie de Crillon-le-Brave

Etwa 45 Minuten nordöstlich von Avignon, kurz hinter dem Städtchen Carpentras, schlängelt sich die Straße durch die herrliche Natur zu dem Hügeldorf empor, dem die Hostellerie de Crillon-le-Brave ihren Namen verdankt. Das Hotel steht neben einer sehenswerten kleinen Kirche am höchsten Punkt des Ortes und bietet eine atemberaubende Aussicht auf die weite provenzalische Landschaft.

Zwar sind die Besitzer, Peter Chittick und Craig Miller, aus Toronto gebürtig, doch ihr Stil ist vollkommen provenzalisch. Im Jahr 1989 erwarben sie das alte Pfarrhaus des Dorfes und bauten es zu einer luxuriösen Oase der Ruhe mit elf komfortablen Zimmern um. Später kauften sie drei angrenzende Gebäude hinzu, in denen dreizehn weitere Zimmer eingerichtet wurden. So wurde das Crillon-le-Brave zu dem, was es heute ist: ein Inbegriff guten Geschmacks und feiner Lebensart.

Ab Mitte März, wenn die Mandelbäume blühen, füllt sich das Hotel mit Leben und stellt dann den ganzen Sommer über einen idealen Ausgangspunkt für Sternfahrten in die Umgebung mit all ihren Herrlichkeiten dar; zum Beispiel einen Ausflug zu den berühmten Weinbaugebieten, Töpfereien und Kunstgalerien oder einen Bummel über die zahllosen farbenprächtigen Märkte, wobei man mitunter dem Küchenchef begegnet, der dort frisches Obst, Gemüse und Kräuter einkauft. Aber auch wer sich abseits des Getriebes entspannen will, findet in diesem Hotel und seiner reizvollen Umgebung reichlich Gelegenheit dazu. Im Garten lockt ein tiefblaues Schwimmbad, und dahinter lädt die provenzalische Landschaft zu ausgedehnten Spaziergängen ein. Die Küche schließlich bietet auch dem verwöhntesten Gaumen allerhand Genüsse: Koch- und Lebenskunst ergänzen sich hier vollendet, und wenn man sich nach einem ereignisreichen Tag abends zu Tisch begibt, wird man die Erfahrung machen, daß nichts so vorzüglich mundet wie *aigo boulido*, knoblauchduftend und mit reichlich Croutons gefüllt.

Cloître Saint-Louis

Eine Inschrift in der Klosterkapelle besagt, daß Louise d'Ancézune im Jahr 1589 den Jesuiten eine Schenkung zukommen ließ, damit in Avignon ein Noviziat erbaut werden konnte. Hundert Jahre und vier Baumeistergenerationen später war der Klosterbau vollendet und wurde in der Folgezeit von seinen Bewohnern und den von ihnen beauftragten Architekten geprägt: Es wurden Flügel angebaut, Glockentürme kamen hinzu, Türrahmen wurden mit Steinmetzarbeiten versehen, und Säulengalerien mit hohen Gewölben entstanden.

Lange Zeit war es den Jesuiten nicht vergönnt, in Saint-Louis zu leben, denn im Jahr 1768 fielen französische Truppen in Avignon ein und vertrieben die Mönche. Später erlebte das Kloster bewegte Zeiten: Nonnen bezogen den Gebäudekomplex, er diente verwundeten Soldaten als Lazarett und danach auch eine Zeitlang als Altersheim. Zwischen 1982 und 1987 stand das Anwesen sogar leer; dann fand es eine neue Bestimmung: Unter dem alten Klosterdach sind heute ein Kulturzentrum und ein Luxushotel vereint. Nun wandeln Hotelgäste durch die Gänge, und aus den kargen Mönchszellen sind luxuriöse Suiten geworden - dennoch ist überall die wechselvolle Geschichte des Klosters noch gegenwärtig.

Das Hotel hat achtzig Zimmer und Suiten und ganz oben ein Schwimmbad. Die Innenräume sind geradezu minimalistisch gehalten, als dürfe kein Möbelstück die Aufmerksamkeit von den eindrucksvollen Gewölben und den prächtigen Stein- fußböden ablenken. Die sorgfältig erhaltenen Mauern wirken dekorativer als das schönste Gemälde. Alles zollt hier der Vergangenheit Tribut, und die breiten Galerien um das Gebäude strahlen die gleiche Ruhe aus wie zur Zeit der ersten Jesuiten. Die beiden modernen Flügel sind von einer Nüchternheit, die aufs schönste mit dem ursprünglichen Bau harmoniert, ohne ihn jedoch imitieren zu wollen. So ist das Kloster Saint-Louis noch heute ein Zufluchtsort für alle, die Stille und schlichte Schönheit zu schätzen wissen. Manche Dinge verändern sich nie.

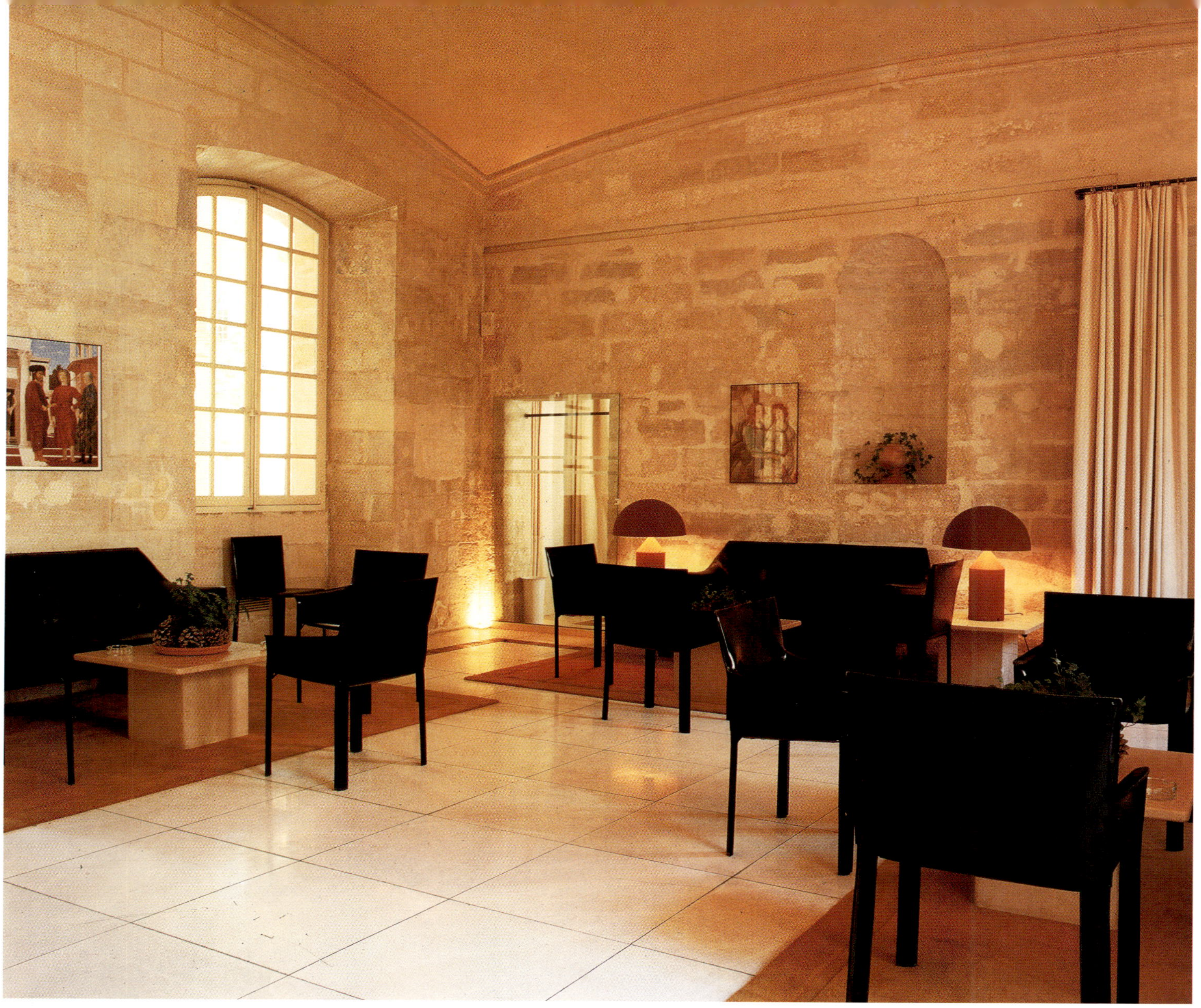

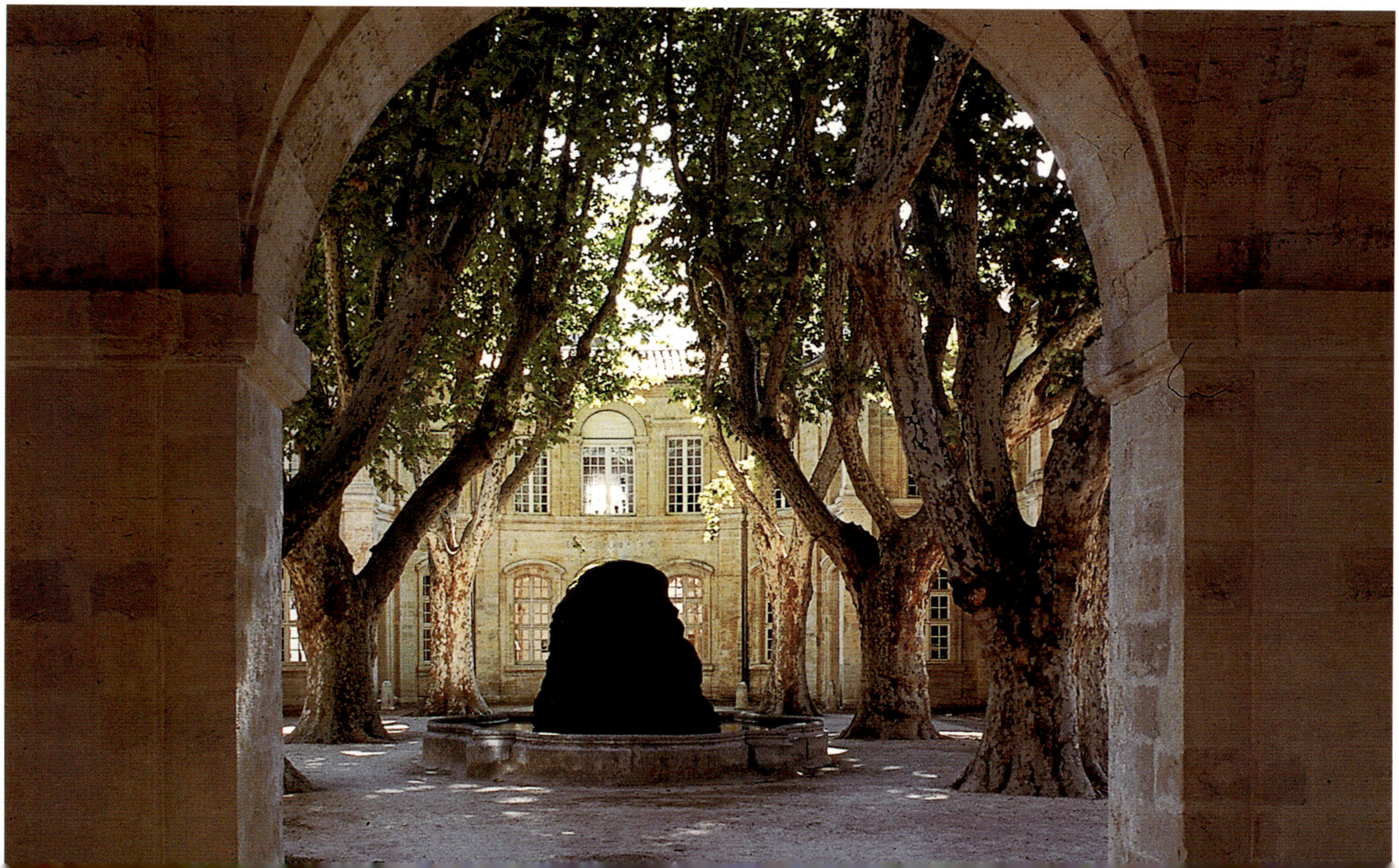

Hier war einer der berühmtesten zeitgenössischen Architekten Frankreichs am Werk: Jean Nouvel.

Hostellerie La Grangette

Nach einem Tagesausflug in das wunderschöne alte Avignon fahren wir etwa zwanzig Kilometer Richtung Osten zu einem Hotel, das uns schon mehrfach empfohlen wurde. Einst war es ein Getreidespeicher und in späterer Zeit ein stattlicher Gutshof inmitten einer waldreichen Gegend.
Schon am Hoteleingang wissen wir, daß wir uns hier wohl fühlen werden. Das wunderschön restaurierte Gebäude aus dem 19. Jahrhundert steht auf einem

Hügel, mit dem Giebel nach Westen, zur untergehenden Sonne. Überall blühen farbenprächtige Blumen, und auch die einladende Lobby wartet mit Blumengebinden in Vasen und reich gefüllten Obstschalen auf. Sanftes Licht bestimmt die Atmosphäre des in warmen Farben gehaltenen Eingangsbereichs. Brigitte und Jean Blanc-Brude, die 1994 mit der Renovierung fertig waren, haben hier ein Ambiente geschaffen, das Charme und Lebensfreude ausstrahlt.

Über eine Treppe mit kunstvoll gearbeitetem schmiedeeisernem Geländer erreicht man die liebevoll ausgestatteten Zimmer, die morgens hell und heiter und am Abend

freundlich und warm wirken. Jedes der sechzehn Zimmer hat seinen ganz individuellen Stil, mit sorgfältig ausgesuchten antiken Möbeln, und alle bieten eine geradezu überwältigende Aussicht. In unserem Zimmer herrschen sonnengelbe provenzalische Stoffe vor; zwei große Sonnenblumen halten an der Seite die Vorhänge und rahmen den Blick auf die herrlich grüne Gegend ...

Wir unternehmen einen Spaziergang über das Hotelgelände und entdecken inmitten des ausgedehnten Grüns ein einladendes Schwimmbad, ideal für eine Siesta.

Zum exquisiten Diner, das uns an einem mit funkelndem Silber gedeckten Tisch serviert wird, kosten wir verschiedene Weine aus der näheren Umgebung. Später, beim Schlummertrunk im *salon rouge*, fühlen wir uns viel zu entspannt, um noch Pläne für den nächsten Tag zu schmieden.

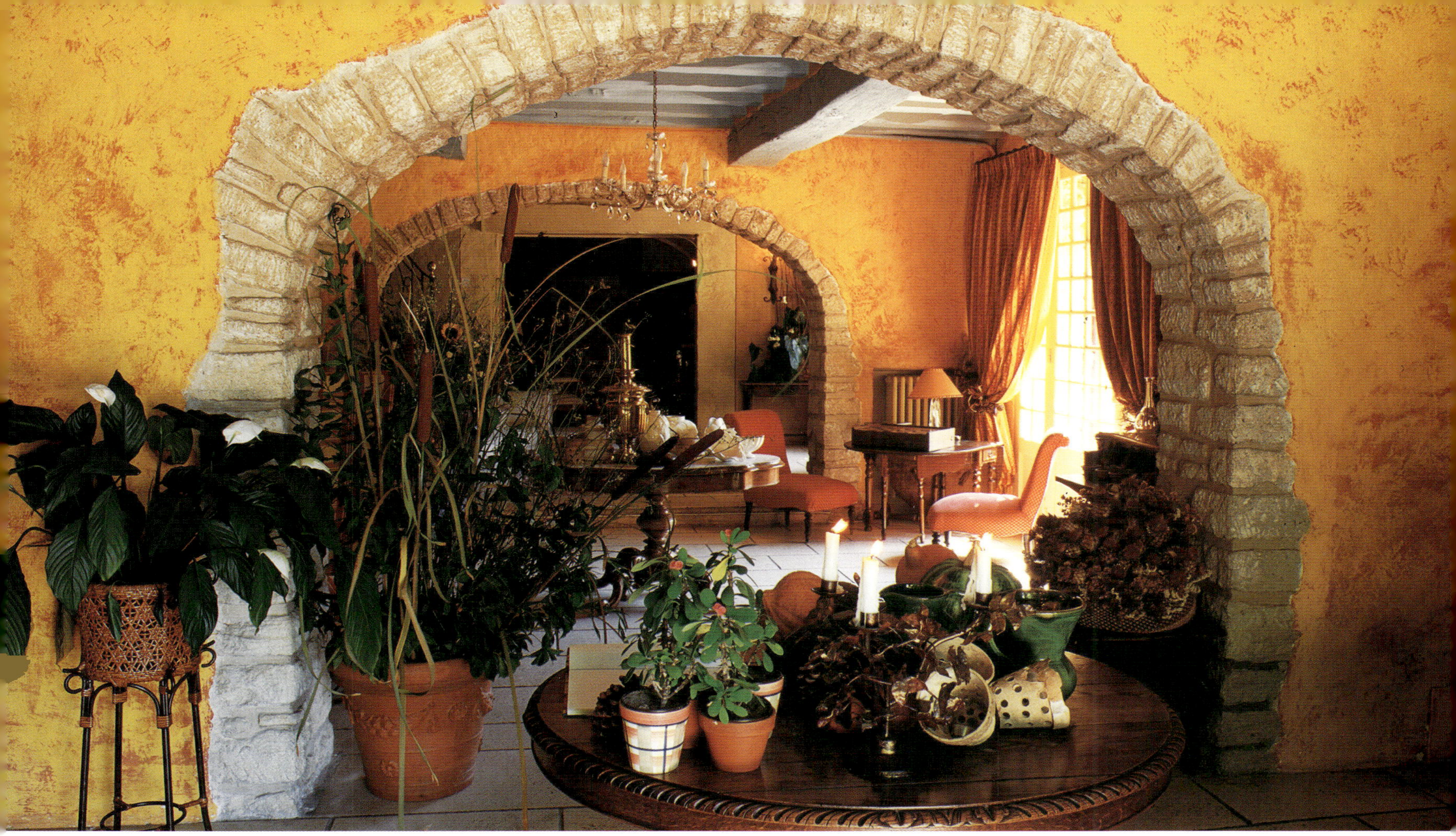

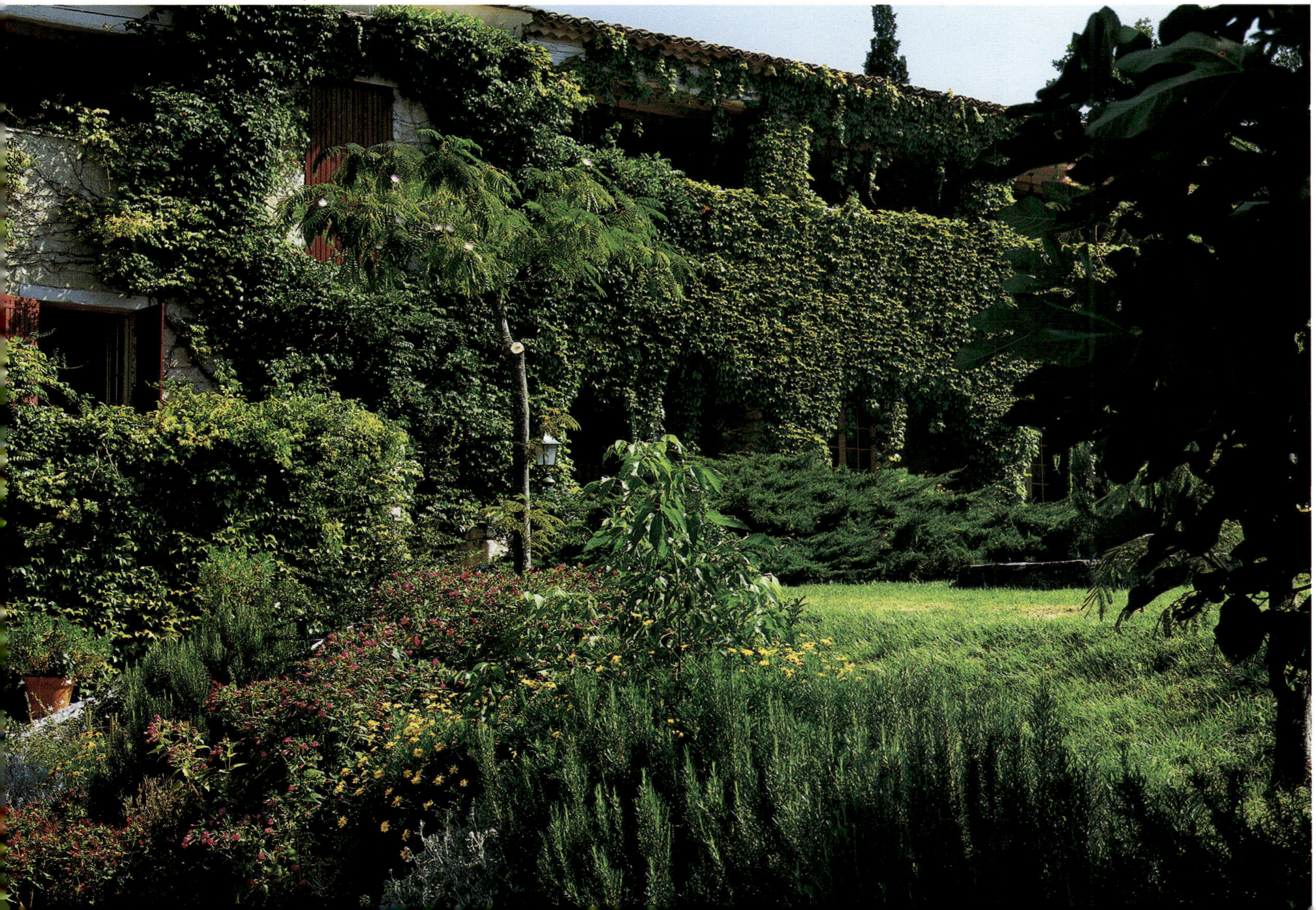

Le Moulin de Lourmarin

Es gibt Orte, die man einmal im Leben besucht und dann nie wieder vergißt. Ein solcher Ort ist Lourmarin, ein schmuckes Städtchen im Schutz der Berge des Lubéron. Man kann hier ein herrliches Renaissanceschloß besichtigen und das Grab des berühmten Schriftstellers Albert Camus aufsuchen. Eine weitere Attraktion des Ortes ist die zum Hotel umgestaltete ehemalige Ölmühle aus dem 18. Jahrhundert, in der man heute in einem Ambiente aus historischer Architektur und modernem Design den Luxus eines Viersternehotels genießen kann.

Schon beim Eintreten spürt man die besondere Atmosphäre des Hauses. An einer Seite der prachtvoll ausgestatteten Empfangshalle mit ihrem Boden aus großen Steinplatten schwingt sich eine Wendeltreppe zu den zwanzig Zimmern und zwei Suiten empor. Schmiedeeisen wurde hier kunstvoll verarbeitet: zu zierlichen Balustraden, originellen Möbelstücken und sogar Himmelbetten, wie wir eines in unserem sonnendurchfluteten Zimmer vorfinden. Die Einrichtung wirkt nüchtern und modern, ohne überflüssiges Beiwerk, aber dennoch ist jedes Detail mit großer Sorgfalt ausgewählt. Durch das Fenster überblicken wir das zwei Hektar große reizvolle Hotelgelände, und das Wasser des Schwimmbades glitzert einladend ... Luxus, wie man ihn selten vorfindet.

Vollends in einem Märchen wähnen wir uns, als wir am Abend den Speisesaal betreten, einen exquisiten Raum mit Deckengewölbe und einem eindrucksvoll geschwungenen großen Fenster zum Garten hin. Noch eindrucksvoller allerdings ist die Küche unter der Leitung des talentierten jungen Chefkochs Edouard Loubet, einem Meister in der Verarbeitung von Wildkräutern aus der Region und von taufrischen Zutaten. *Foie gras*, Meeresfrüchte, ein unvergleichliches Lammgericht, Käse aus der Region und erstklassige *Pâtisserie* - ein glanzvoller Abschluß eines ereignisreichen Urlaubstages.

37

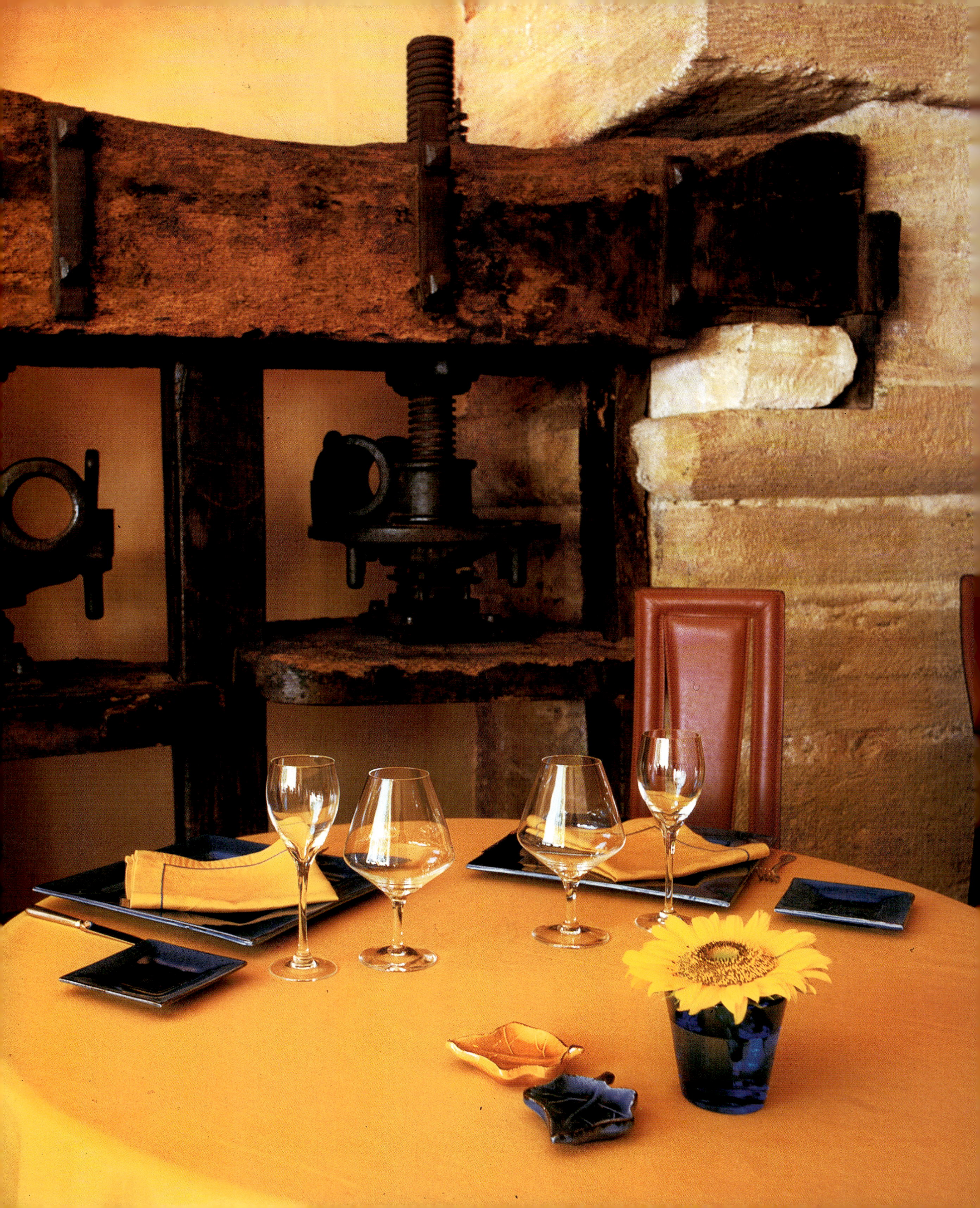

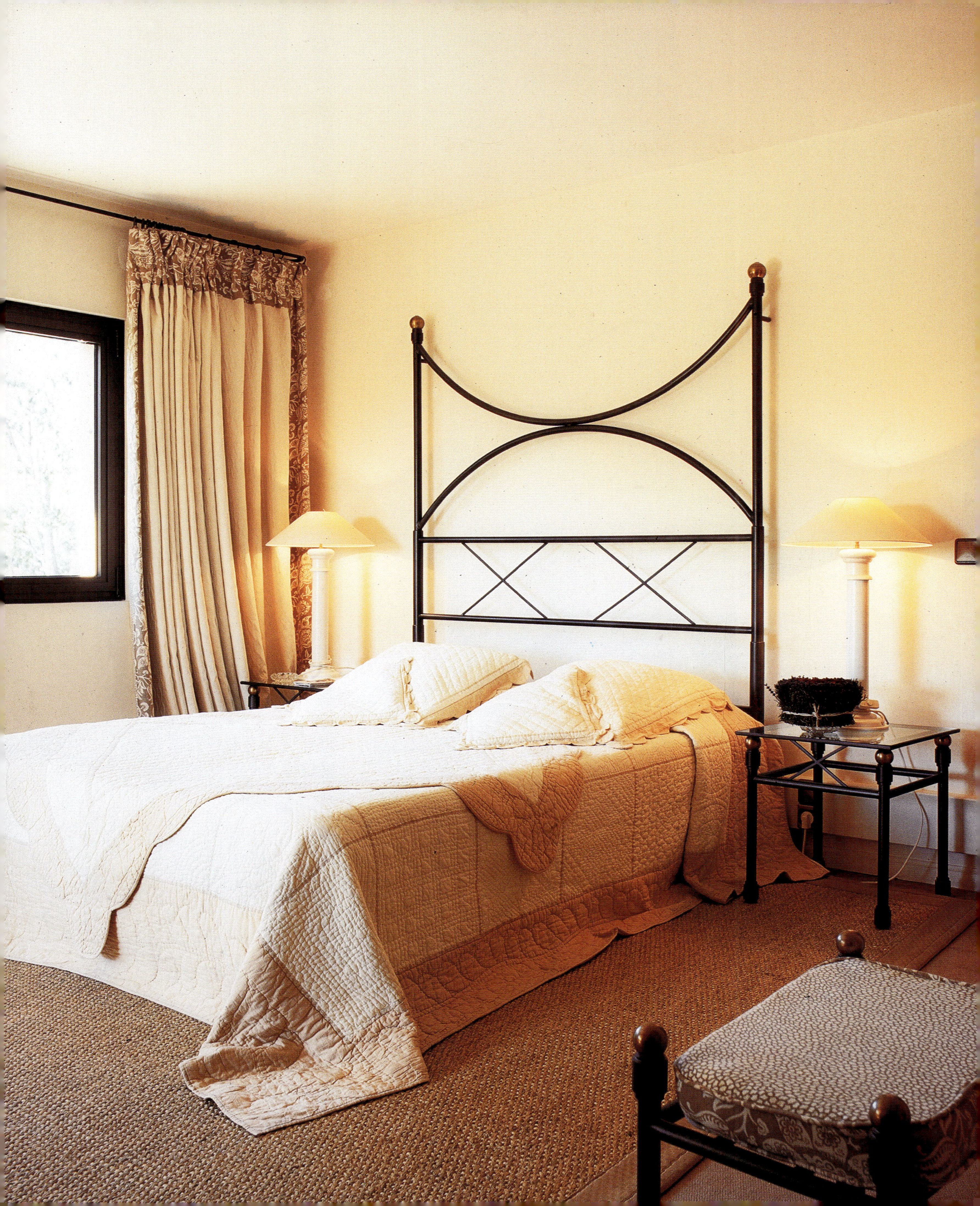

Domaine de Châteauneuf

Er war reich, berühmt und in der französischen Politik aktiv: Louis-Maurice Châteauneuf. Überdies war er ein enger Vertrauter von Napoleon Bonaparte, und der Kaiser weilte mehrfach in seinem Landhaus. Viele Generationen lang blieb das Anwesen ein Familiensitz, doch im Jahr 1919 war Casimir Charles Châteauneuf aus finanziellen Gründen gezwungen, den Besitz zu veräußern.

1926 erwarb ihn Fernand Malet, der renommierteste *pâtissier* von Toulon. Zusammen mit seiner Frau, einer begnadeten Köchin, verhalf er der Domaine de Châteauneuf zu Rang und Namen in der Gastronomie. Die Kinder des Paares prägten und gestalteten das Anwesen weiter, bis es zu den Hotels der Spitzenklasse gehörte.

Heute dient der reizvolle Park, der wie ein Gürtel um das Gebäude angelegt ist, als Golfplatz Sainte-Baume, und der „Group Open Golf Club of France" ist stolzer Besitzer der prestigeträchtigen Domaine de Châteauneuf.

Das Hotel liegt weit in der Provence, halb versteckt hinter dem Massiv La Sainte-Baume, in einer wunderschönen, jedoch touristisch noch weitgehend unbekannten Gegend der Provence. Bis zum Mittelmeer ist es nur ein Katzensprung, und man ist rasch in so attraktiven Orten wie Aix-en-Provence oder in der Großstadt Marseille.

Hätte Napoleon die Möglichkeit gehabt, sein Exil selbst zu wählen, so hätte er wohl keine Sekunde gezögert …

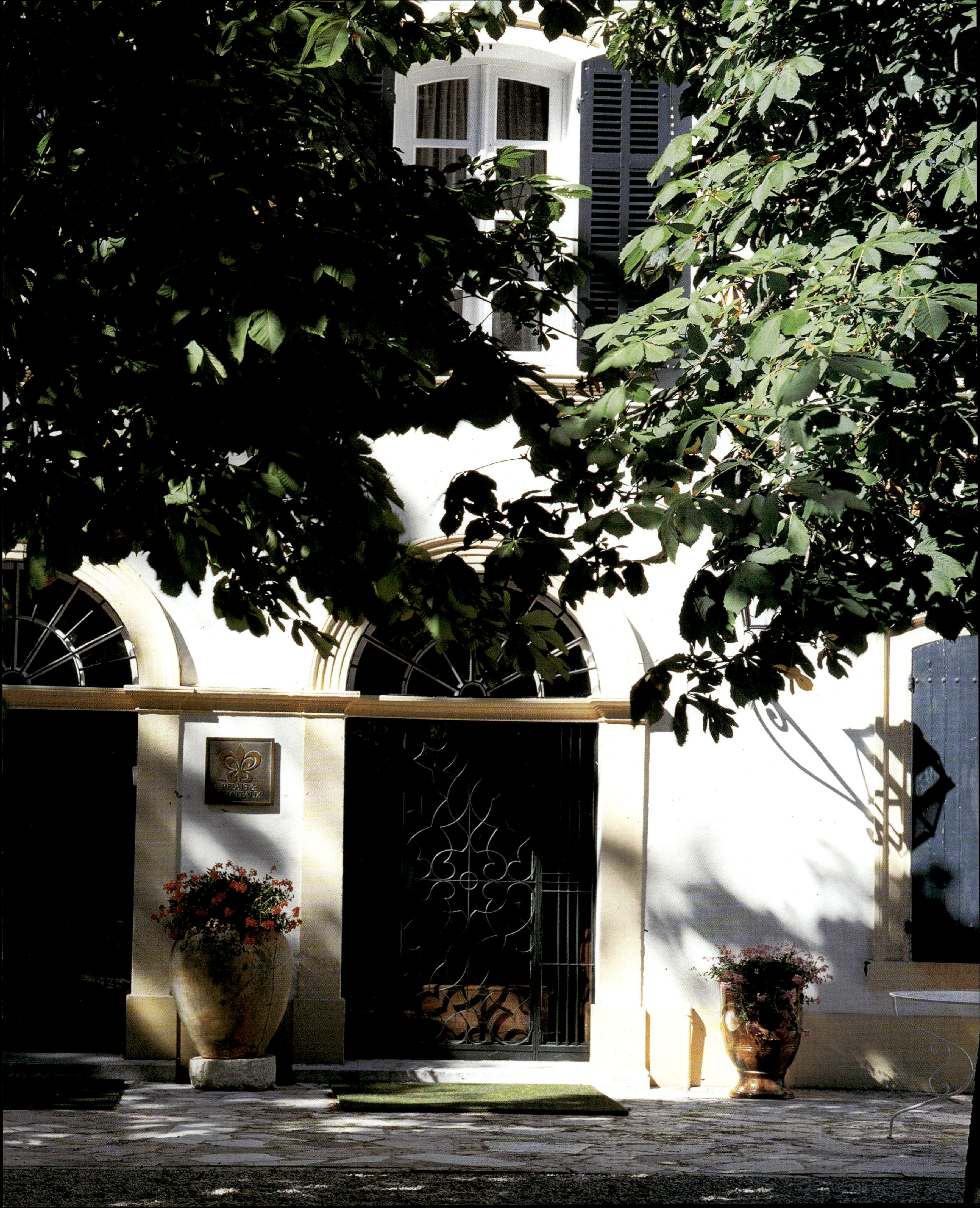
RELAIS &

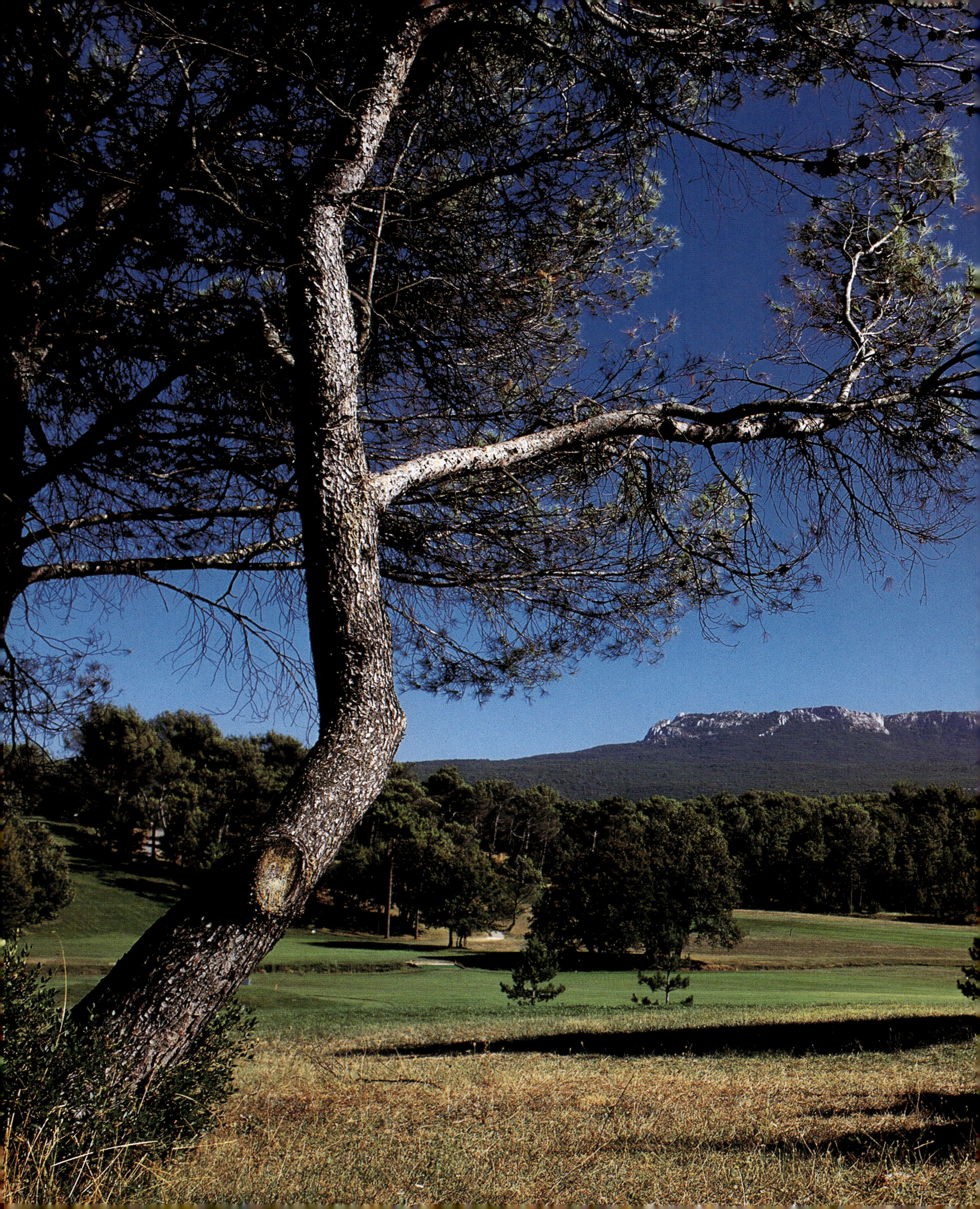

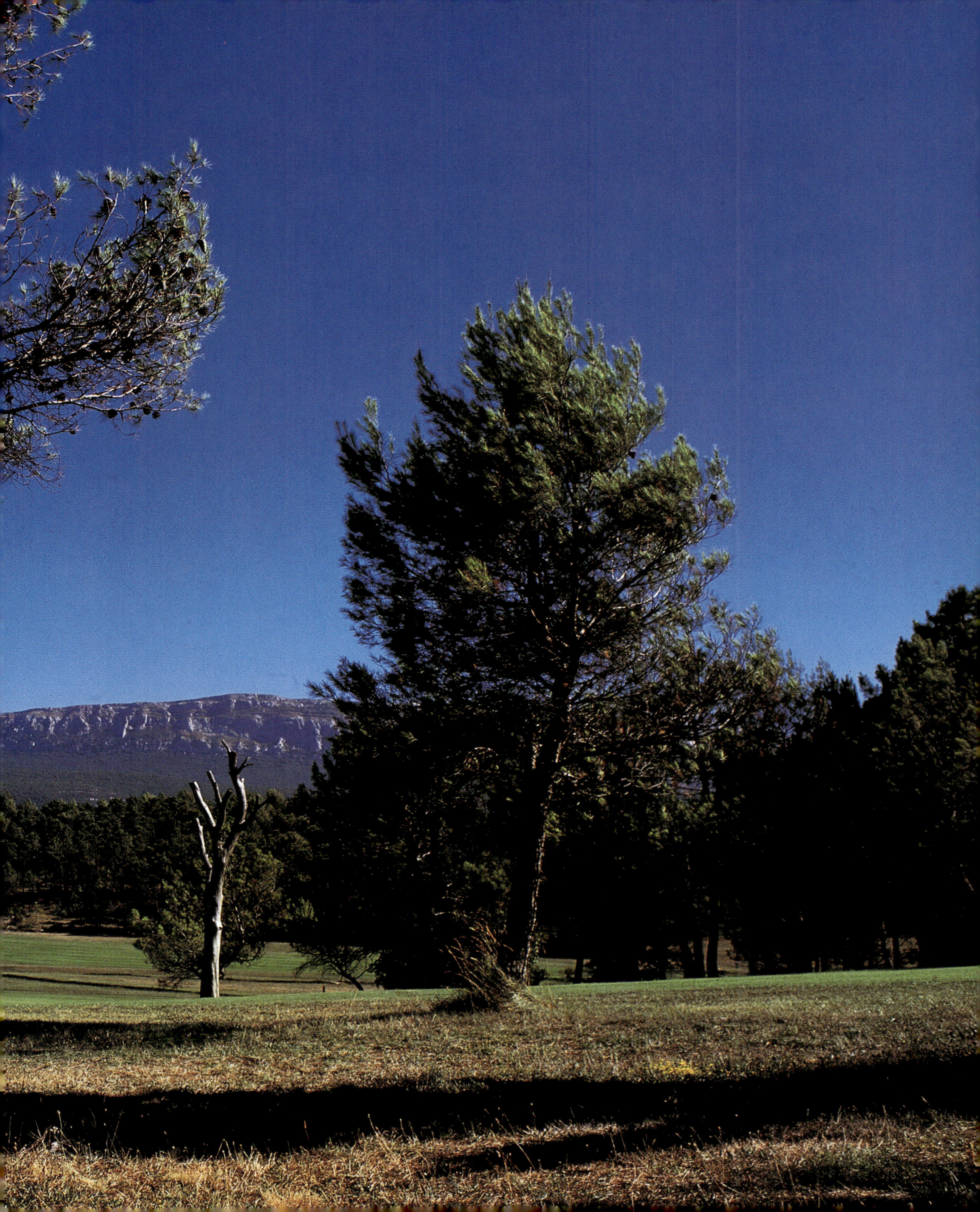

Einst weilte Napoleon Bonaparte als Gast auf dem Landsitz Domaine de Châteauneuf.

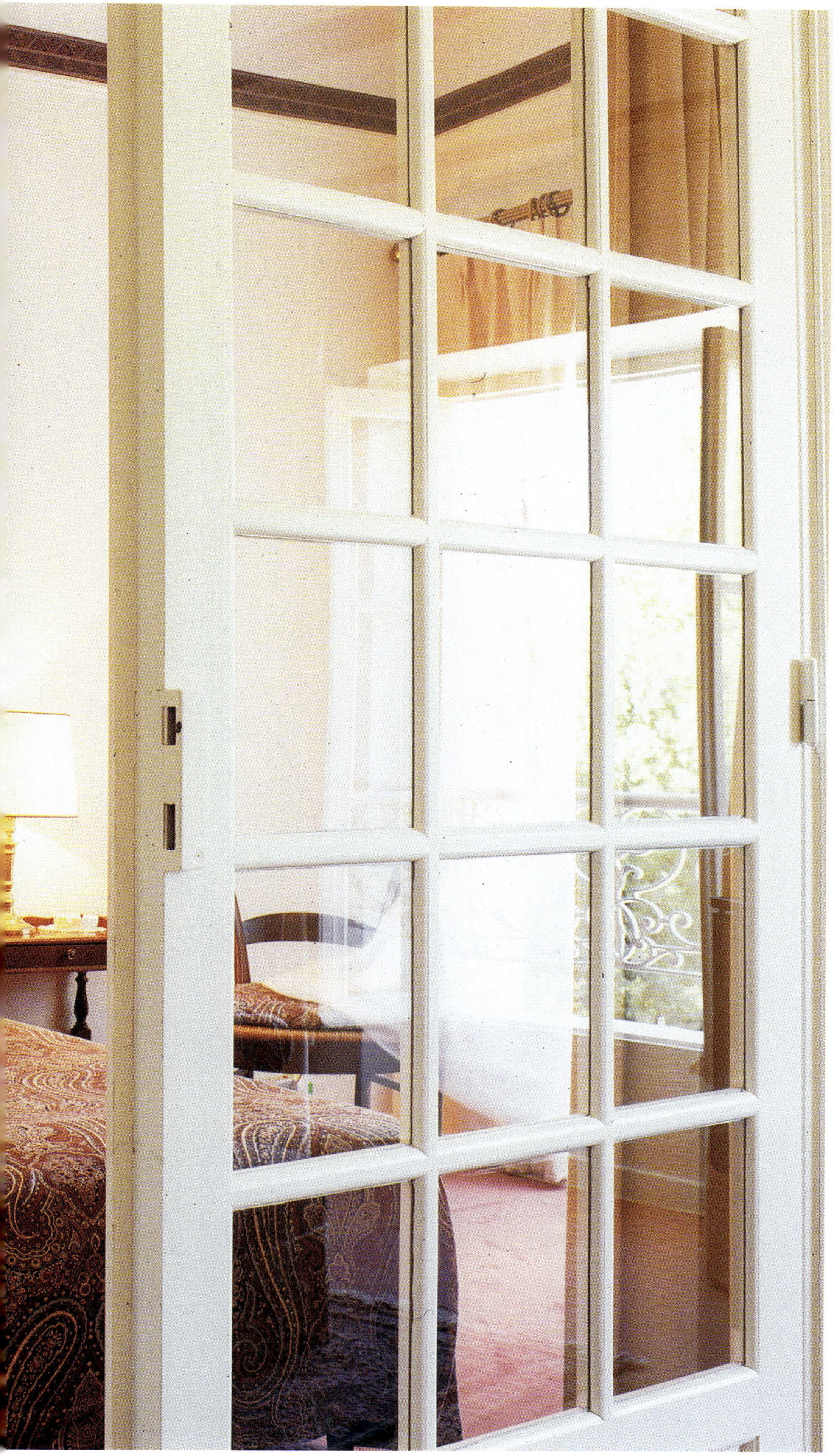
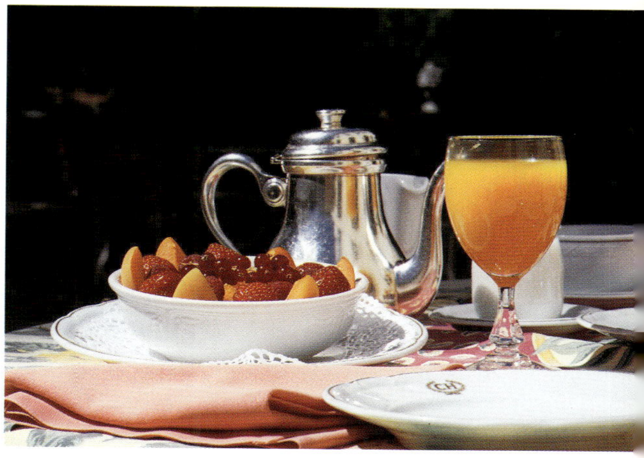
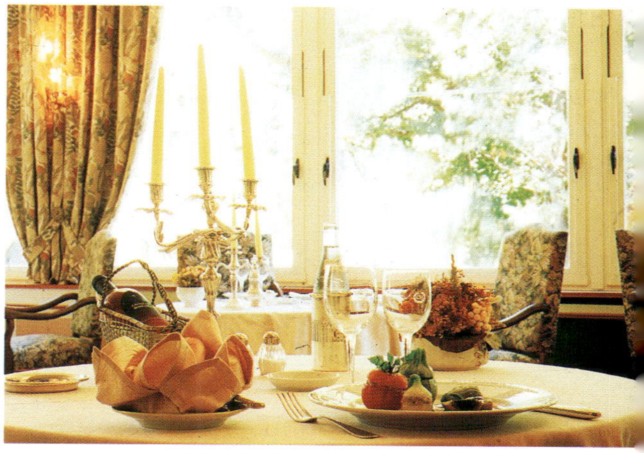
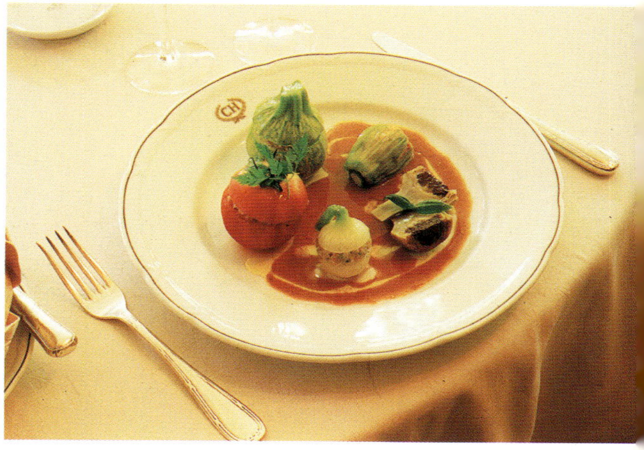
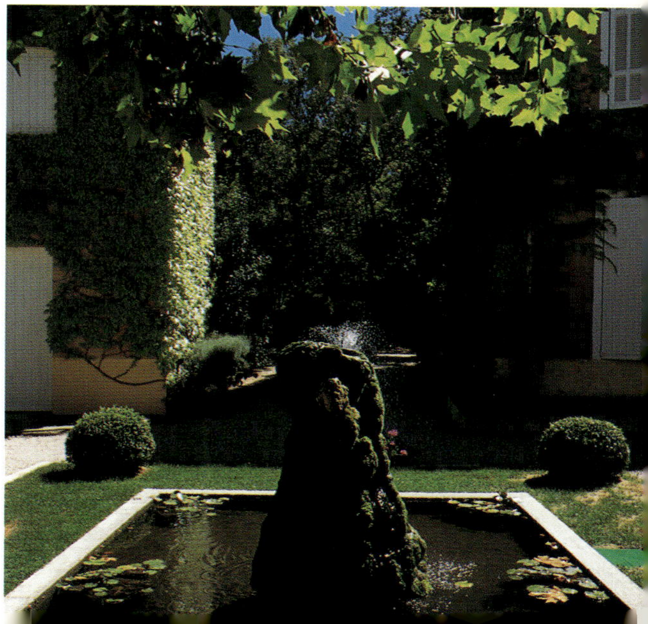

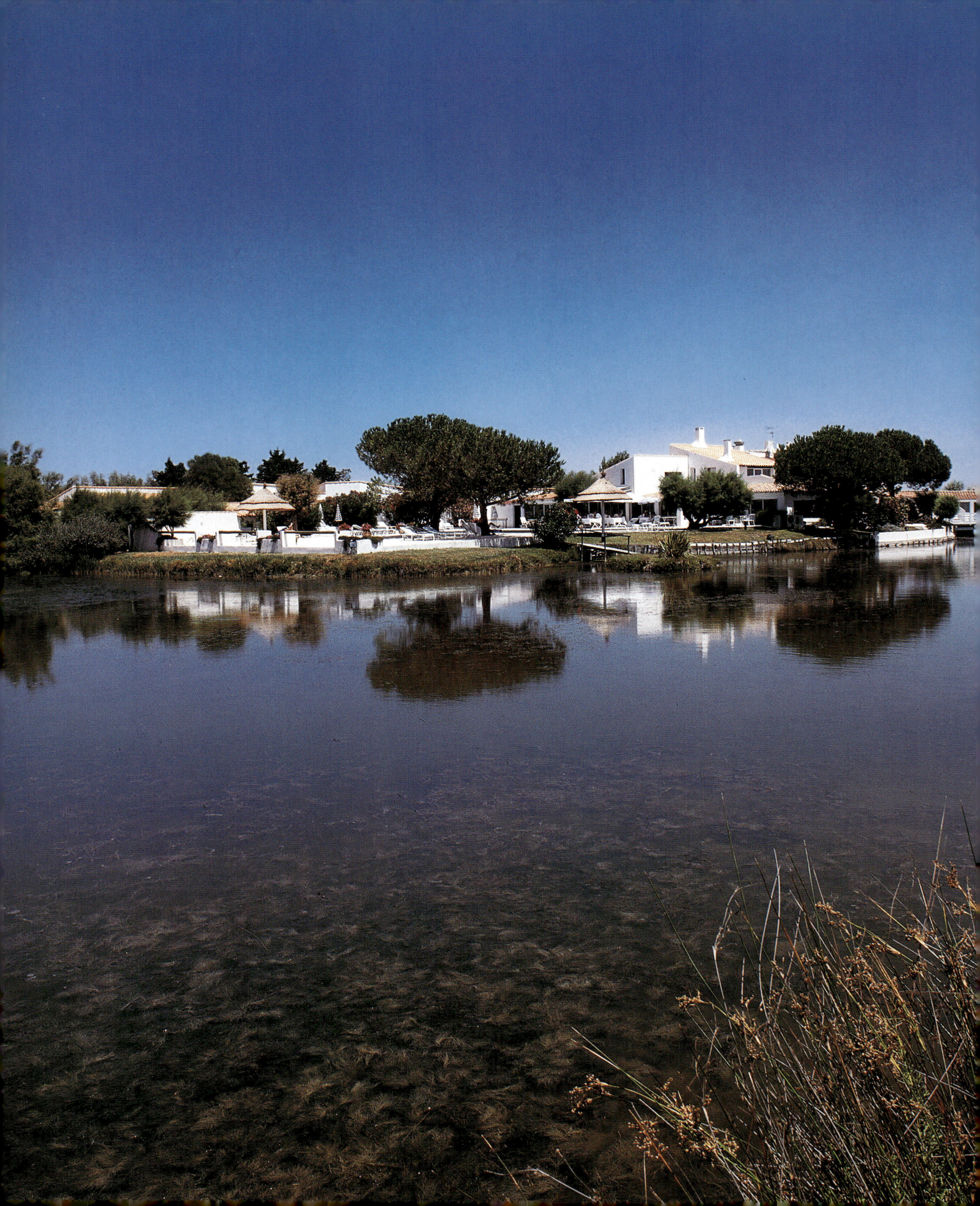

Le Mas de la Fouque

Wie ein grünes, blumenduftendes Paradies liegt das Hotel Le Mas de la Fouque inmitten der ausgedehnten sumpfigen Camargue. Wer erkunden möchte, was es mit dem Mythos Camargue, insbesondere den vielfotografierten weißen Wildpferden, auf sich hat, dem sei dieses Hotel wärmstens empfohlen.

Die Pferde leben sozusagen in Halbfreiheit, sie werden von berittenen Viehhirten, den *gardians* betreut. Doch der regionale Naturpark Camargue hat noch weit mehr zu bieten: Das morastige Land beherbergt eine Vielzahl von Vögeln, vor allem zur Zeit des Vogelzuges. Man findet hier Wildgänse, zahlreiche Entenarten, Reiher und natürlich die berühmten rosa Flamingos.

Inmitten dieser paradiesischen Umgebung liegt das Hotel, das wir über einen schmalen Sandweg erreichen. Kletterrosen ranken sich in verschwenderischer Pracht an den weißen Außenmauern empor, und wohin wir auch blicken - überall gedeihen Pflanzen im Überfluß.

Die Besitzer, Jean-Paul Cochat und seine Frau Marthe, empfangen ihre Gäste in einer heiter-eleganten Atmosphäre und bieten ihnen alle Annehmlichkeiten eines Viersternehotels, wobei sich die Schönheit der umgebenden Natur in der originellen und äußerst geschmackvollen Einrichtung widerspiegelt. So ist an einer Wand eine Sammlung alter Gewehre zu sehen, und in den Lounges beeindrucken mehrere prachtvolle antike *armoires*. Die vierzehn mit Klimaanlage ausgestatteten Zimmer bieten eine überwältigende Aussicht auf das großzügige Schwimmbad, einen mit Blumen geschmückten Patio und - nicht zu vergessen - die großartige Landschaft der Camargue.

Speisen und Weine sind hier gleichermaßen exzellent, mein schönstes Erlebnis jedoch hatte ich eines Morgens beim Frühstück: Während ich am Schwimmbad eine Tasse hervorragenden Kaffee genoß, trat ein unerschrockener Reiher aus dem Schatten und blieb stolz und unbeweglich neben mir stehen. So stelle ich mir das Paradies vor ...

Zu Gast in der herrlichen Natur.

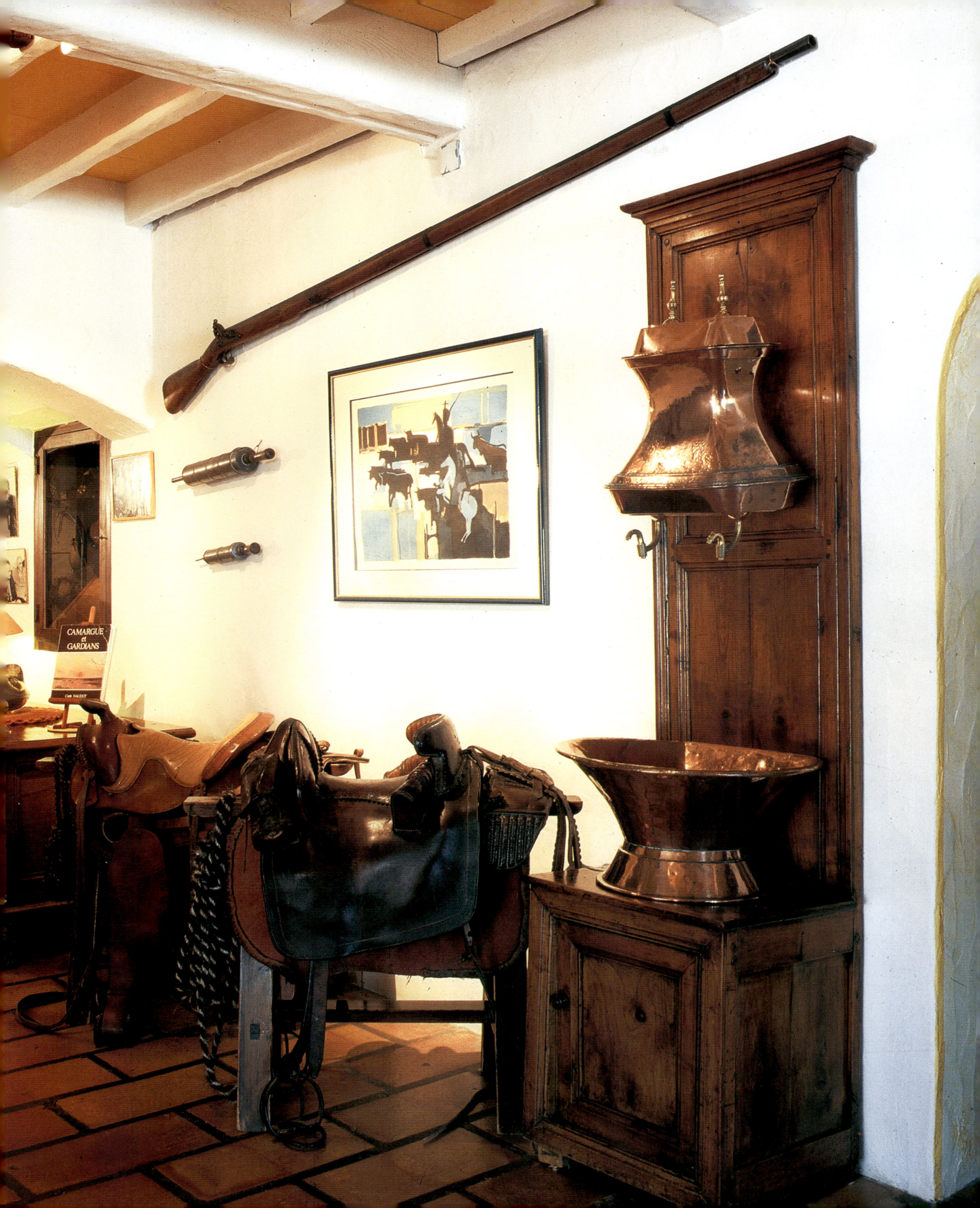
CAMARGUE
et
GARDIANS
Carle NAUDOT

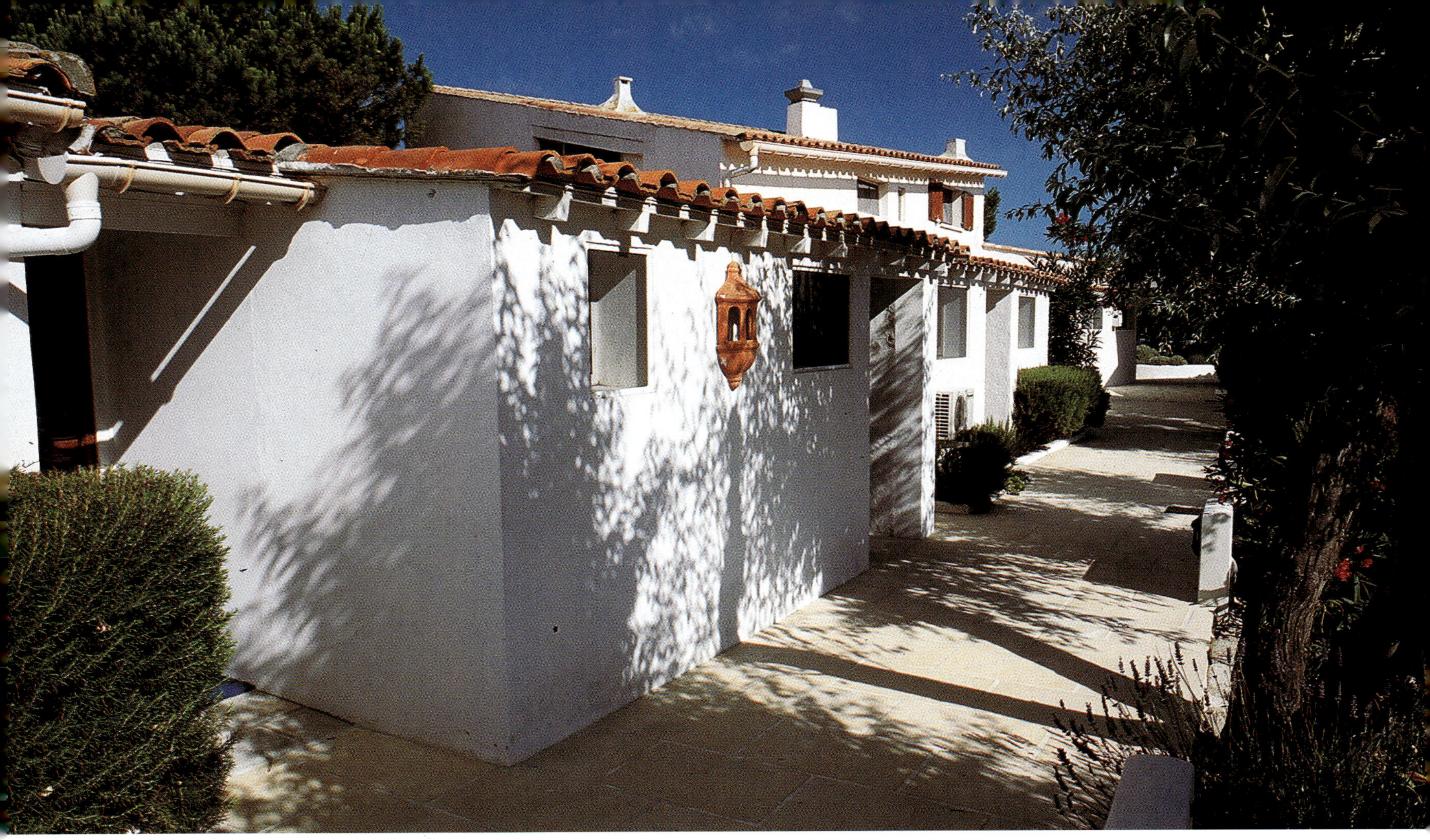

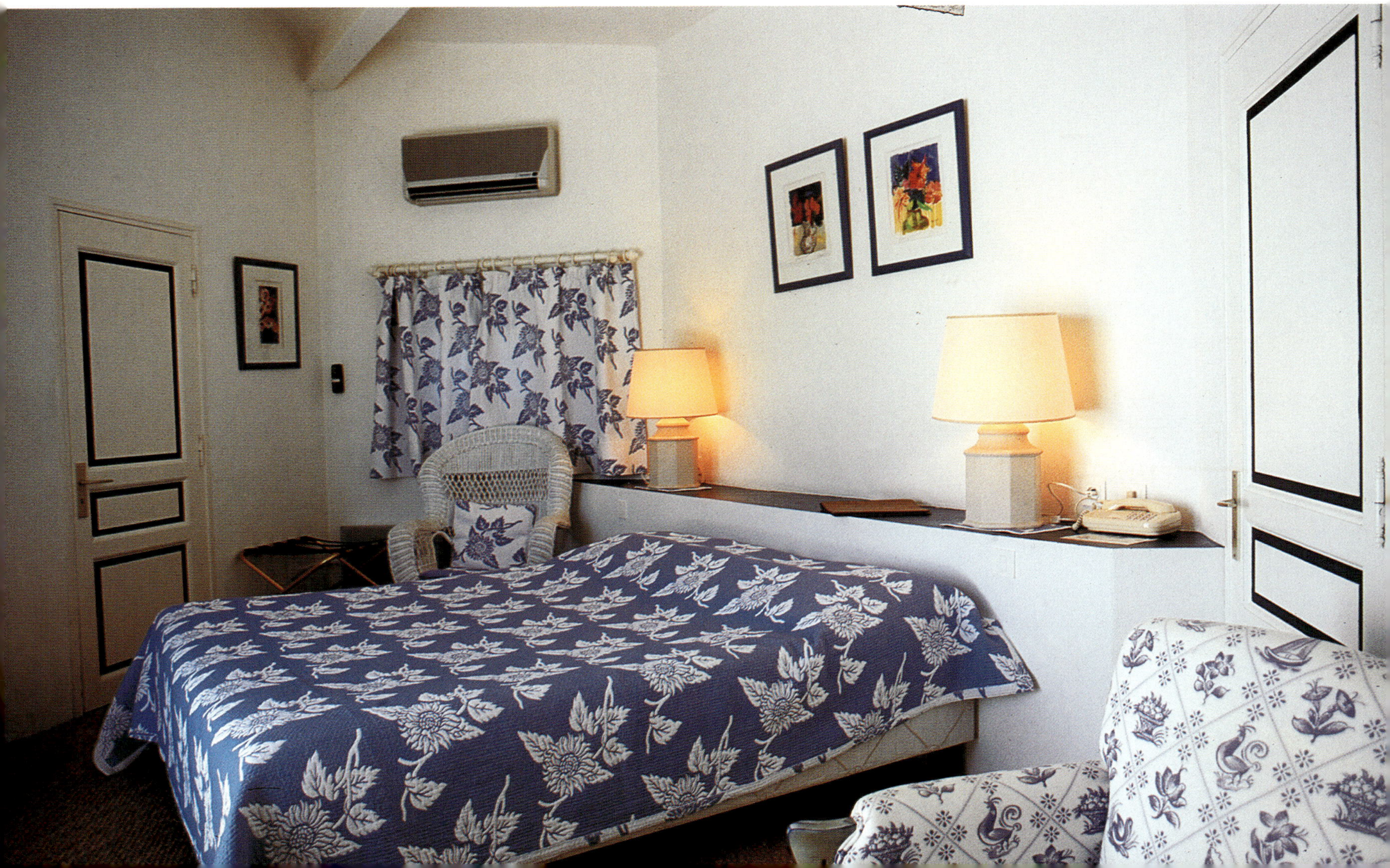

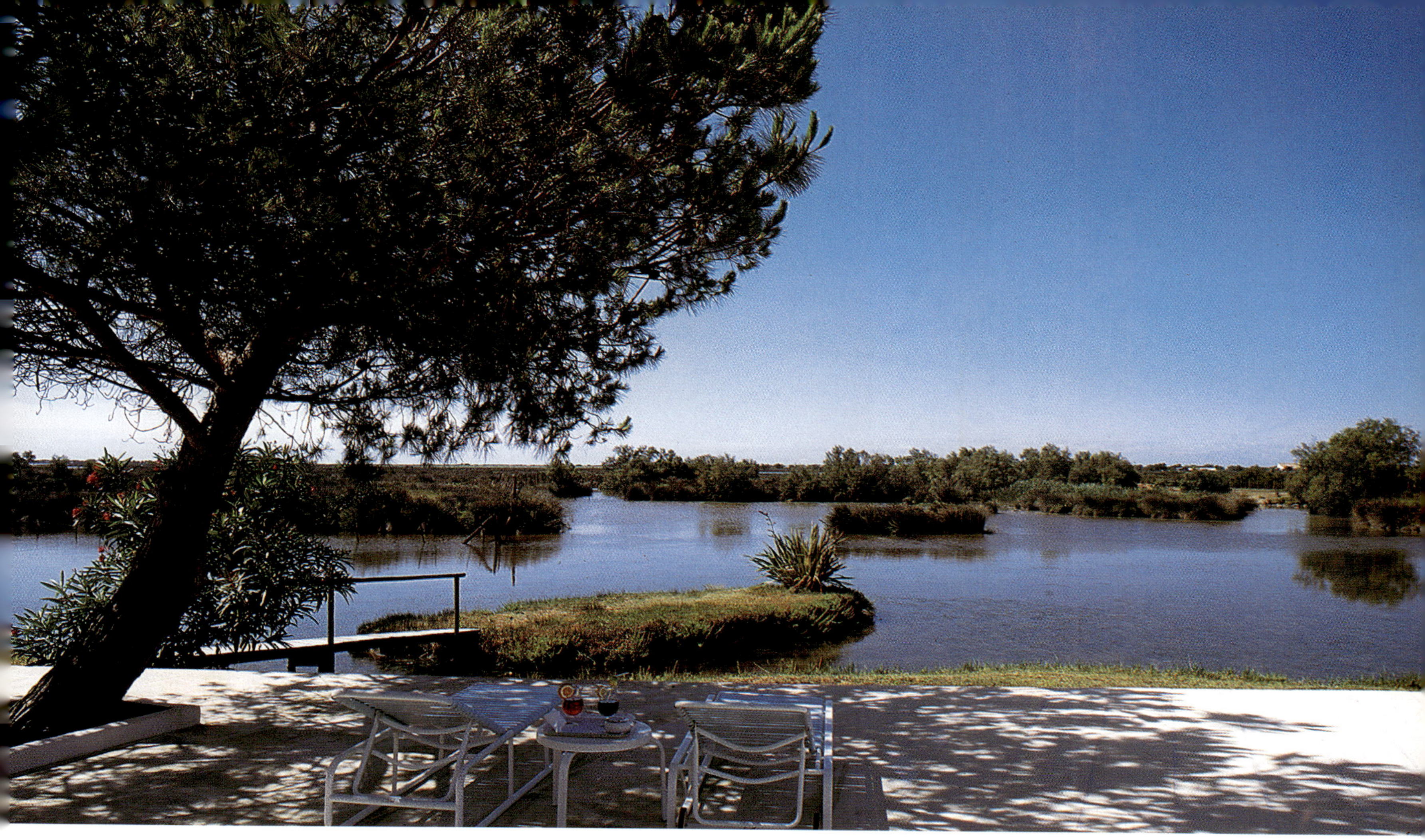
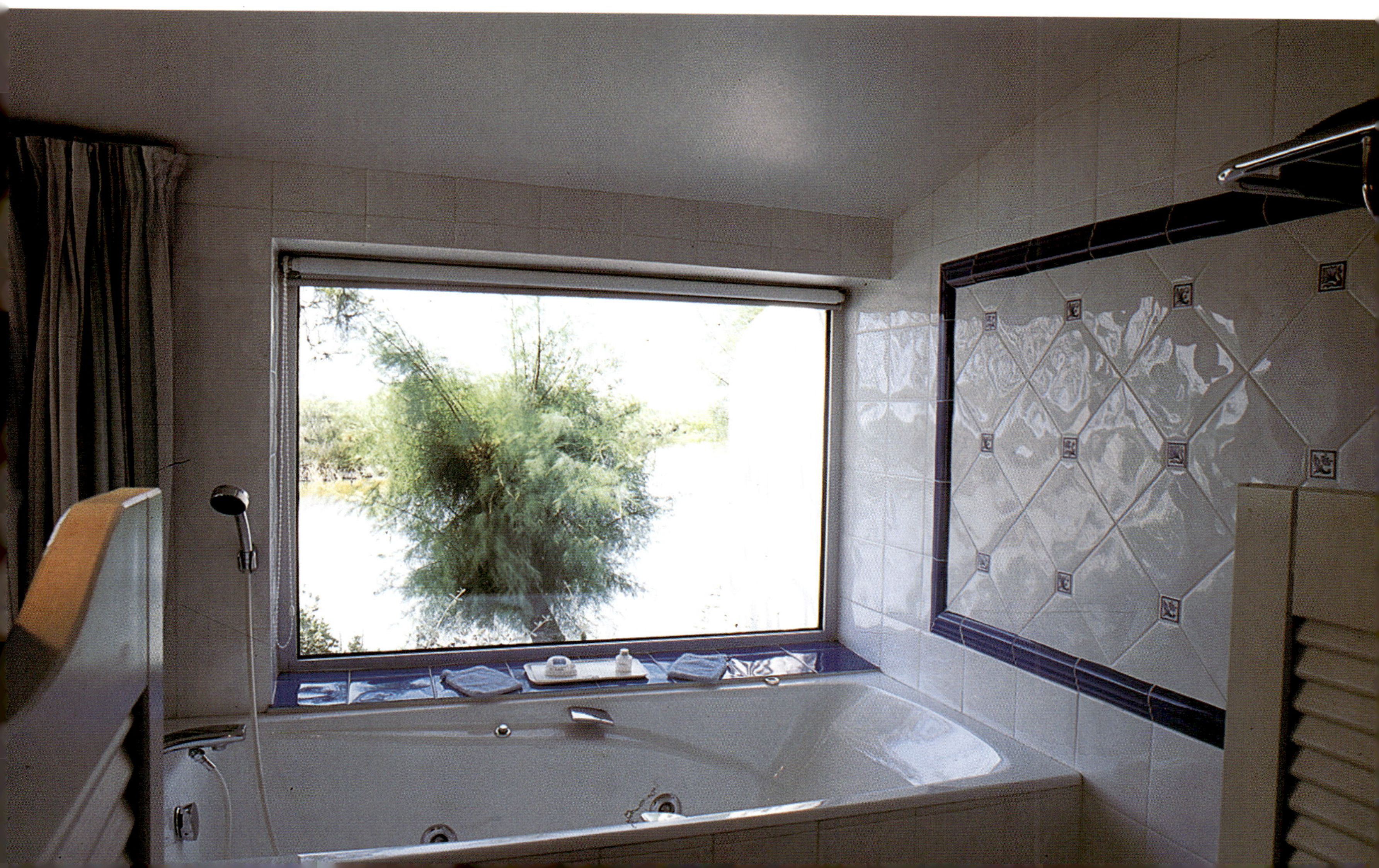

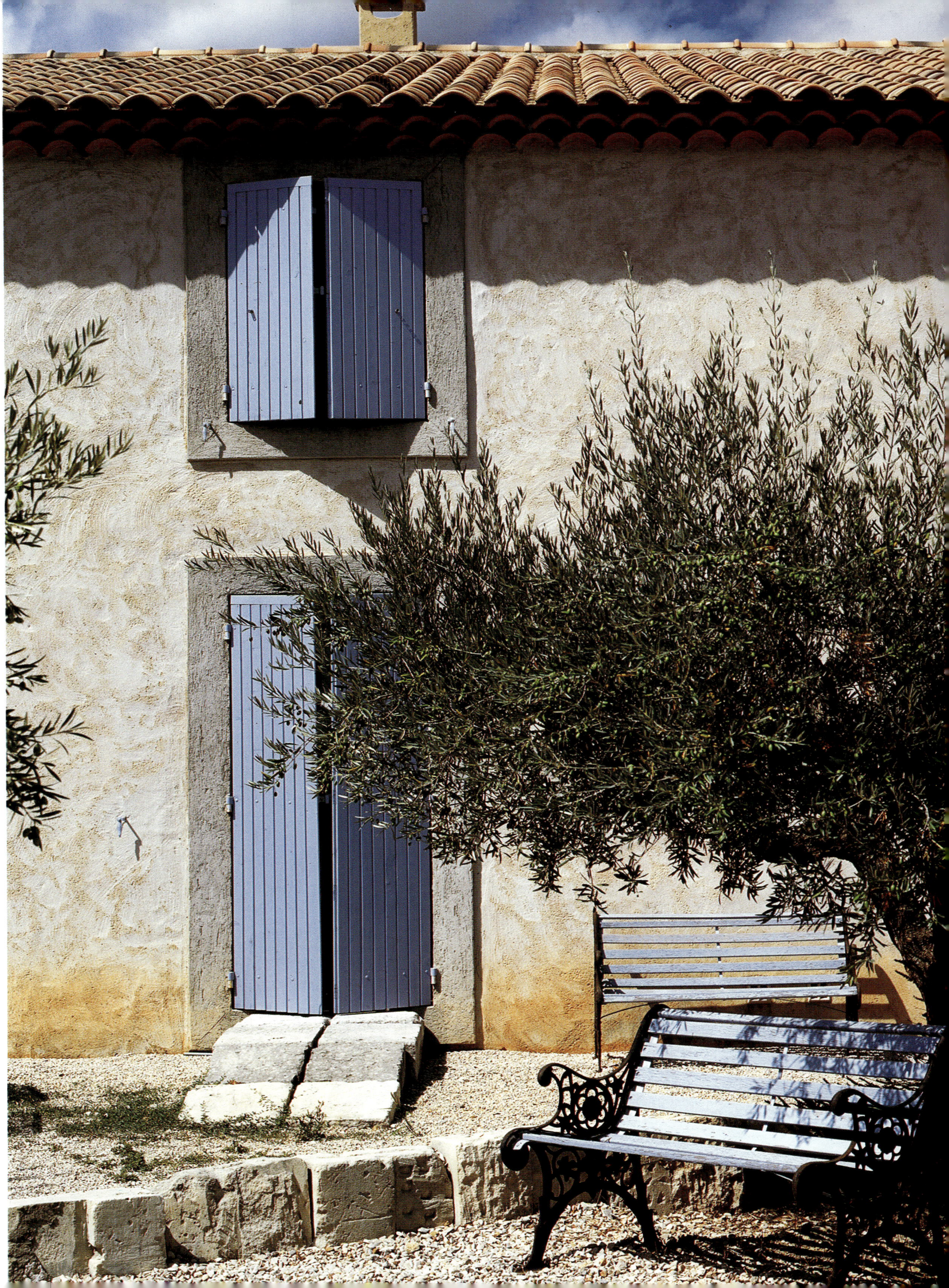

La Bastide

In einer Gegend wie der Provence, in der die Zeit stillzustehen scheint und alles von Geschichte sozusagen durchtränkt ist, erwartet man nicht unbedingt ein modernes Gebäude. Deshalb stellt das Hotel La Bastide eine Überraschung dar, und zwar eine der angenehmen Art.

Im Herzen der provenzalischen Landschaft, die Literaten wie Marcel Pagnol und Alphonse Daudet mit so viel Liebe schilderten, liegt Eygalières wie ein altes Schmuckstück, das sorgfältig aufbewahrt und zwischendurch immer wieder ein wenig aufpoliert wurde: Ein wunderhübsches authentisches Dorf mit gewundenen Gassen und malerischen Häusern, ein Ort, in dem man noch Zeit füreinander hat und in dem der Duft nach Thymian, Lavendel und Rosmarin noch nicht von den Auspuffgasen der Touristenbusse überlagert wird. Dort, inmitten von Olivenhainen und Tannenwäldern, liegt das nagelneue Hotel La Bastide. Das Gebäude wurde 1992 errichtet, und im Mai 1993 eröffnete das Hotel. Nathalie Calabrese bietet ihren Gästen allen Komfort, der zu einem modernen Hotel gehört: Die zwölf Zimmer sind mit Klimaanlage ausgestattet und haben

Kabelfernsehen, und das Wasser des Schwimmbads leuchtet fast unvorstellbar hellblau ...
Dennoch vergißt der Gast hier keinen Moment lang, daß er in der Provence ist, denn die Traditionen werden im La Bastide hochgehalten. Die Ausstattung der Innenräume ist vollkommen provenzalisch: Das Mobiliar stammt aus der Region, ebenso die Stoffe. In diesem Hotel kommt man vollständig zur Ruhe - Entspannung wird hier großgeschrieben -, und zugleich eignet

es sich ideal als Ausgangspunkt für Sternfahrten in die Umgebung. Arles und die faszinierende Landschaft der Camargue liegen ganz in der Nähe, nach Avignon ist es nicht weit, und in den Alpilles kann man die herrlichsten Wanderungen unternehmen. Auch das Dorf Eygalières selbst, das keine zehn Minuten vom Hotel entfernt ist, bietet allerhand Sehenswertes. Kurzum: Im La Bastide vereint sich das Beste aus zwei Welten: der alten und der modernen ...

Jules César

Die Gemälde van Goghs, dessen Name untrennbar mit der Stadt Arles verbunden ist, haben unsere Vorstellung von der Provence wesentlich geprägt. Doch die Geschichte der Region reicht viel weiter zurück als bis in die Tage van Goghs, und die Wunder der Provence sind weitaus vielfältiger als jegliches Genie sie beschreiben oder darstellen könnte.

Um die Mitte des 17. Jahrhunderts wurde hier ein Karmeliterinnenkloster gegründet. Über hundert Jahre lang bewohnten Nonnen das prachtvolle Gebäude, bis geschlossene Klosterorden von Staats wegen verboten wurden. Ab diesem Zeitpunkt beherbergte das Anwesen Arme und Waisen. 1929 erwarb ein Hotelier das Kloster, das sich nach aufwendigen Umbauten heute als stilvolles Viersternehotel Jules César mit heiter-luxuriösem Ambiente präsentiert.

Bei der Restaurierung wurde berücksichtigt, daß das Gebäude einst ein Ort religiöser Besinnung war; man hat so viel wie möglich von seiner Vergangenheit bewahrt. So findet man im Jules César mehrere reizvolle, jedoch sehr kleine Zimmer, die früher als Nonnenzellen dienten ... und der imposante Glockenturm ragt noch immer hoch in den Himmel, auch wenn heute keine Glocken mehr läuten.

Das Hotel ist mit antikem oder nach antikem Vorbild gestaltetem Mobiliar ausgestattet, und passende Vorhänge, Wandteppiche und Kissen ergänzen den traditionellen Stil. Nach einem Tag in der Stadt kann man im provenzalischen Hotelgarten oder im friedlichen Klostergarten mit seinen hohen Bäumen und farbenfrohen Blumenbeeten wunderbar entspannen, sich vom Barkeeper eine Erfrischung servieren lassen oder der äußerlichen Abkühlung halber ins Schwimmbecken tauchen ...

Auf die Köstlichkeiten, die im Restaurant "Lou Marquès" serviert werden, ist das Hotel zu recht stolz. In der Küche zaubern zwei Chefköche und ein *Pâtissier* die raffiniertesten kulinarischen Meisterwerke, die - neben der landschaftlichen Schönheit der Umgebung - dem Gast lange in Erinnerung bleiben werden.

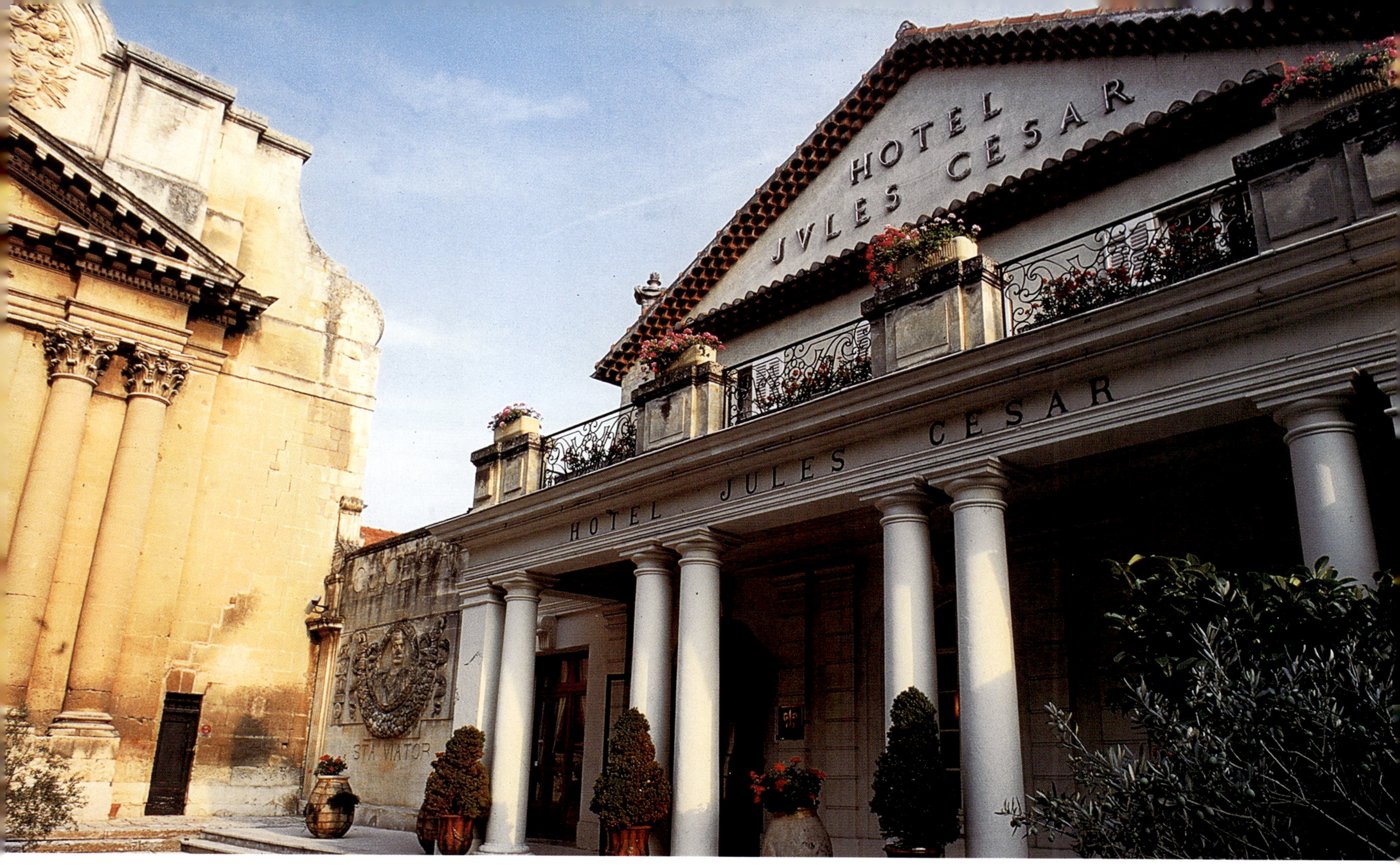
HOTEL
JVLES CESAR
HOTEL JULES CESAR
STA VIATOR

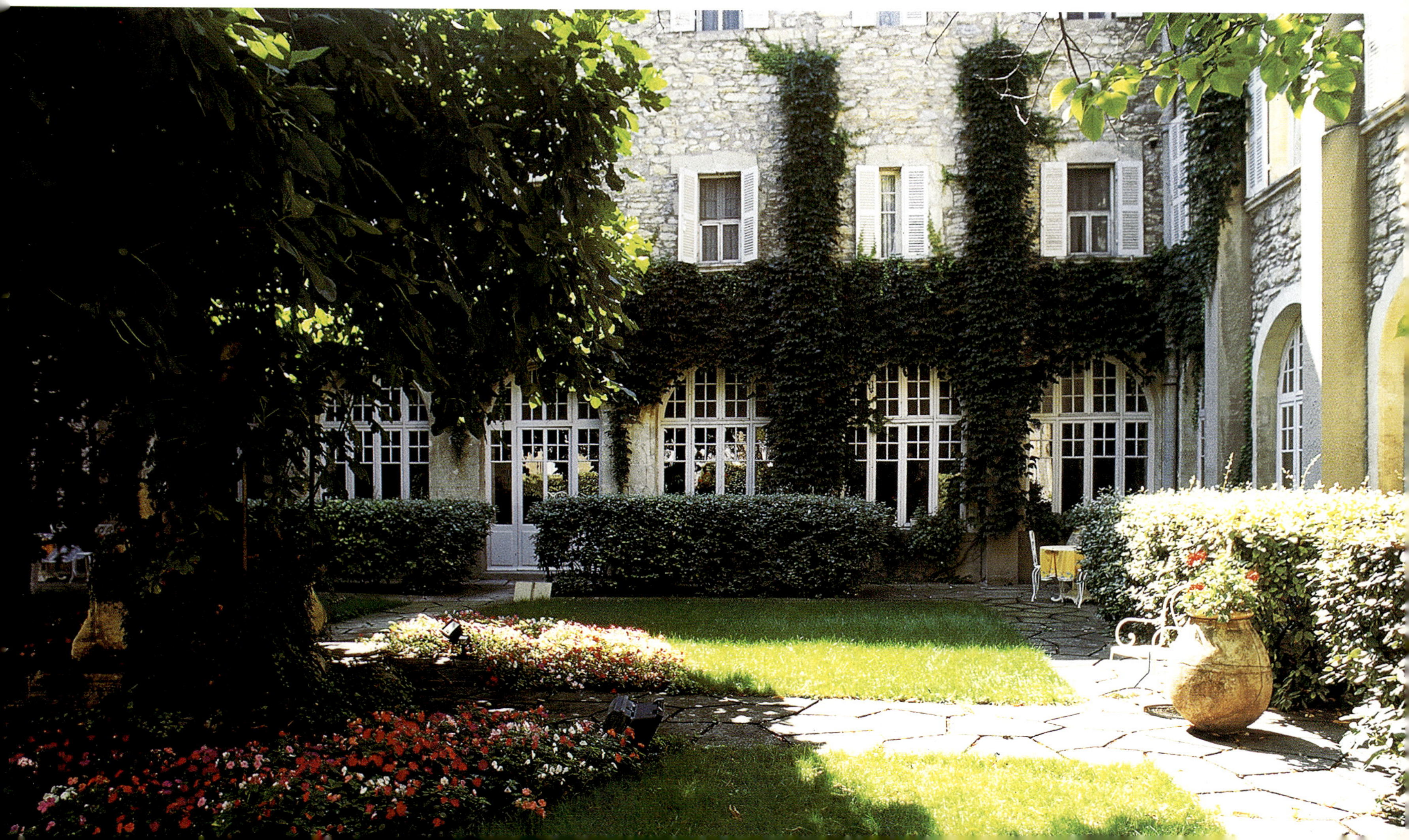

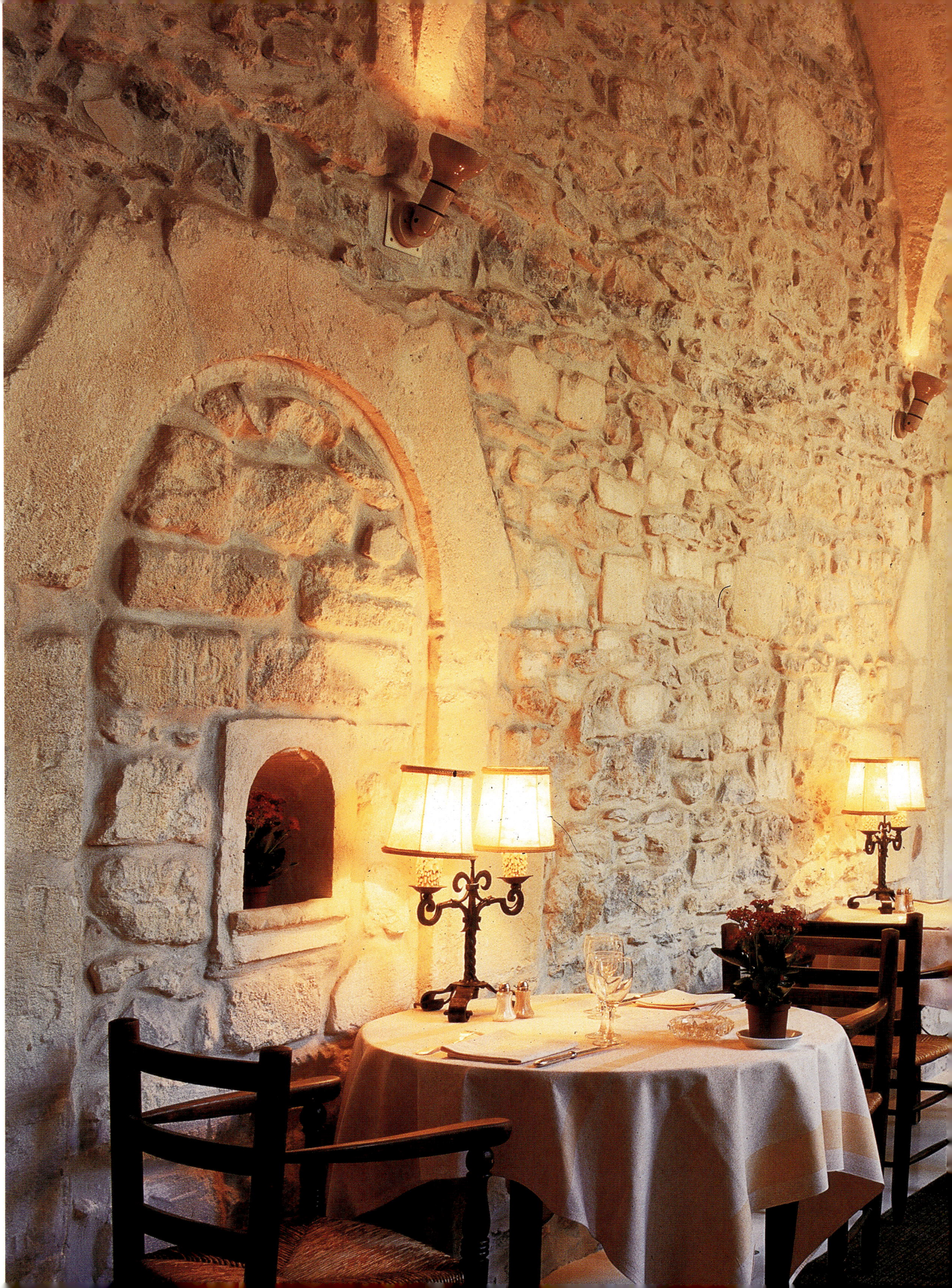

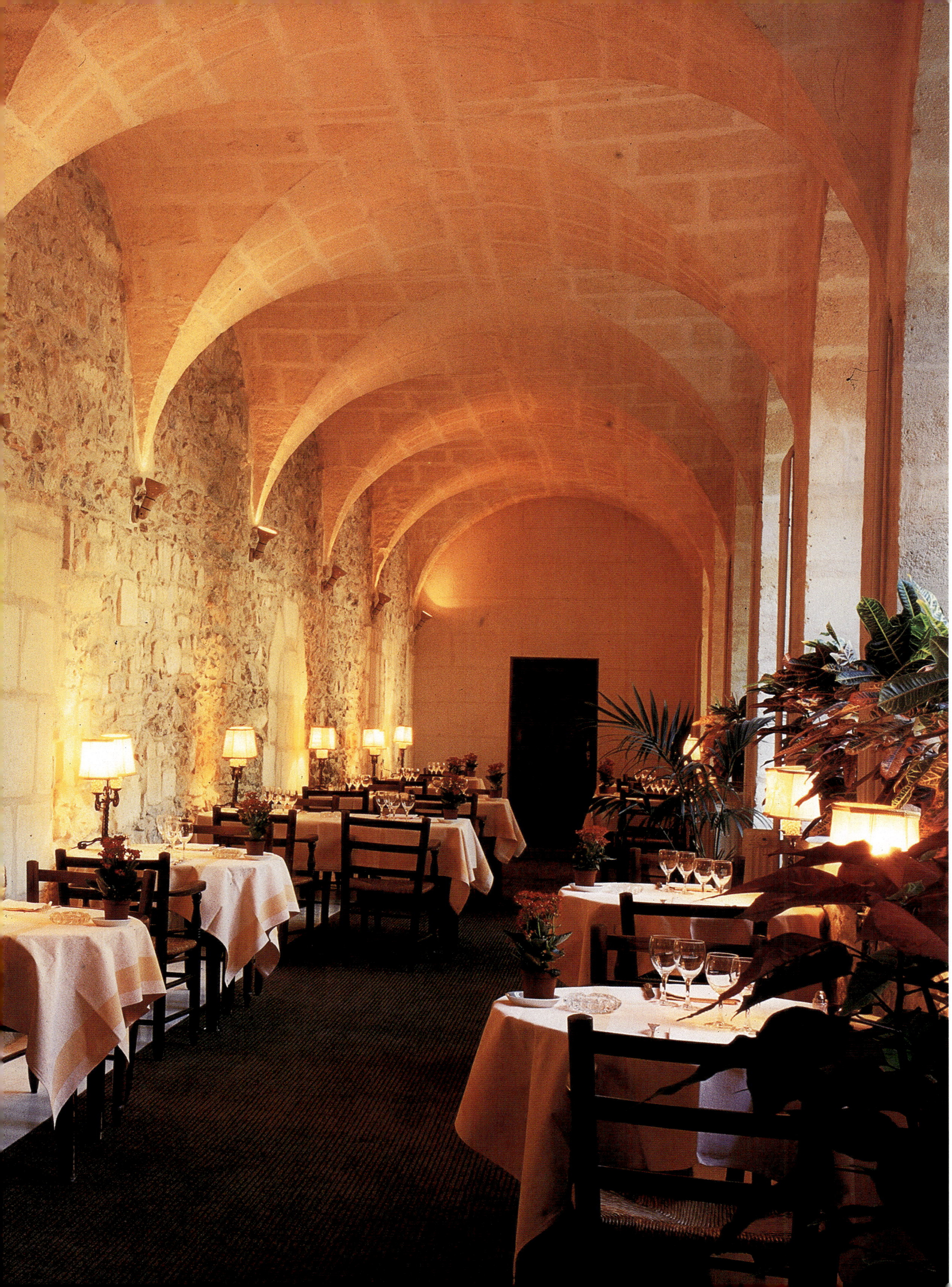

Das Jules César: eine Reise durch die über 2000jährige Geschichte von Arles.

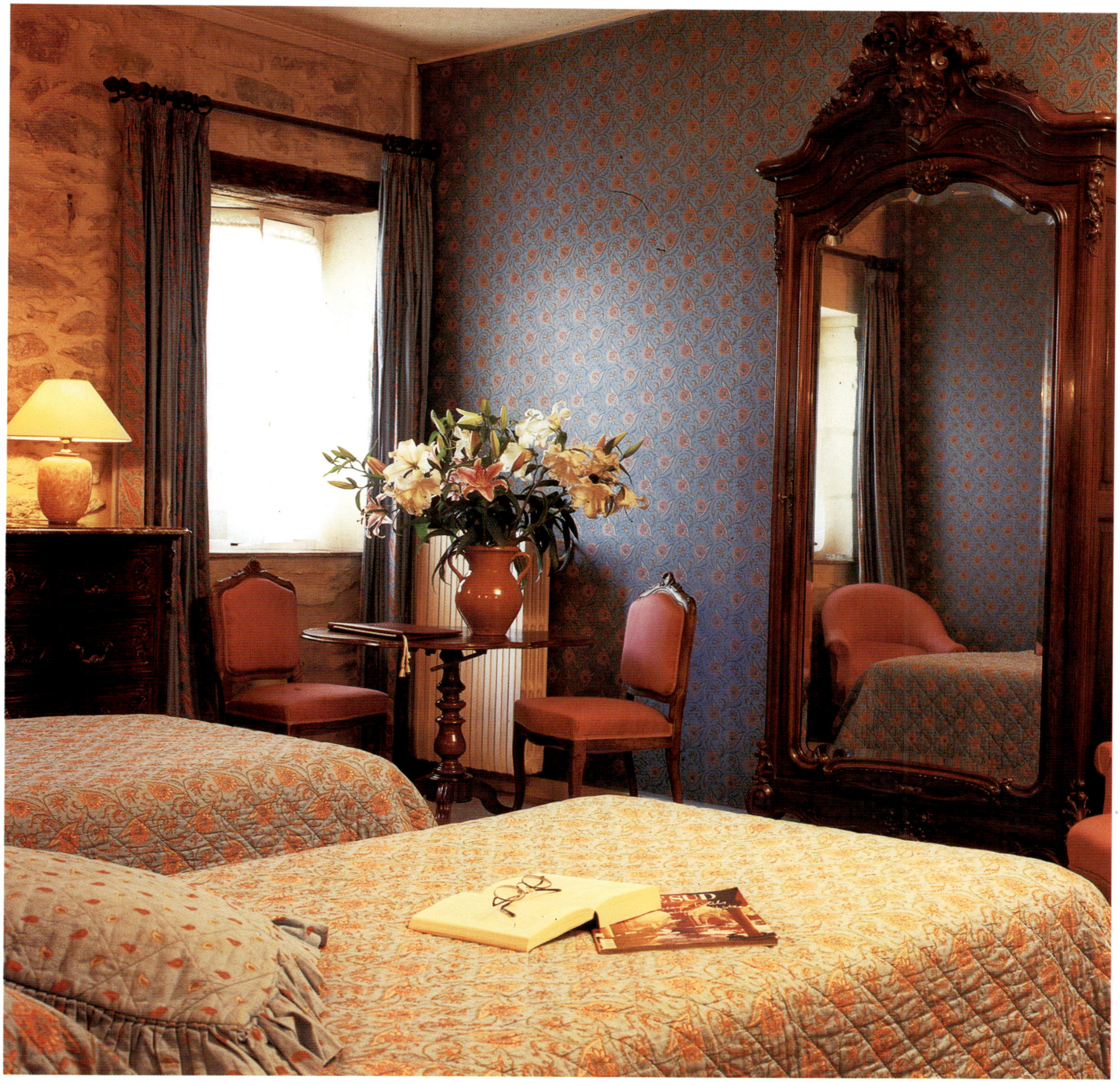
SUD

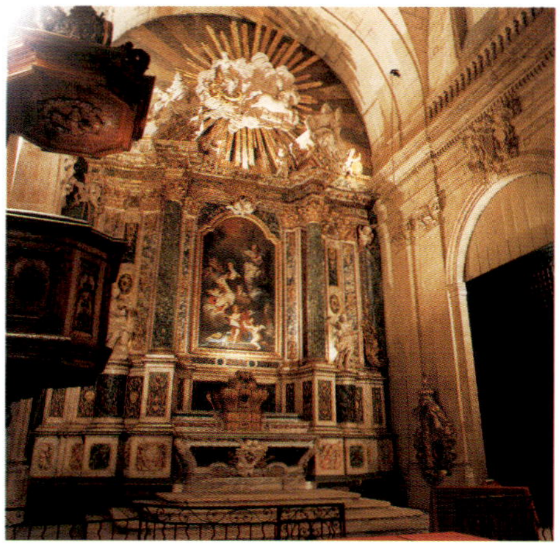

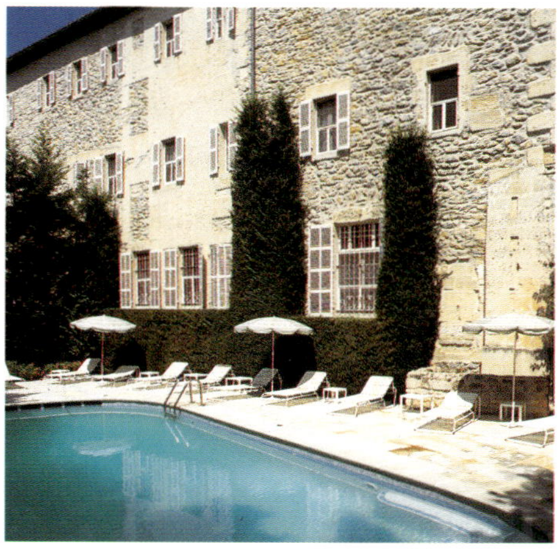

La Cabro d'Or

Mitunter wird gesagt, La Cabro d'Or sei „die kleine Schwester" des Oustau de Baumanière. Und in gewissem Sinn trifft dies auch zu, denn die beiden Hotels haben ein und denselben talentreichen Besitzer: Jean-André Charial, seines Zeichens Hotelier, begnadeter Chefkoch und Weinkenner. Und das Cabro d'Or liegt in der gleichen atemberaubenden Gegend: am Beginn des Val d'Enfer, wo Dante eine Vision gehabt haben soll, nach der er die Hölle in seiner „Göttlichen Komödie" gestaltete. Ein Ort, an dem die Sonne zu verharren scheint, an dem Natur und menschliches Wirken gemeinsam eine Landschaft des Überflusses geschaffen haben: mit Olivenhainen, Mandelbäumen, Wein-ranken, einem strahlend blauen Himmel und bizarren Felsformationen. Hier schwelgt der Besucher in Farben und Düften - das Höllental wirkt wie ein unermeßlich großer, etwas verwilderter, aber gerade dadurch so atttraktiver Garten.

Und dort, sozusagen auf dem Weg zum Oustau de Baumanière, liegt das Hotel La Cabro d'Or, ein niedriges, sonnenbeschienenes Gebäude, das seit 1961 in stimmungsvoller Atmosphäre Gäste beherbergt, dessen Zimmer und Appartements alle zum Garten hin gelegen sind und in dem sich Tradition und Moderne in der ebenso komfortablen wie geschmackvollen Einrichtung vereinen. Sowohl für den Garten wie auch für die edle Ausstattung zeichnet Geneviève, Jean-Andrés Ehefrau, verantwortlich.

Hier wird jede Mahlzeit zu einem Fest: das Frühstück auf der Terrasse unter einem schneeweißen Sonnenschirm, der Lunch in entspannter Atmosphäre am Schwimmbad und schließlich das Diner mit den raffiniertesten Gerichten aus den besten und frischesten Zutaten der Region, manchmal mit einem Hauch Exotik.

Wer sich sportlich betätigen möchte, findet in der näheren Umgebung Tennis- und Golfplätze; man kann zu Pferd oder per Fahrrad die Gegend erkunden, und für Kulturinteressierte warten die Museen und Kirchen der Region mit Kunstschätzen auf. Man ist schnell in der Camargue, ebenso in Nîmes, Avignon, Montpellier, Aix-en-Provence und Arles. Doch keine Erinnerung prägt sich tiefer ein als der Blick in das grüne Tal, das bereits Dante inspirierte.

Das Cabro d'Or, die kleine Schwester des Oustau, stellt unter Beweis, daß es Dinge gibt, in denen kleine Schwestern ganz groß sind!

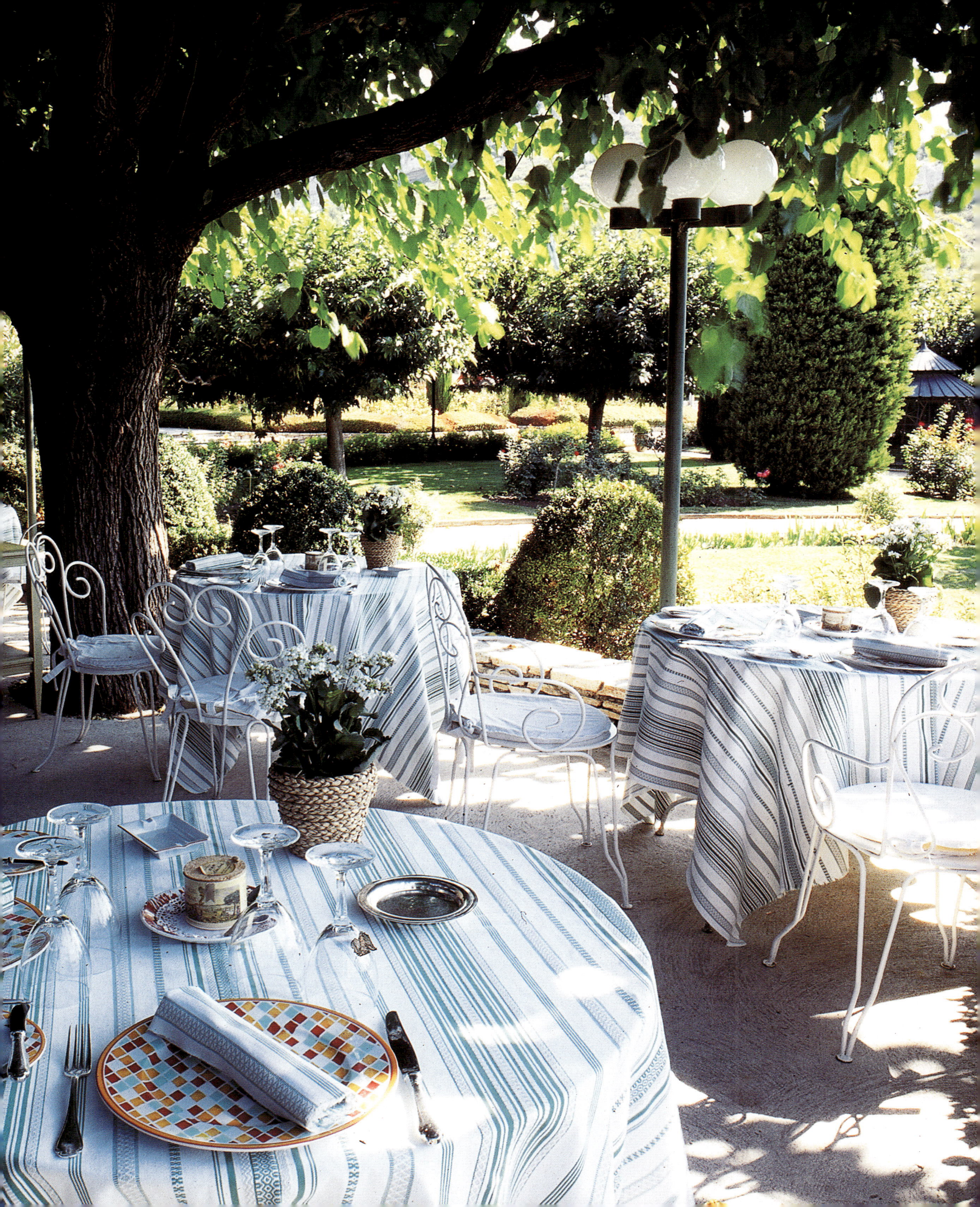

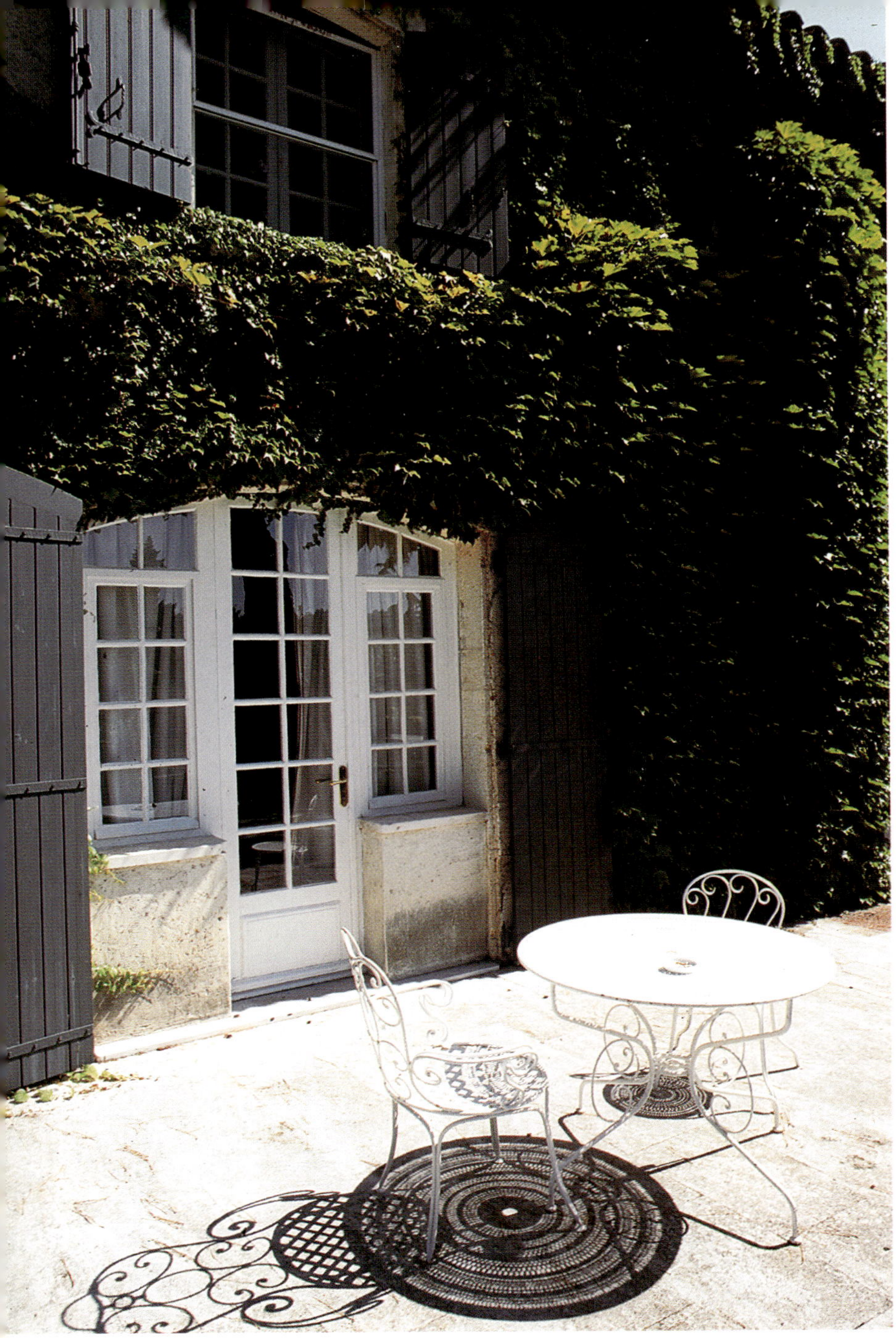
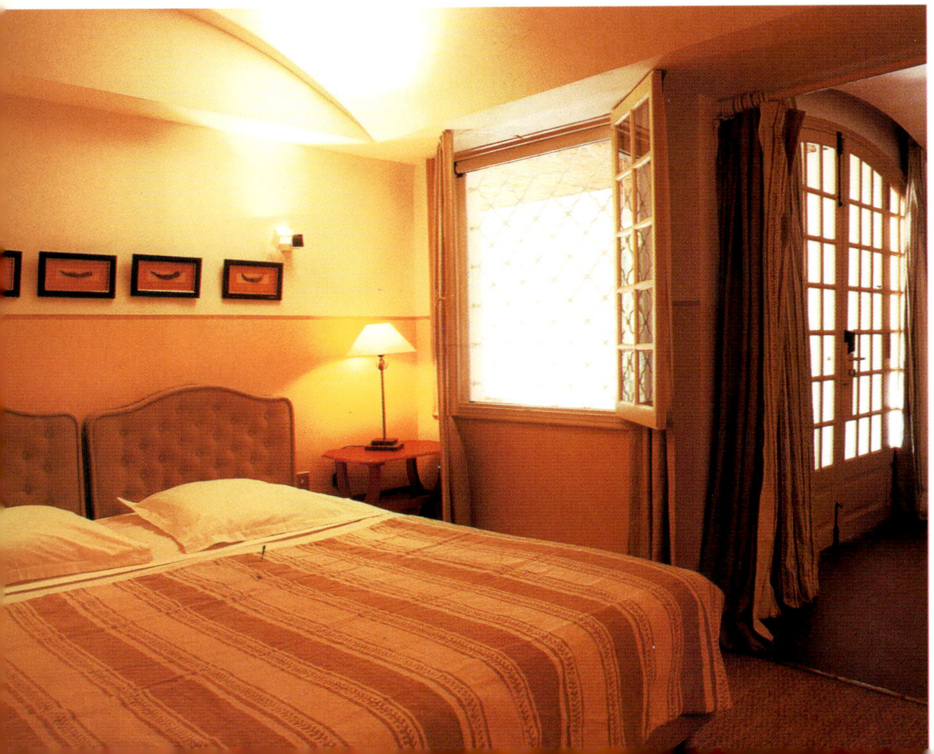
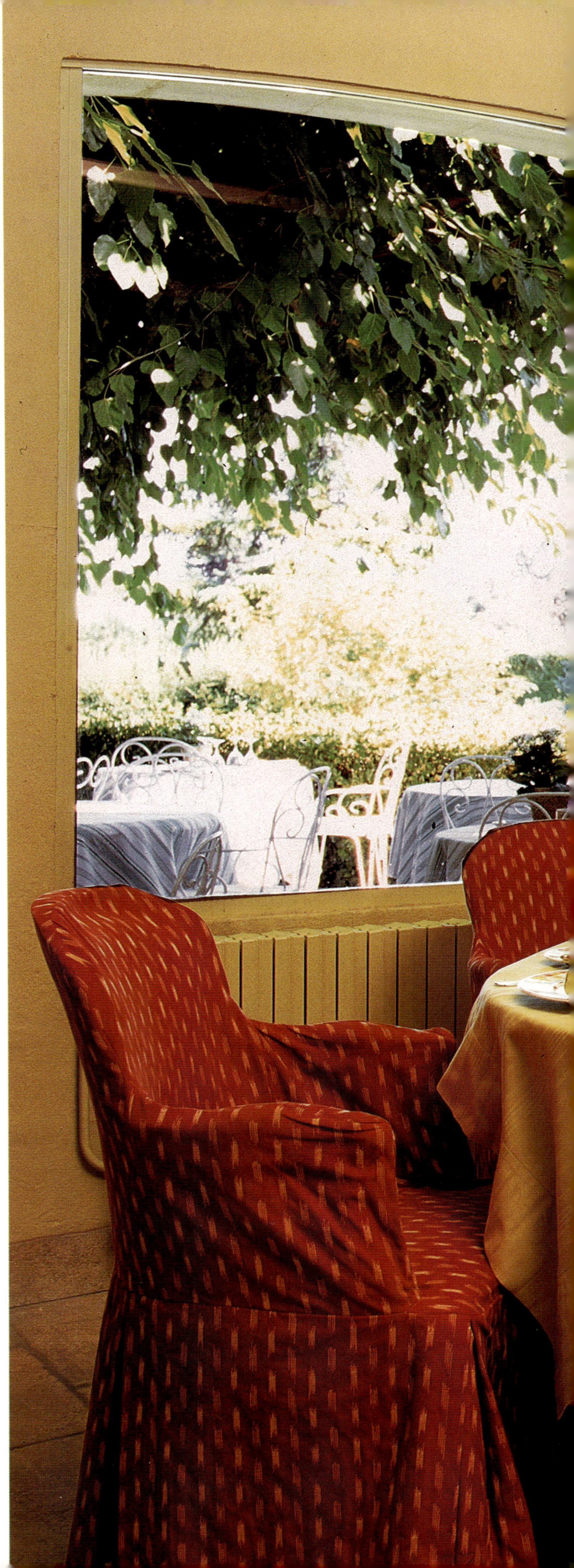

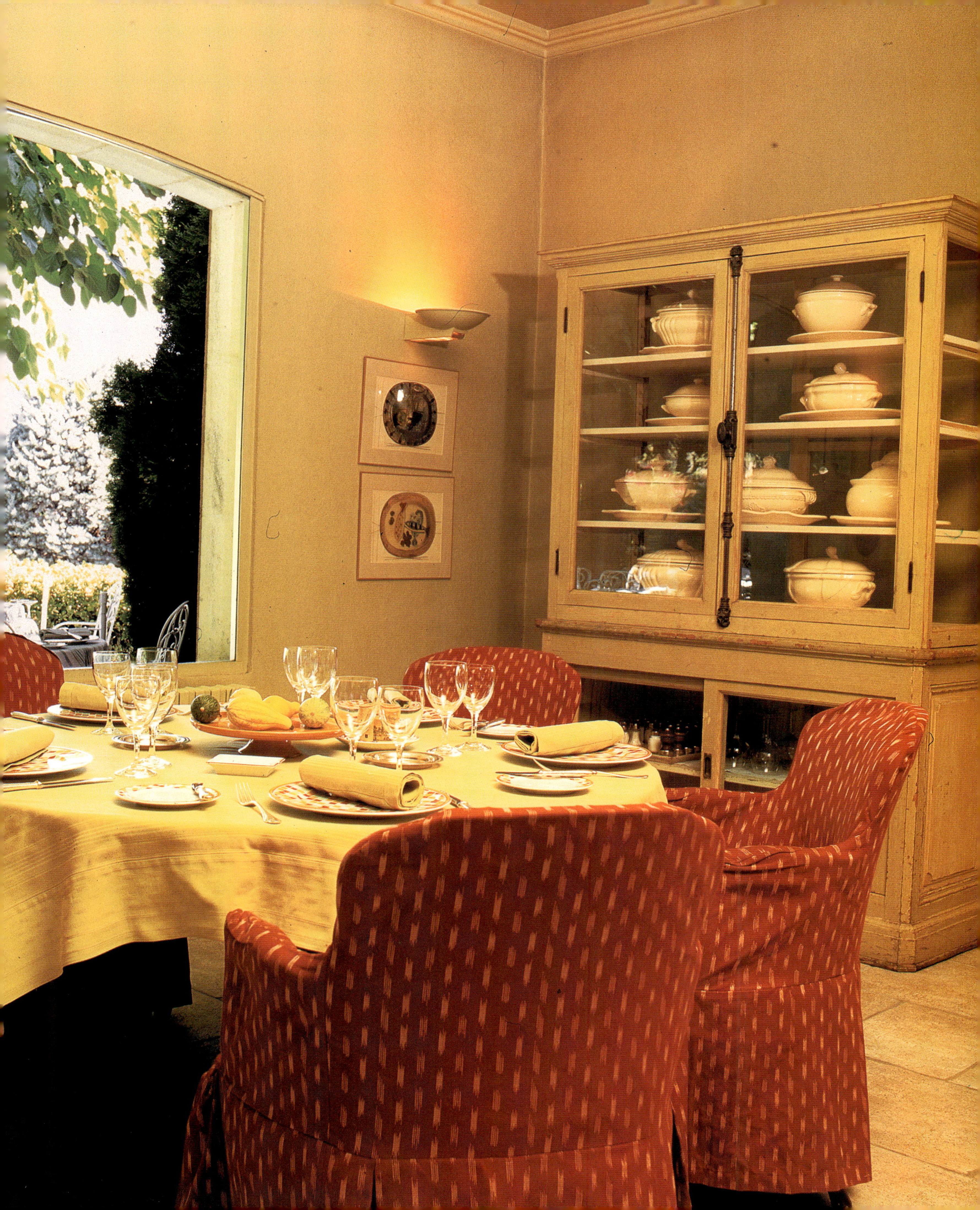

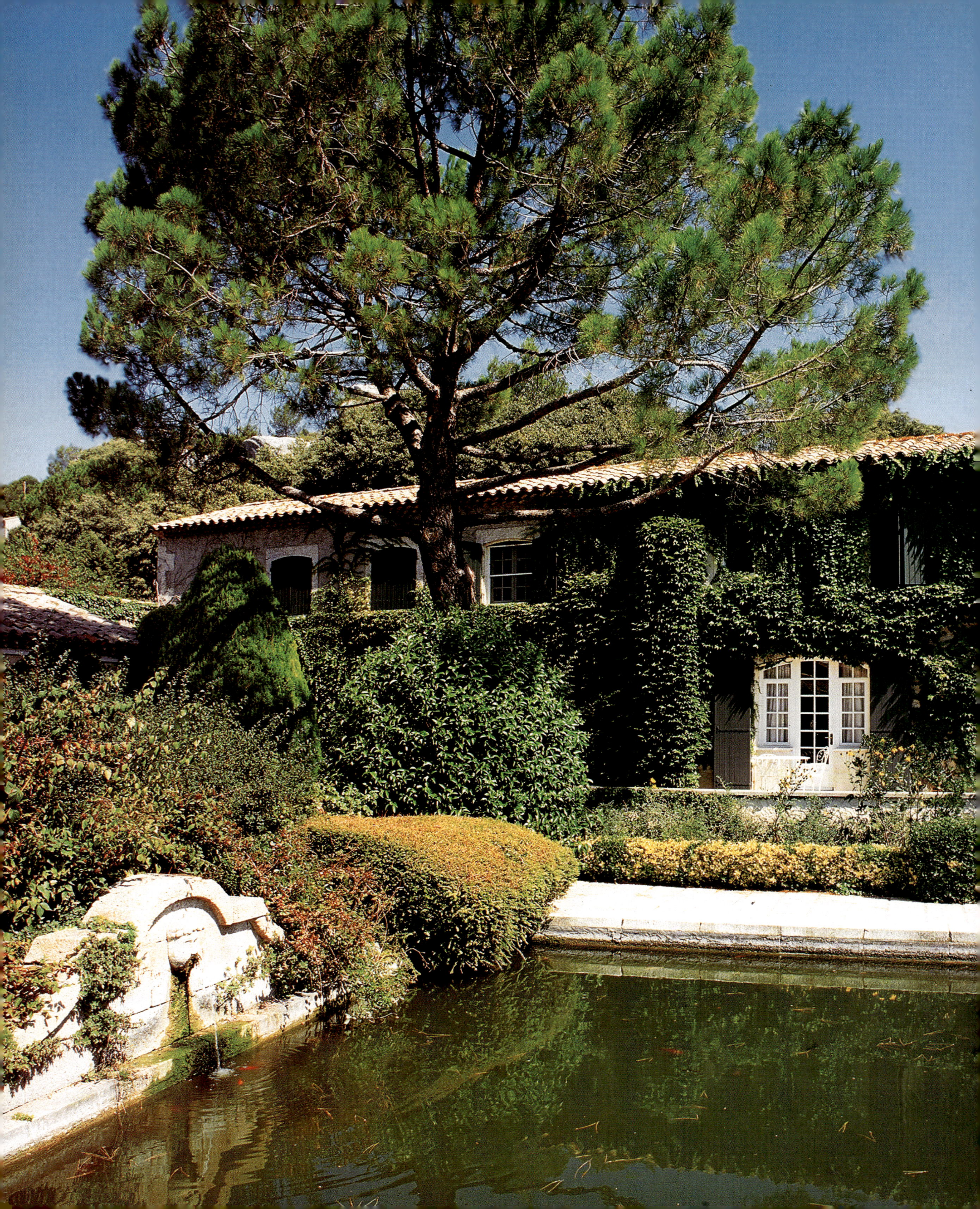

Farben, Düfte und ein südliches Flair.

Abbaye de Sainte Croix

Die Geschichte der Abbaye de Sainte-Croix reicht bis ins 4. Jahrhundert zurück. Der Legende nach brachte damals der heilige Hilarius, seines Zeichens Erzbischof von Arles, aus dem Heiligen Land ein Stück des Kreuzes Christi mit und gründete hoch auf einem Hügel die erste Heiligkreuzkapelle.

Die Abtei selbst besteht seit dem 9. Jahrhundert, und ihre Geschichte war von jeher eng mit den Geschicken der nahegelegenen Stadt Salon-de-Provence verflochten. Hier lebten einst Klausner und Ordensgemeinschaften, und hierher pilgerten die Gläubigen, um Gottes Hilfe zu erflehen ... Im Laufe der Jahrhunderte jedoch verfiel die Abtei, bis 1960 mit umfangreichen Restaurierungsmaßnahmen begonnen wurde. Ab 1969 wurden diese unter Leitung der Familie Bossard fortgeführt, und allmählich verwandelte sich die alte, verfallene Abtei in ein gastliches Hotel, das vor allem Ruhe und Frieden ausstrahlt.

Leuchtendes Orange und Sonnengelb verscheuchen jegliche Spur von Düsternis aus den herrlichen überwölbten Räumen, im imposanten Kamin in der Halle knistert ein Feuer, und in unserem Zimmer werfen schmiedeeiserne Lampen, die von Handwerkern aus der Region gefertigt wurden, stimmungsvolles Licht auf die gemütliche Einrichtung. Hier auf dem Hügel, von dem aus man die grüne Ebene weit überblickt, kommt man vollständig zur Ruhe, und der hektische Alltag scheint unendlich weit weg.

Doch nicht nur das prachtvolle Gebäude, das luxuriöse Schwimmbad und der aromatische Duft nach Thymian und Bohnenkraut machen den Aufenthalt in der Abbaye de Sainte-Croix so einzigartig. Auch die Kochkunst feiert hier Triumphe: Der Küchenchef kann sich als einziger in der Gegend eines Michelinsterns rühmen. Während wir uns an fangfrischen Krebsen gütlich tun, versuchen wir uns vorzustellen, wie hier einst der Normanne Nicolas de Montgallet an Exerzitien teilnahm und von Wasser und angeschimmeltem Brot lebte. Zum Glück ändern sich die Zeiten!

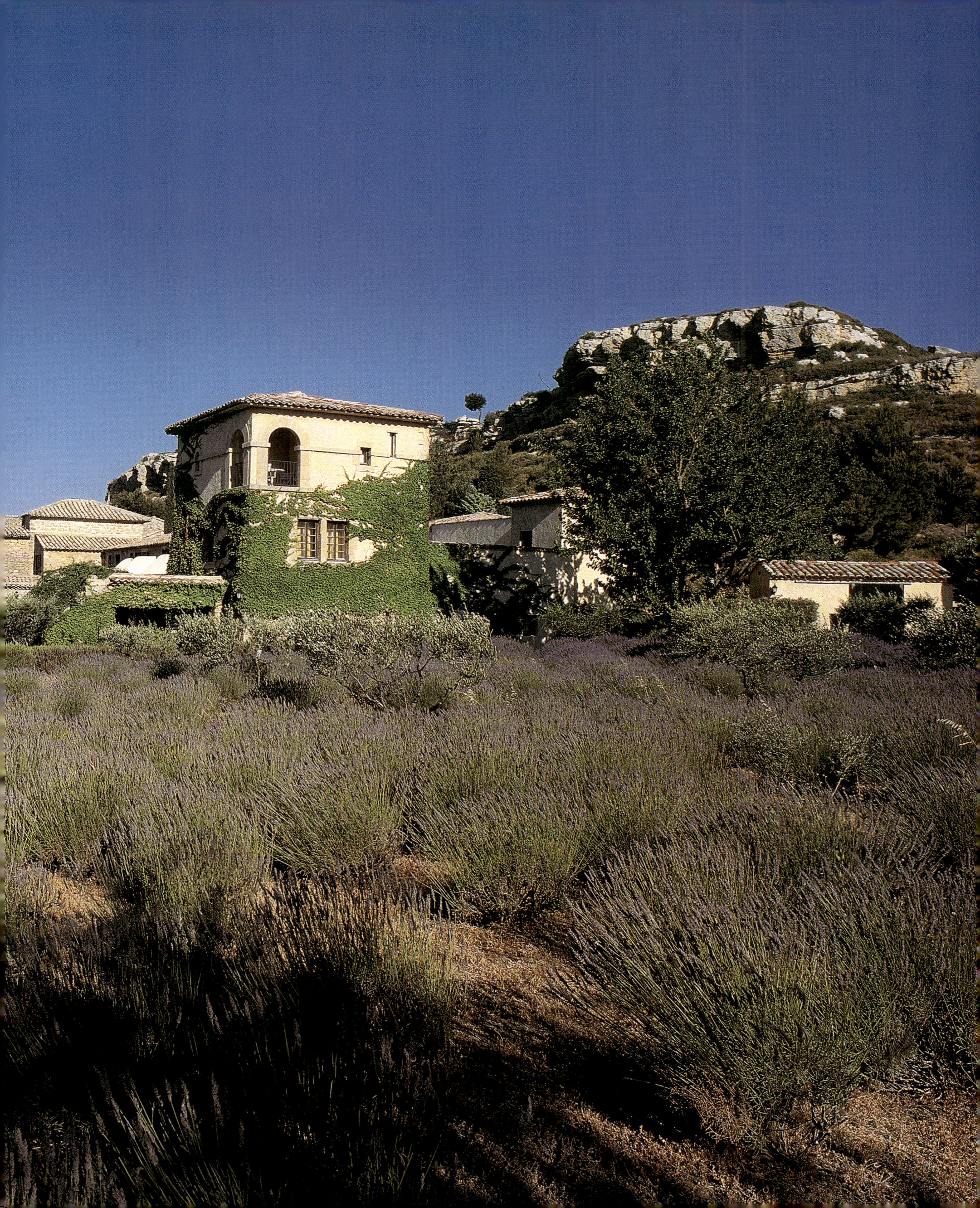

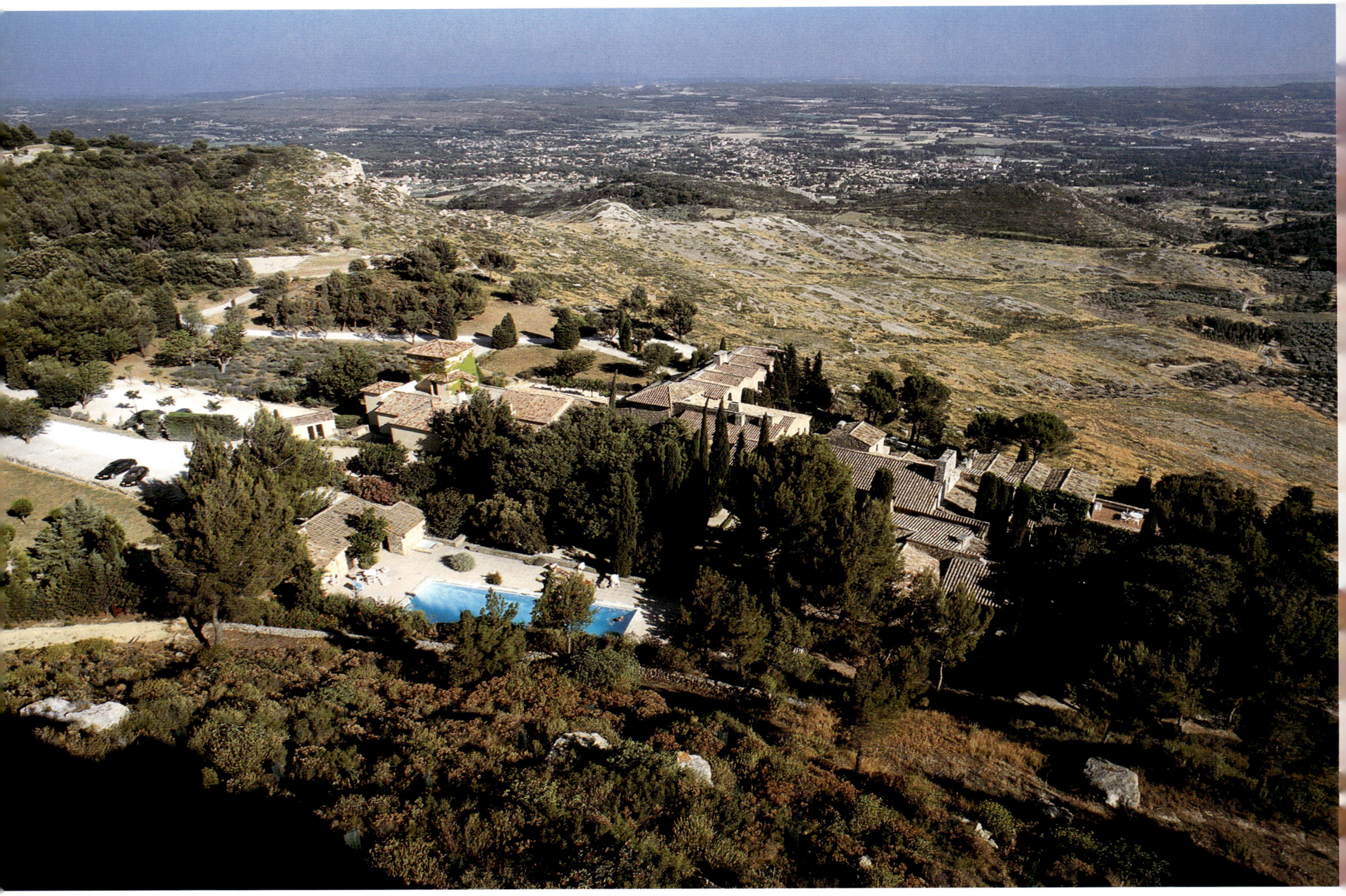

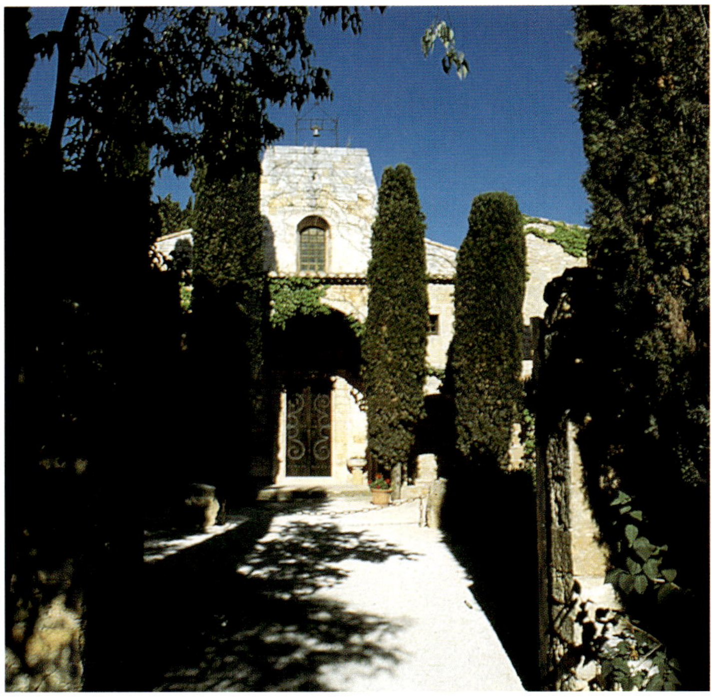

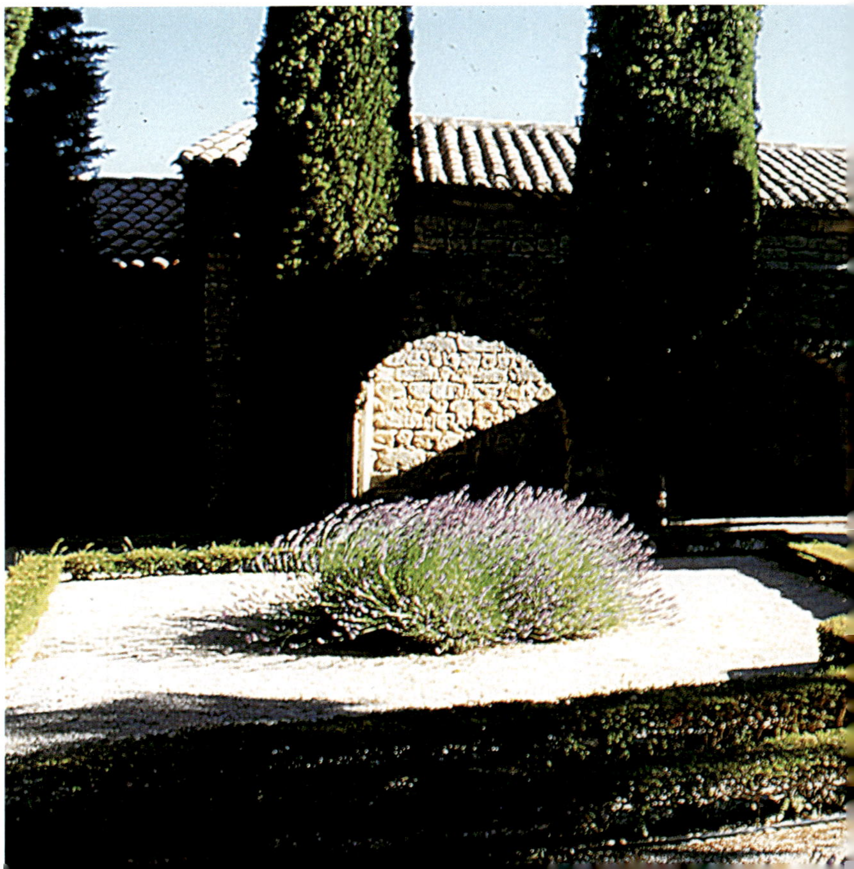

71

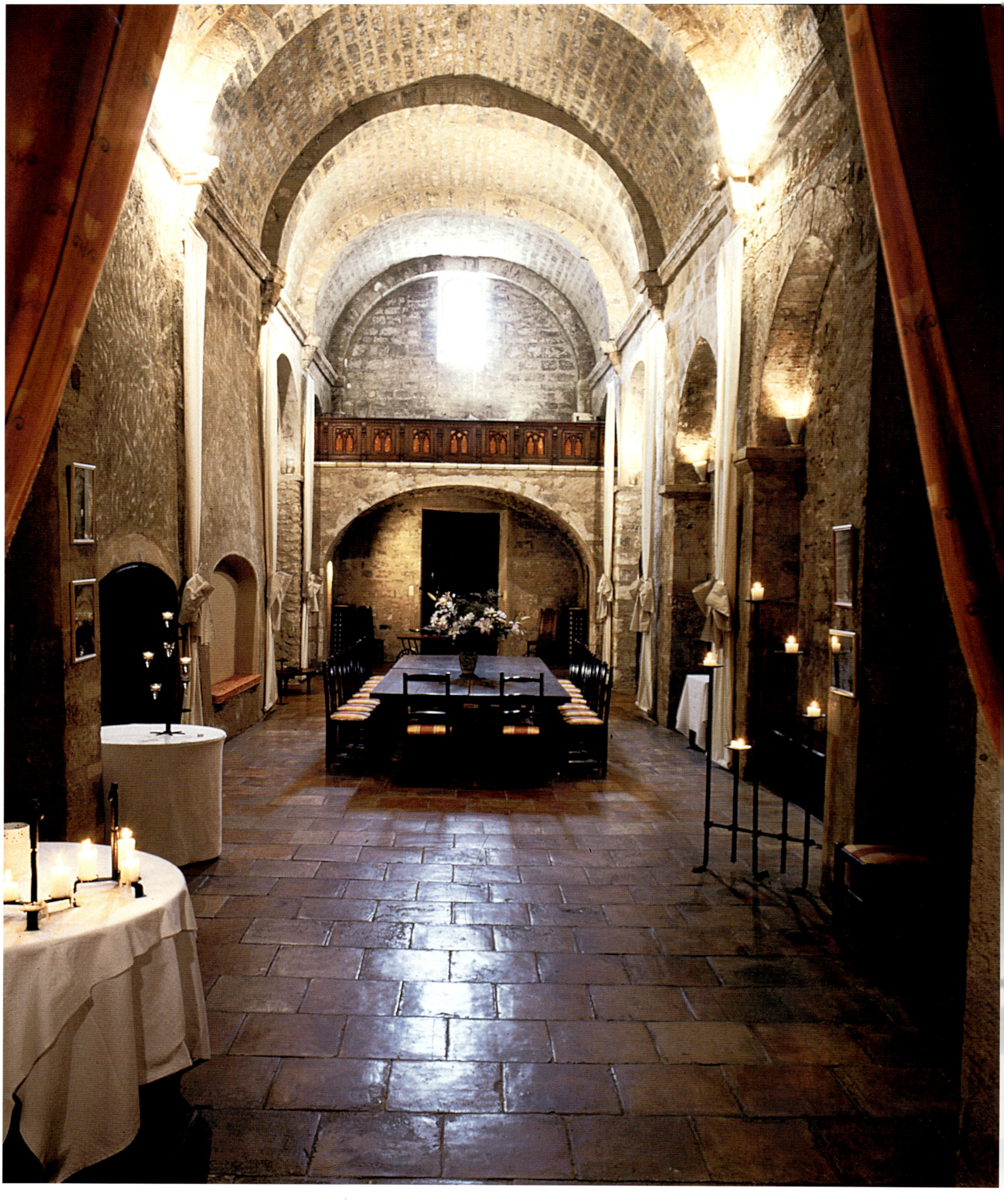

Wer hier weilt, reist in die Vergangenheit ...
ins 9. Jahrhundert.

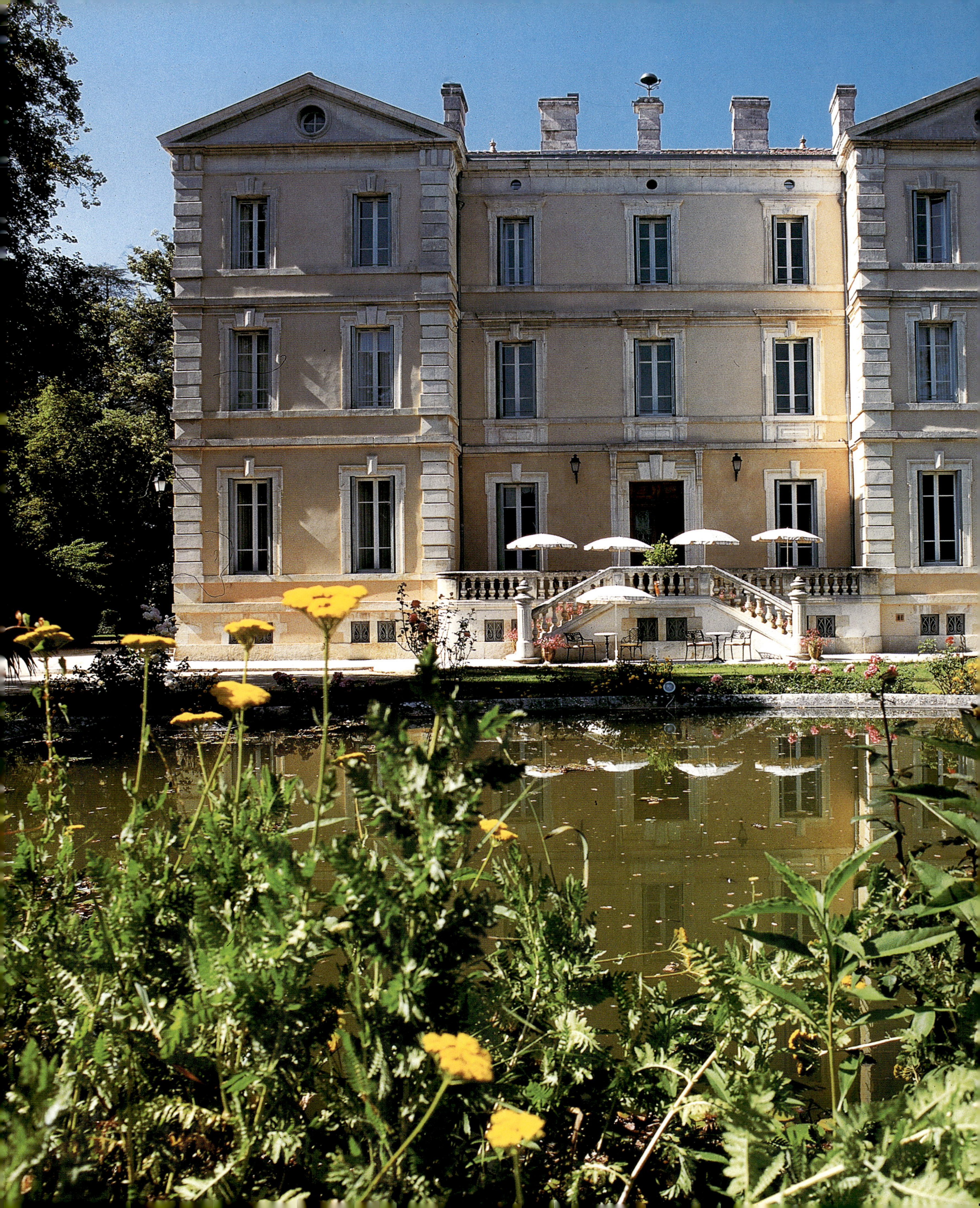

Château de Montcaud

Auf halbem Weg zwischen den Cevennen und Avignon liegt, umgeben von den Weinhängen der Côtes du Rhône, ein Schloß im Kleinformat. Drei Jahre lang suchte Rudy W. Bæur in ganz Frankreich nach einem geeigneten Anwesen für sein Traumhotel, und im Jahr 1990 schließlich fand er es: das aus dem 19. Jahrhundert stammende Château de Montcaud. Aus Liebe auf den ersten Blick wurde wahre Leidenschaft: Rudy ließ umfangreiche Umbauten vornehmen und trug während der Renovierung aus ganz Europa Einzelstücke zusammen, um die spätere Einrichtung zu vervollkommnen: Möbel, Stoffe, Porzellan ...

Heute ist das Château de Montcaud ein Traum, der Wirklichkeit geworden ist. Ein stattliches Gebäude inmitten eines reizvollen Parks voller Magnolien, Pinien, Palmen und Zedern. Wo einst französische Landadlige den Sommer über residierten, genießt man heute als Hotelgast höchstem Komfort. Die Innenräume sind elegant und geschmackvoll eingerichtet und in zarten Farbtönen gehalten, die perfekt zur Umgebung passen: strohgelb, mandelgrün, lachsrosa ...

Durch die großen Fenster unseres Zimmer blicken wir auf den Park hinaus und würden uns in frühere Zeiten zurückversetzt wähnen, wären da nicht so viele neuzeitliche Annehmlichkeiten: das beheizte Schwimmbecken, der Tennisplatz, das hervorragende Restaurant, in dem köstliche Gerichte aus der Region serviert werden ... und schließlich im Souterrain des Schlosses ein Fitnesszentrum mit Sauna und Hammam. Bevor wir uns dort verwöhnen lassen, unternehmen wir einen Spaziergang durch den Park und entdecken dabei einen reizvollen Ententeich und eine märchenhaft anmutende Grotte im romantischen Stil des 19. Jahrhunderts. Im Château de Montcaud sind Vergangenheit und Gegenwart auf perfekte Weise kombiniert und machen den Aufenthalt zu einem Erlebnis von zeitloser Schönheit.

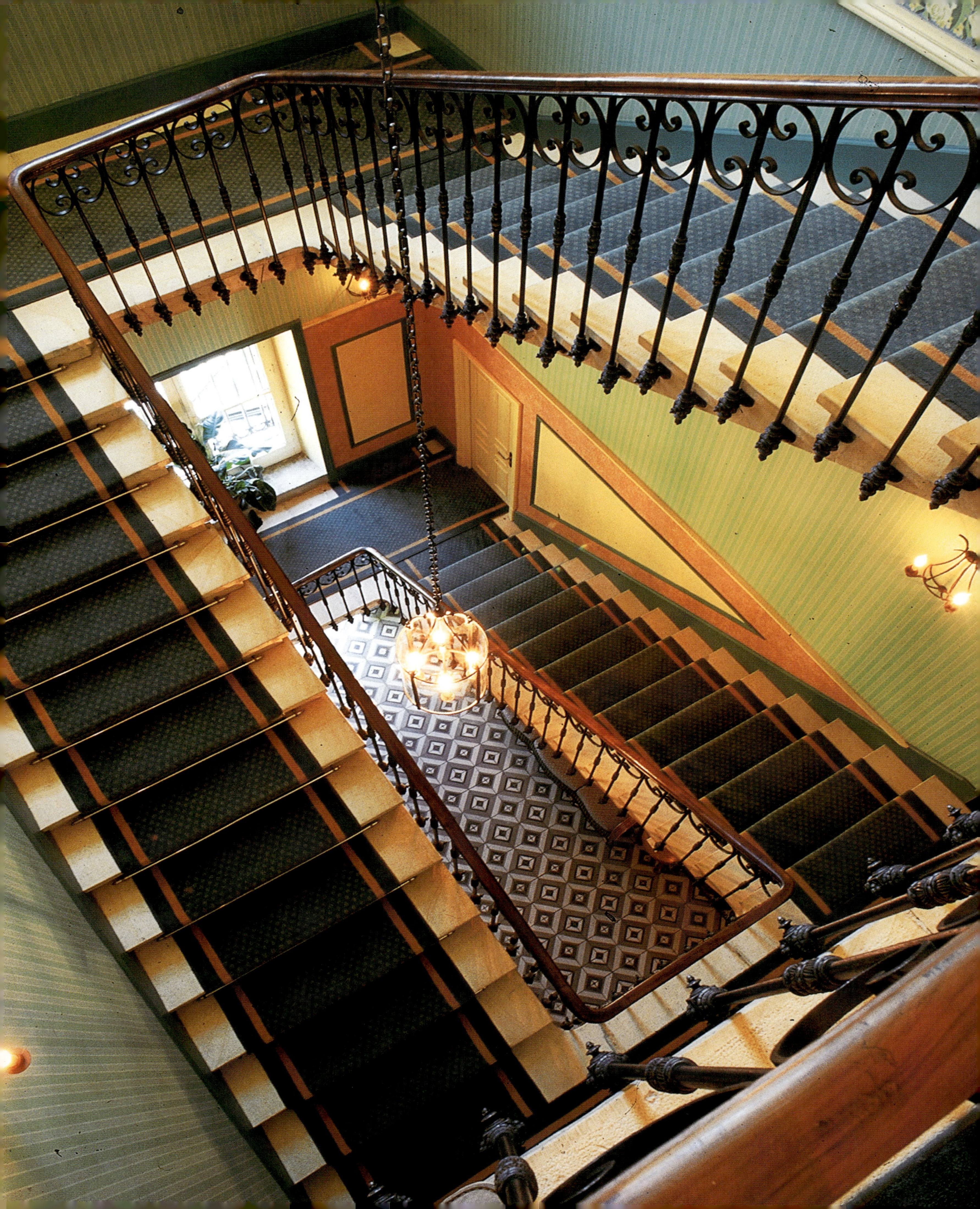

Château de Montcaud: einst die Sommerresidenz französischer Landadliger.

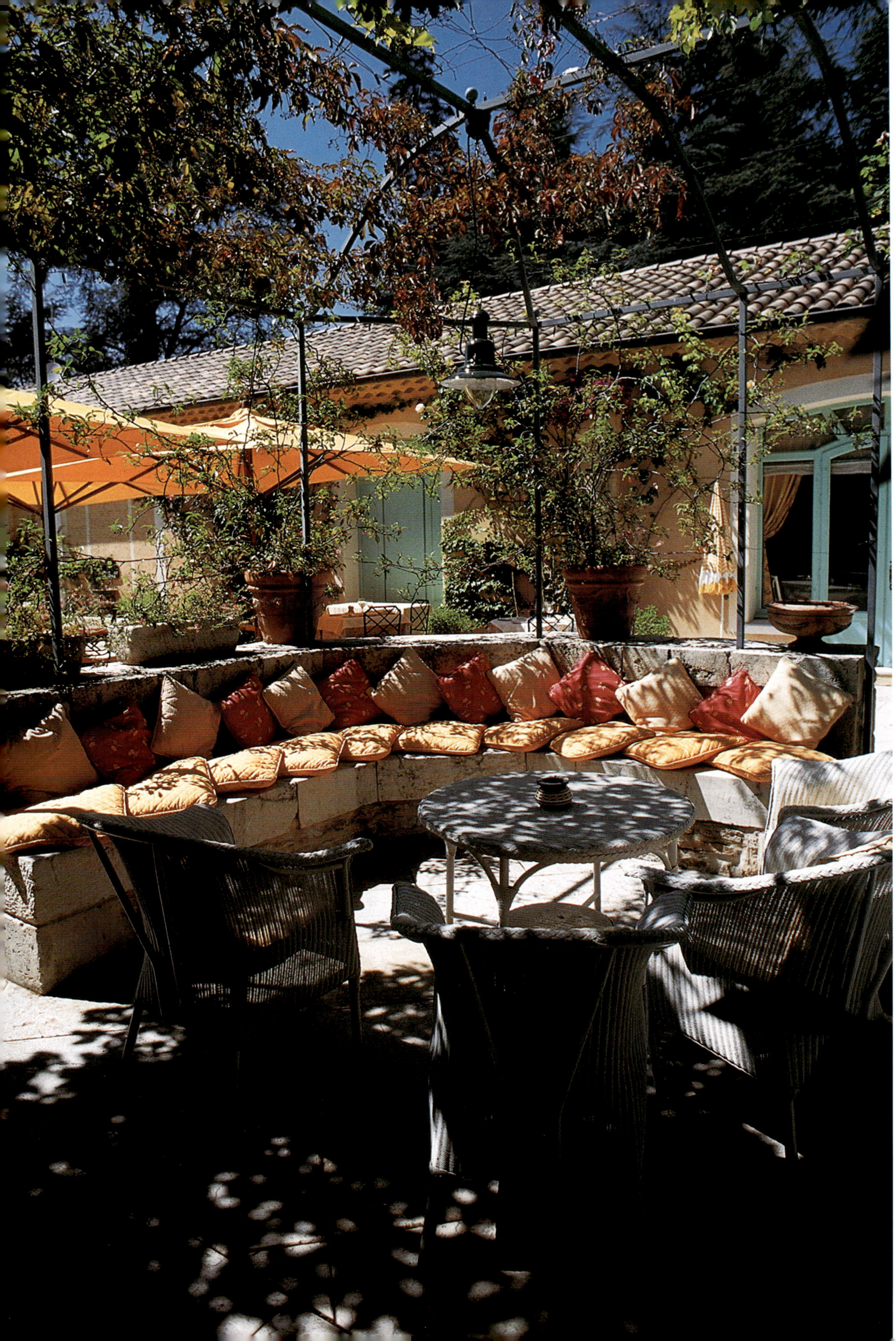
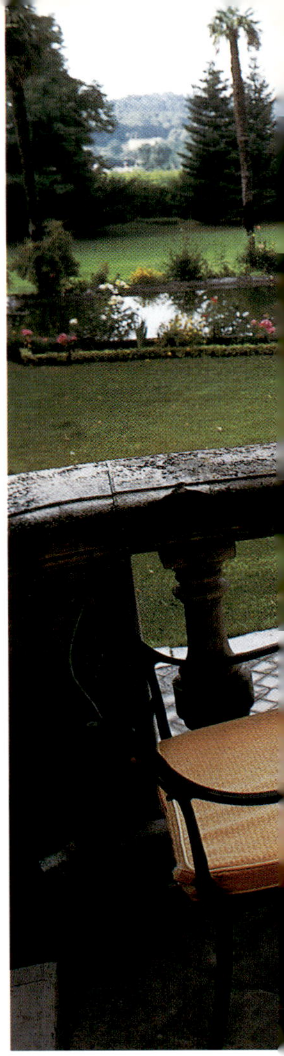
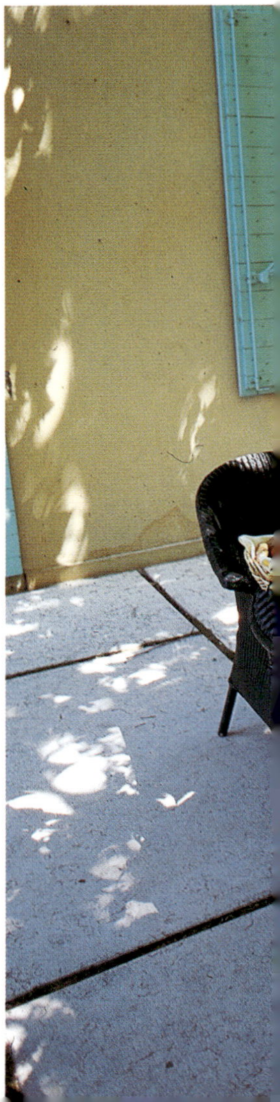

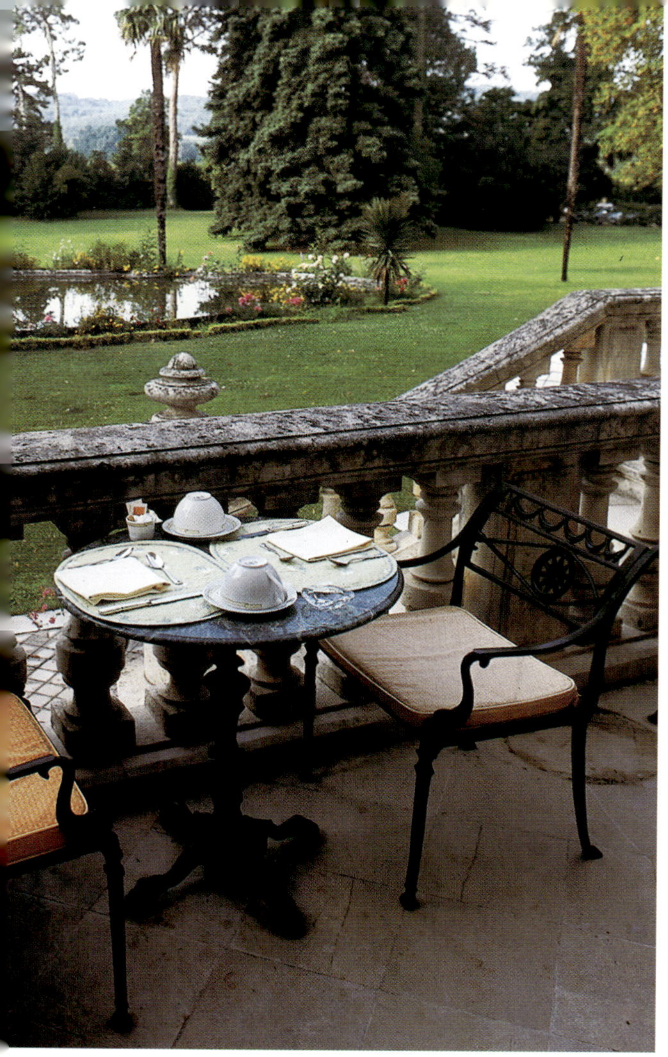
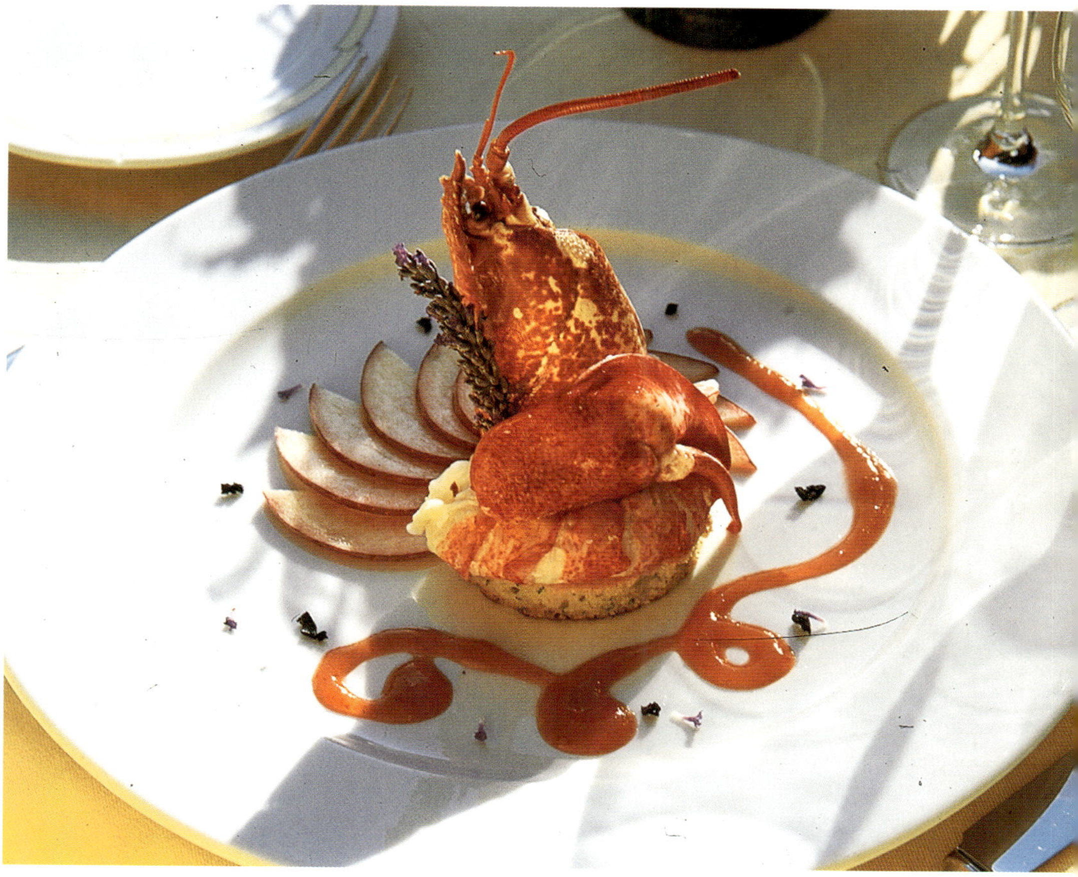
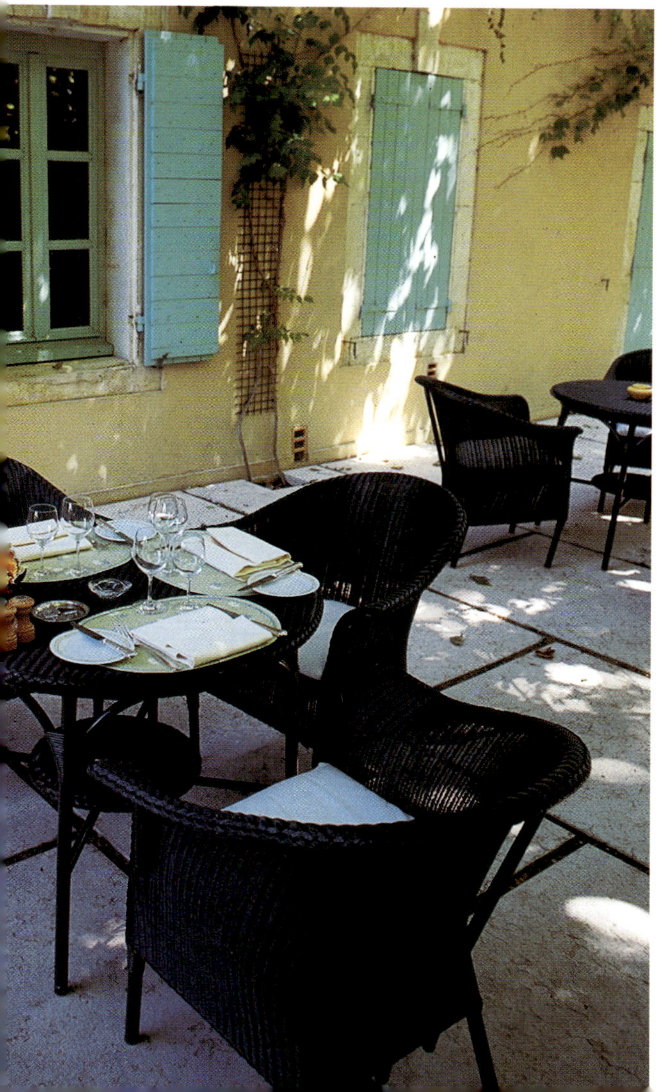
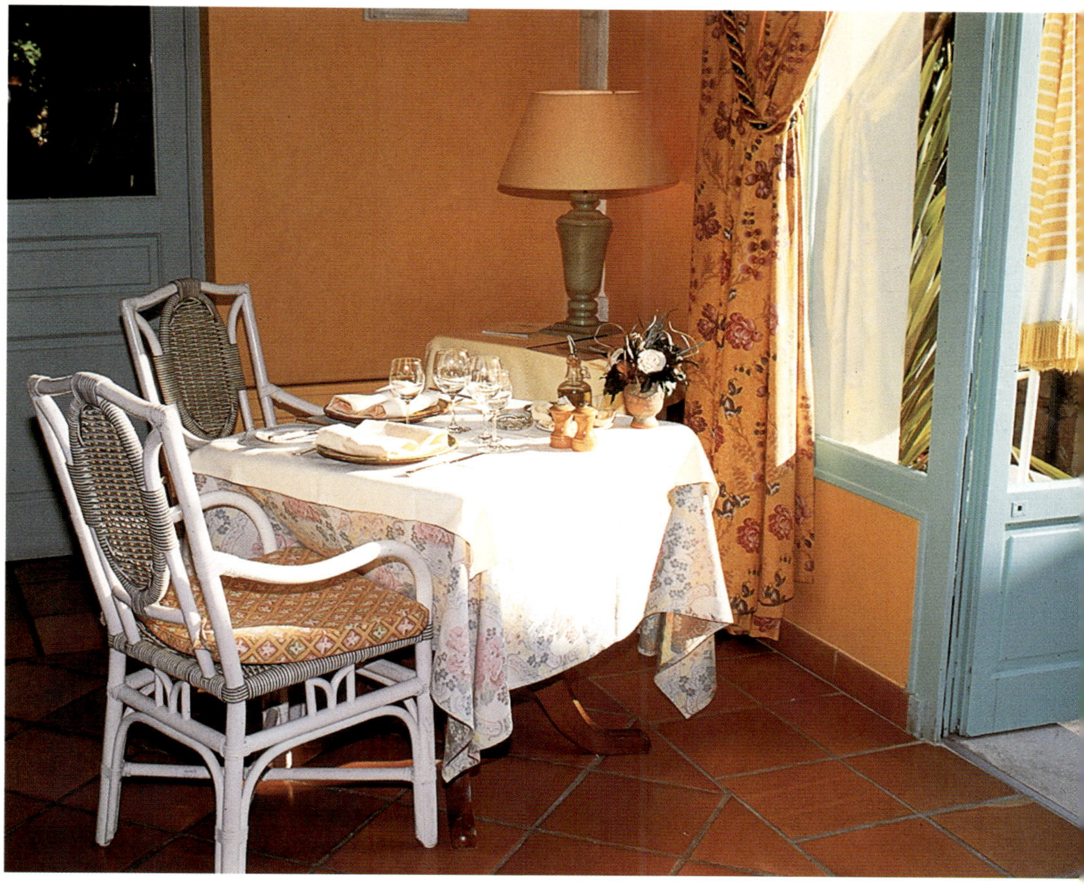

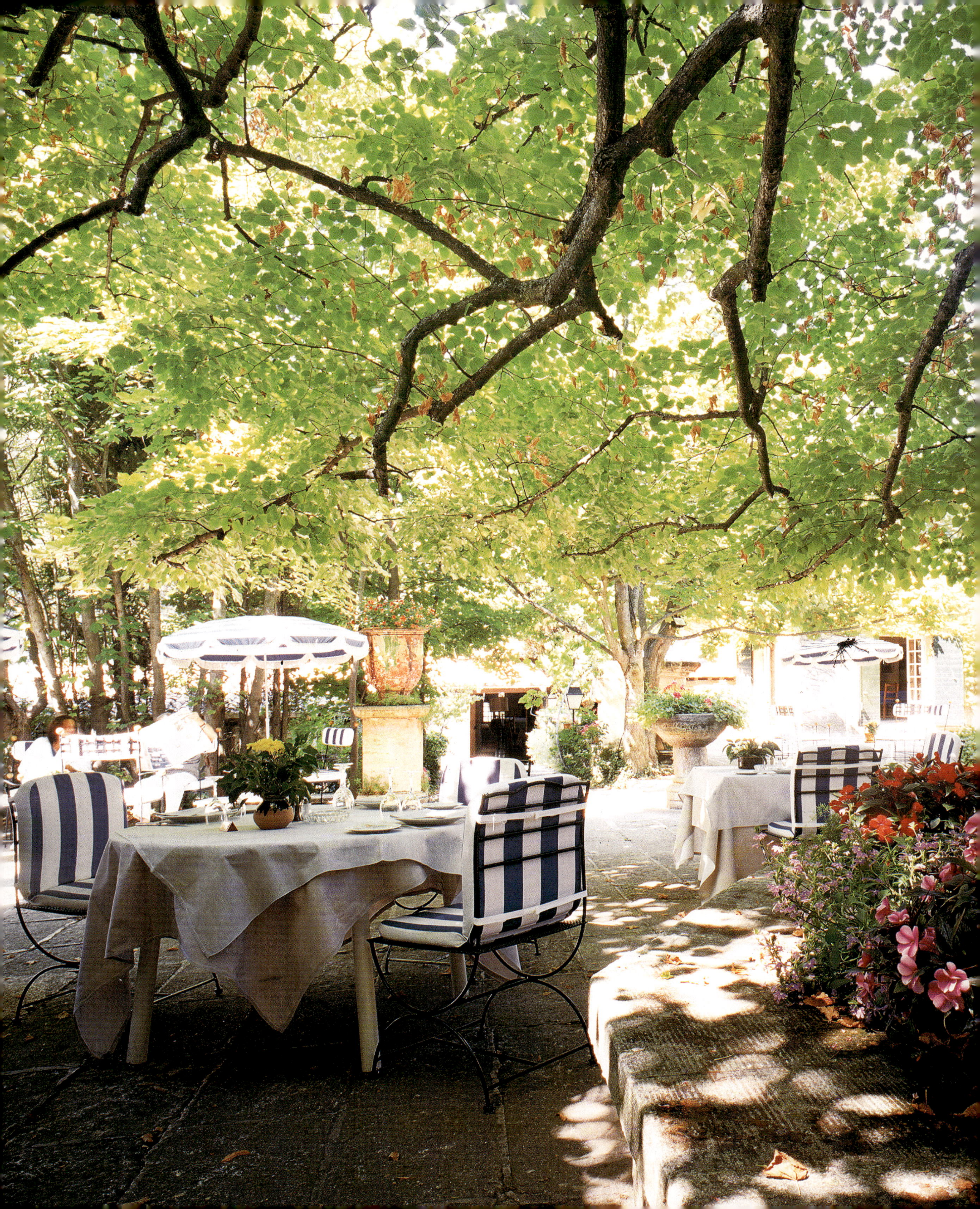

Le Mas d'Entremont

Wer Aix-en-Provence, eine der schönsten Städte Frankreichs besucht, sollte sich einen Aufenthalt im Mas d'Entremont nicht entgehen lassen. Das Hotel präsentiert sich als prachtvoll restaurierter provenzalischer Gutshof, als Oase der Ruhe und Schönheit unweit des lebhaften Kunst- und Kulturzentrums Aix-en-Provence. Die Mauern des Gebäudes sind mit Efeu bewachsen, und im Innern vermitteln grobe Eichenbalken eine gediegene, traditionelle Atmosphäre. Die siebzehn mit Klimaanlage ausgestatteten Zimmer wirken hell und luftig, ihre großen Fenster gewähren herrliche Ausblicke auf das gesamte Anwesen, und vom Balkon aus kann man morgens die aromatischen Düfte der Provence genießen.
Verlockend wirken auch das herrlich blaue Schwimmbad und der Garten, in dem hohe Kastanien und schlanke Koniferen Schatten spenden und ein Teich mit cremefarbenen Seerosen, Goldfischen und tanzenden Fontänen zum Verweilen und Träumen einlädt. Eine Wohltat fürs Auge sind auch der gepflegte Tennisplatz, die tiefgrünen Rasenflächen und die lauschigen Gartenhöfe mit steinernen Schalen, in denen üppig blutrote Geranien blühen ...
Am unvergeßlichsten jedoch blieben mir die kulinarischen Genüsse, mit denen die Hotelküche aufwartet. Aus der reichhaltigen Speisekarte des Küchenchefs Thierry Bongrand wählte ich als Vorspeise Muscheln in Safransoße und als Hauptgericht Seeteufel auf Gemüse. Der Käse wurde in einem mit Rosmarinzweigen dekorierten Korb gereicht; ich entschied mich für den provenzalischen Banon, einen sahnigen Ziegenkäse aus der näheren Umgebung, und dazu einen köstliche Beaujolais (im übrigen ist das Restaurant des Hotels auch für seine hervorragende *Pâtisserie* bekannt). Da es ein lauer Sommerabend war, dinierte ich auf der Terrasse, mit Ausblick auf den Seerosenteich mit den Fontänen. Ich fühlte mich so behaglich, als wäre ich hier zu Hause - doch ist es wohl nur wenigen Privilegierten vergönnt, daß sie zu Hause auf gleiche Weise verwöhnt werden wie als Gast im Mas d'Entremont.

Eine Oase mit romantischem Flair.

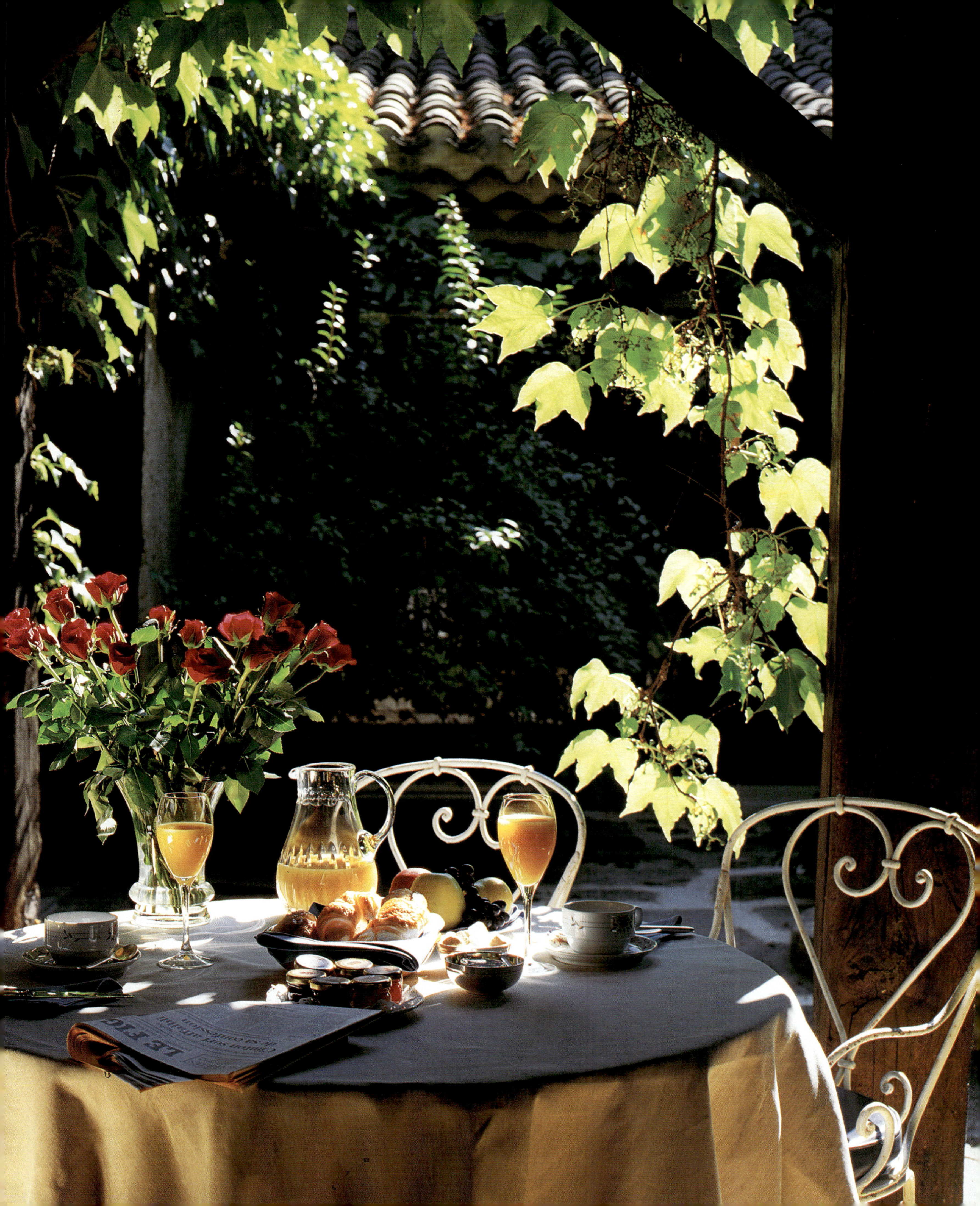

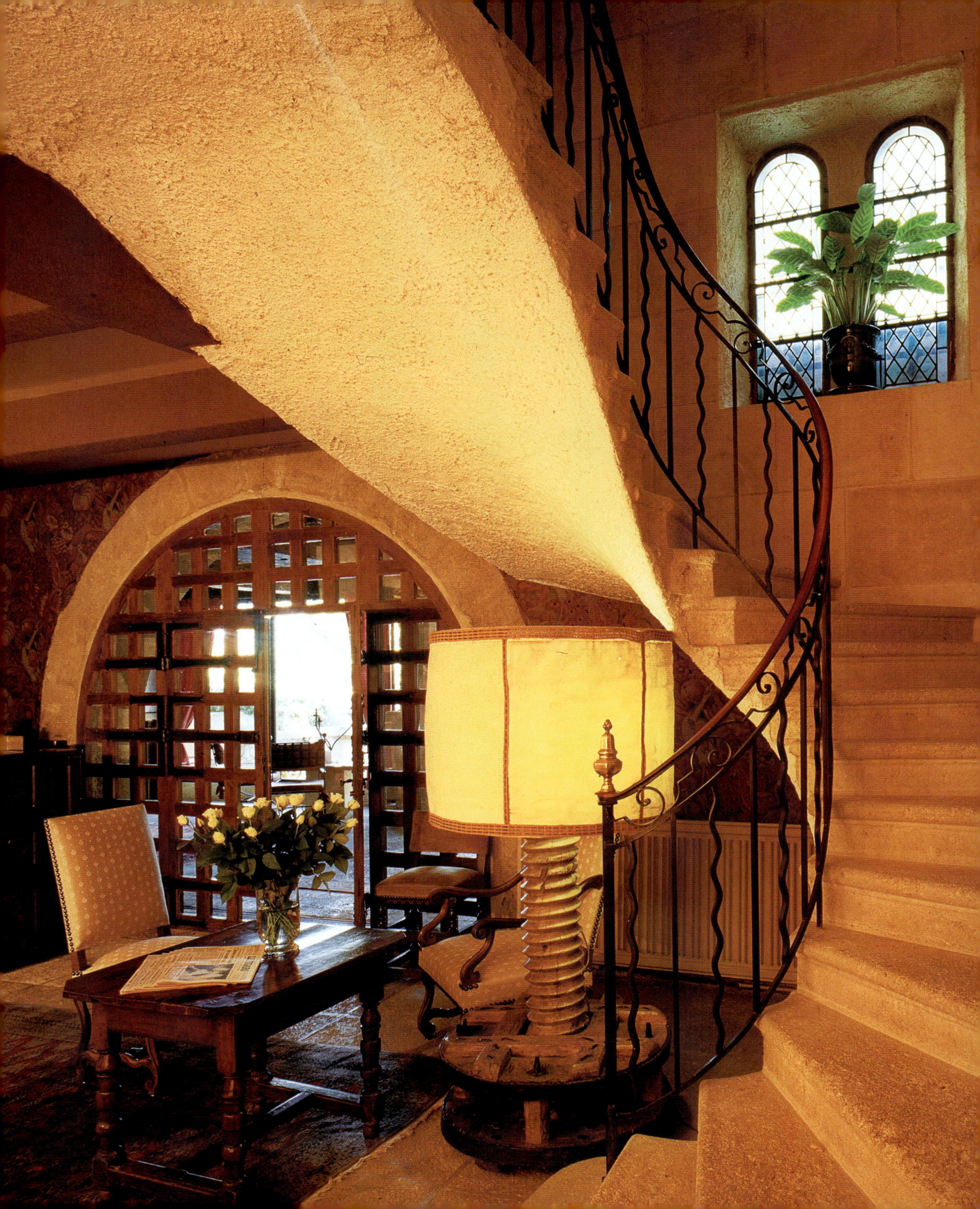

85

Le Mas de Peint

Das faszinierende Sumpfland der Camargue mit seiner artenreichen Flora und Fauna hat von jeher die Phantasie beflügelt. Hier fühlt man sich weit weg vom Alltagsgetriebe und träumt davon, eine Zeitlang Teil einer ganz anderen Welt zu sein.

Im Hotel Le Mas de Peint, wo Jacques Bon und seine Frau Lucille ein gastliches Ambiente geschaffen haben, das in seiner Art einzigartig ist, wird der Traum zur Wirklichkeit.

Jacques ist im Rhônedelta aufgewachsen, wo er Reisanbau betreibt und Merinoschafe sowie die echten Camargue-Stiere züchtet. Das Anwesen, das im 17. Jahrhundert für Antoine Peint erbaut wurde, befindet sich schon seit Generationen im Besitz der Familie Bon. Jacques' Ehefrau Lucille, ihres Zeichens Architektin, hatte die Idee, das Haus für Reisende zu öffnen, und so wurde das Mas de Peint zu dem, was es heute ist. Zusammen mit der Innenarchitektin Estelle Réale-Garcin verwandelte Lucille Bon das Landgut in eine lichte, kultivierte Oase, wobei sein authentischer Charakter erhalten blieb. So speist der Gast an einem antiken runden Tisch in der offenen Wohnküche, fühlt sich in dem geräumigen Salon so recht als Mitglied der Familie oder genießt am Rand des luxuriösen Schwimmbeckens einen erfrischenden Drink. Die hübschen Zimmer sind geschmackvoll eingerichtet und mit jeglichem Komfort ausgestattet.

Die größte Abenteuer jedoch ist die Camargue selbst. Jacques nimmt seine Gäste gern im Geländewagen mit und zeigt ihnen die Umgebung, und wer sich auf dem Pferderücken sicher fühlt, sollte unbedingt einen Ausritt in die Camargue unternehmen, um in atemberaubender Umgebung die herrliche Wildflora, die rosa Flamingos und die weißen Pferde zu bewundern. Das Wort „Ferien" bekommt hier eine ganz besondere Bedeutung.

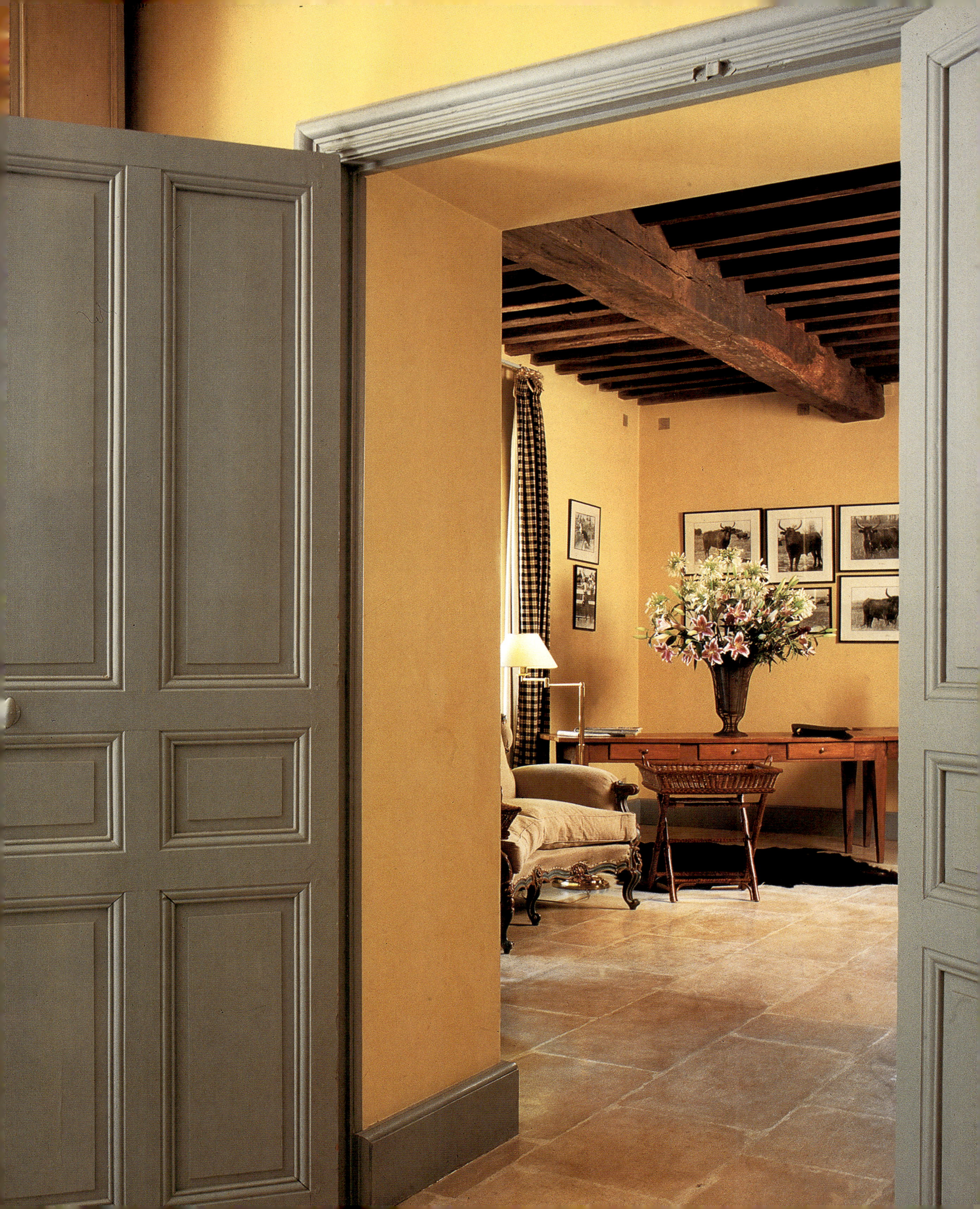

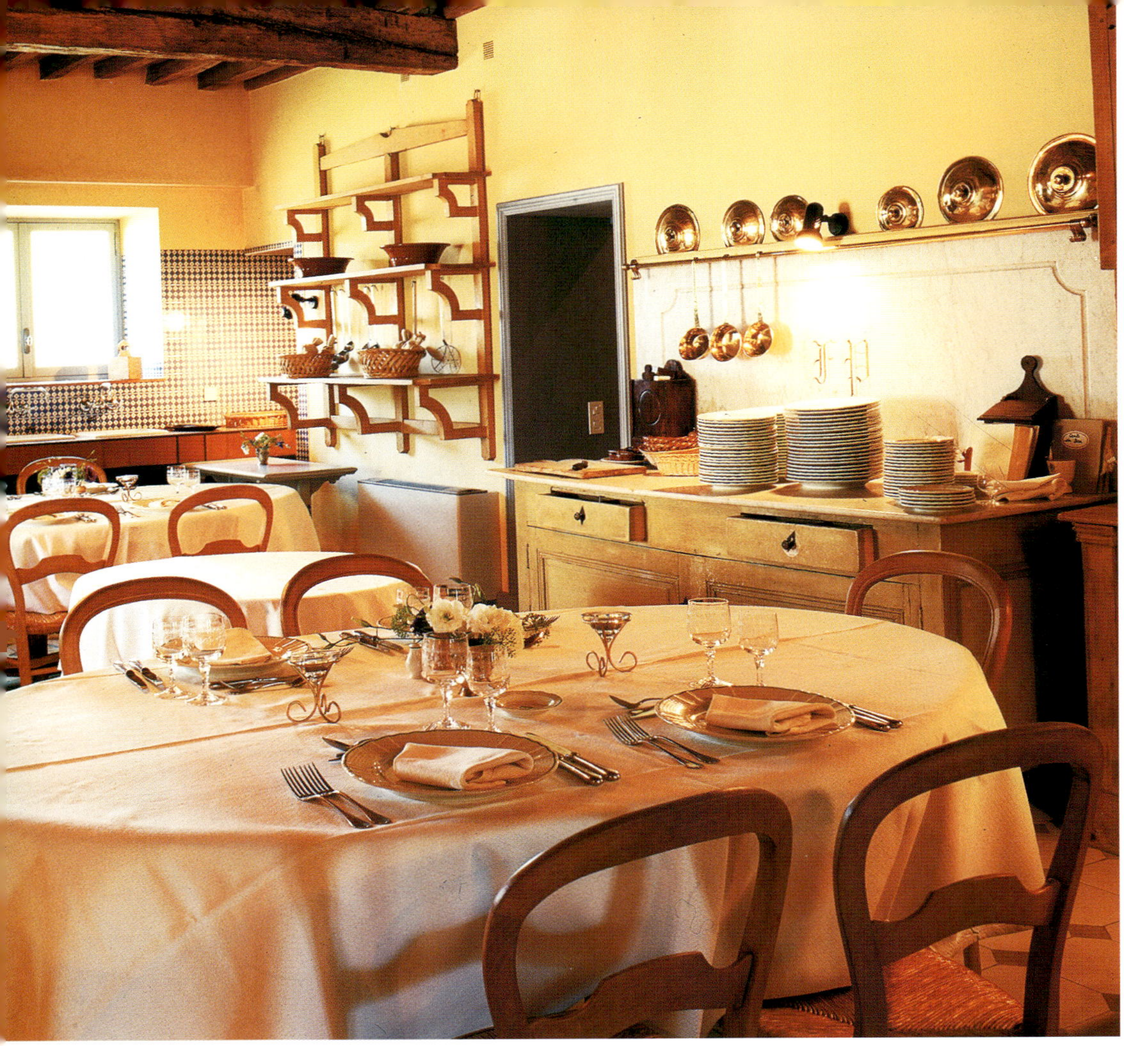
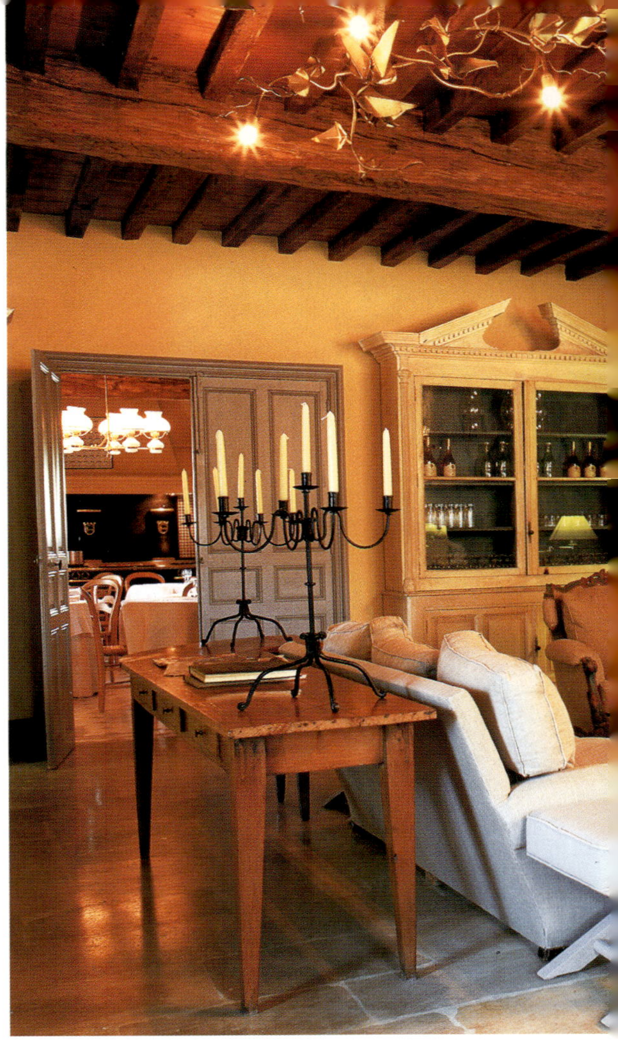
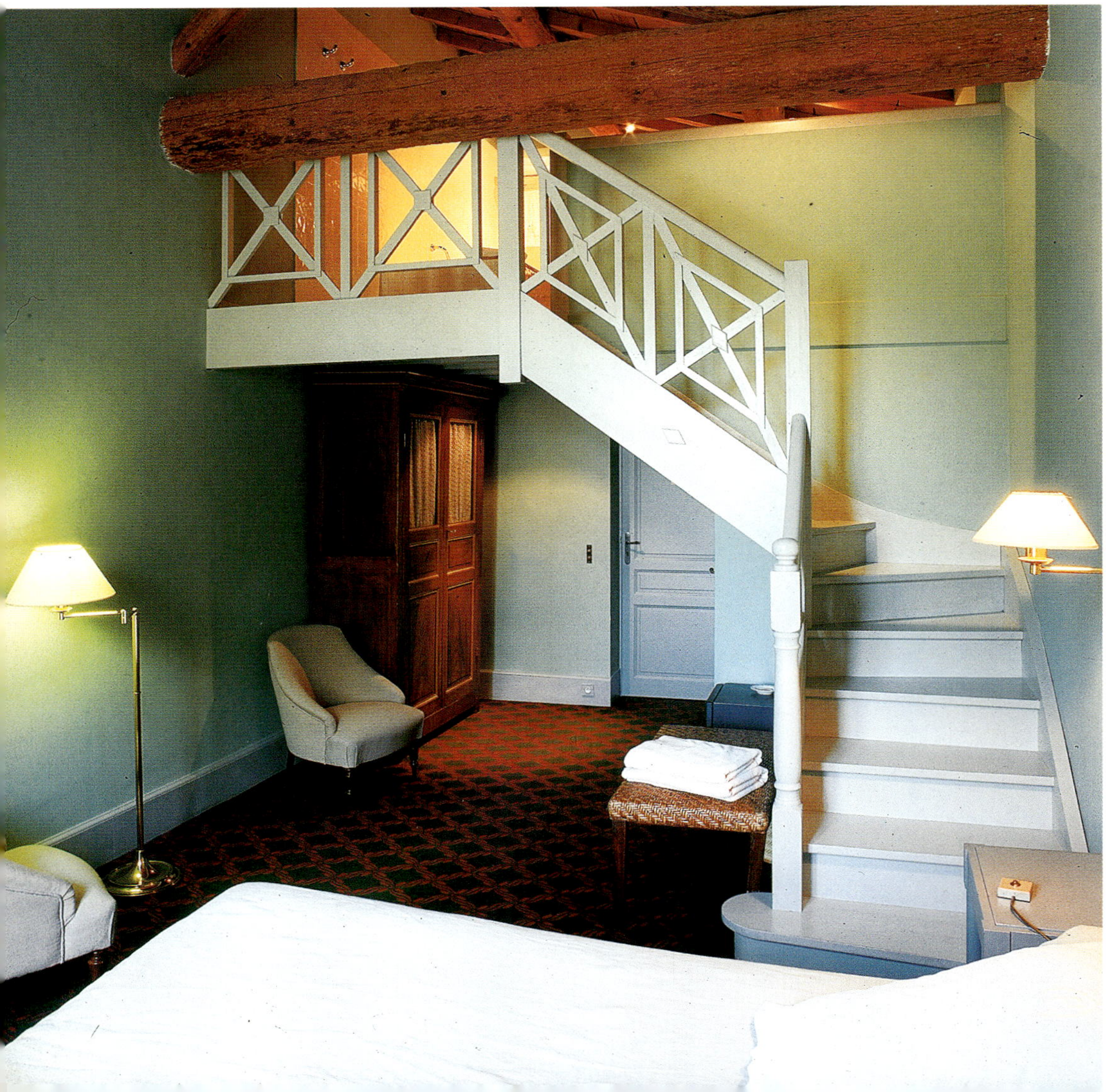
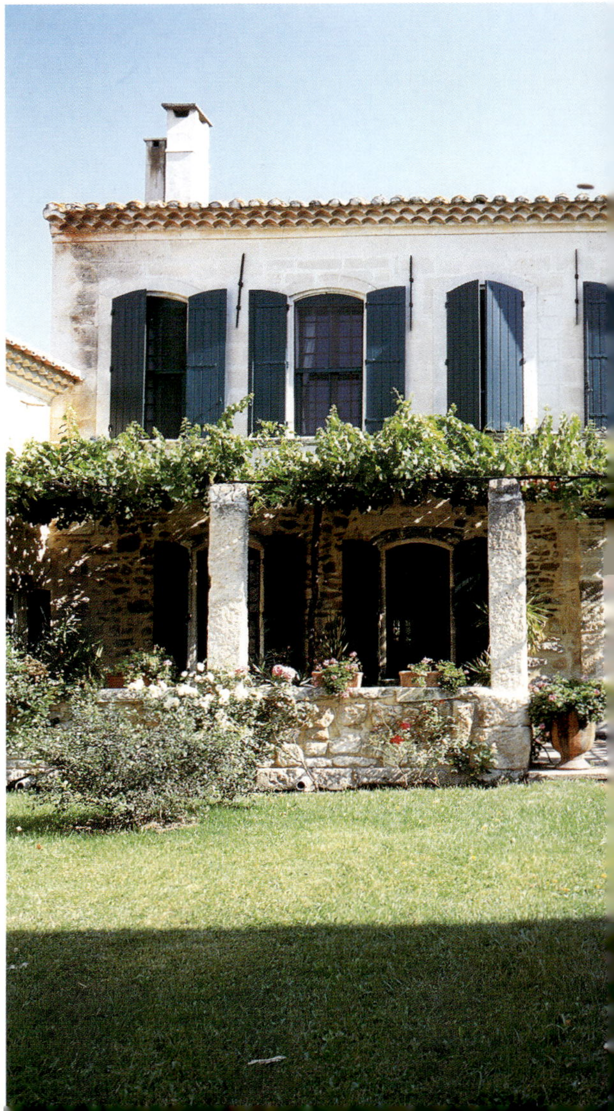

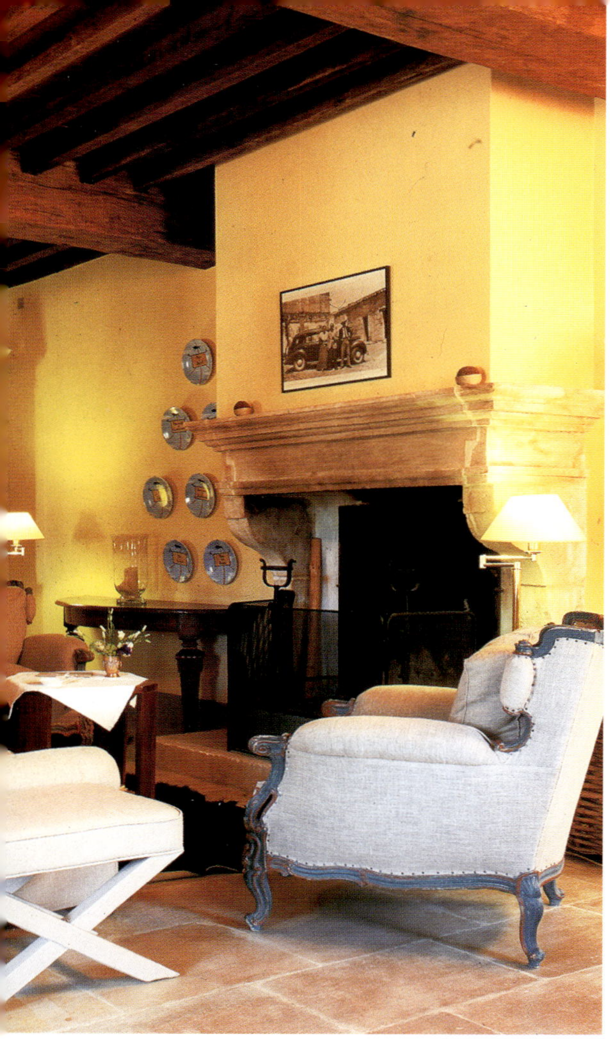

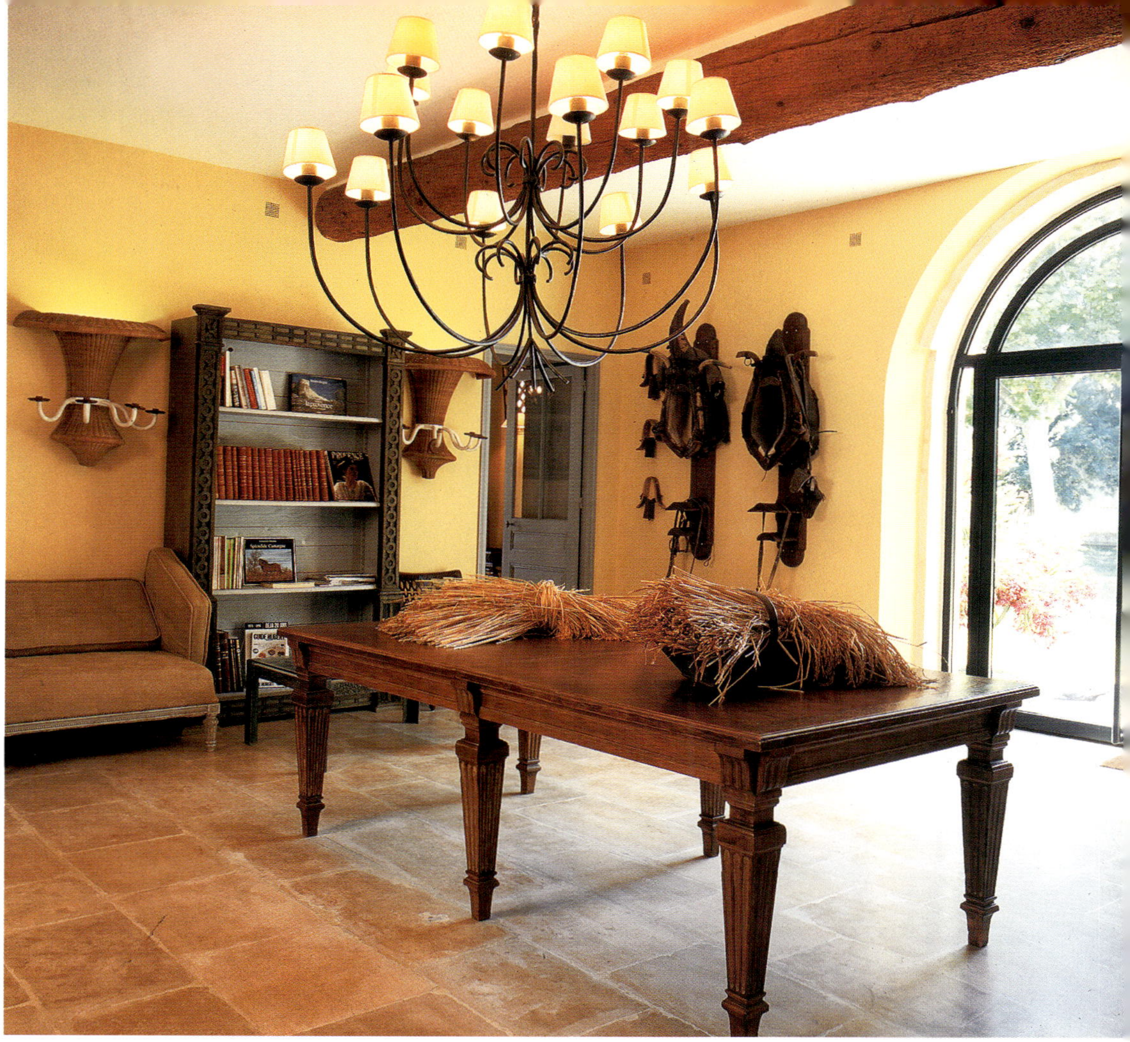

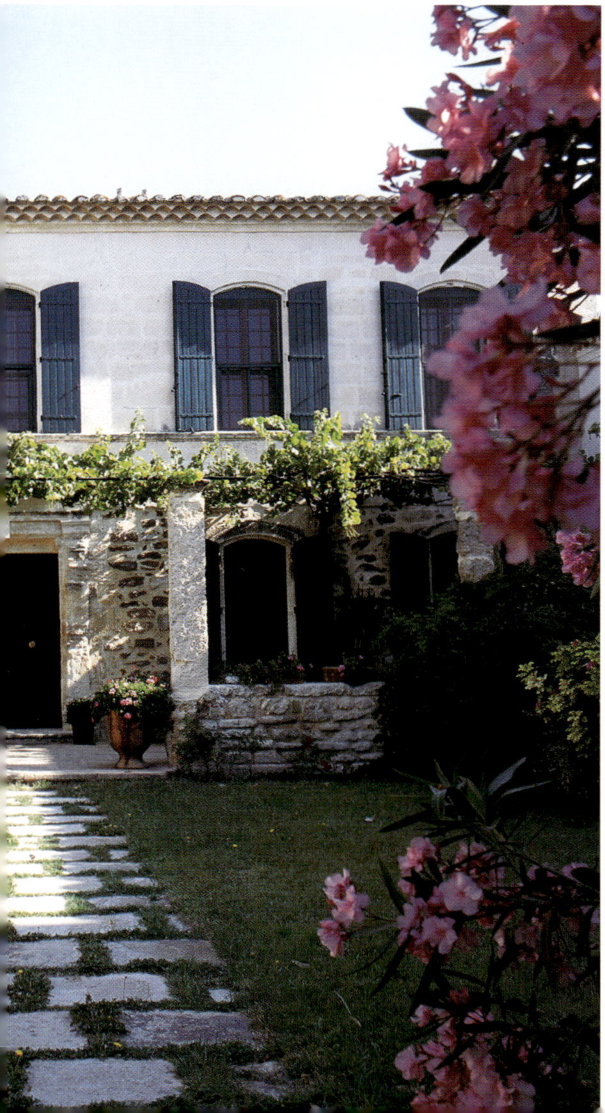

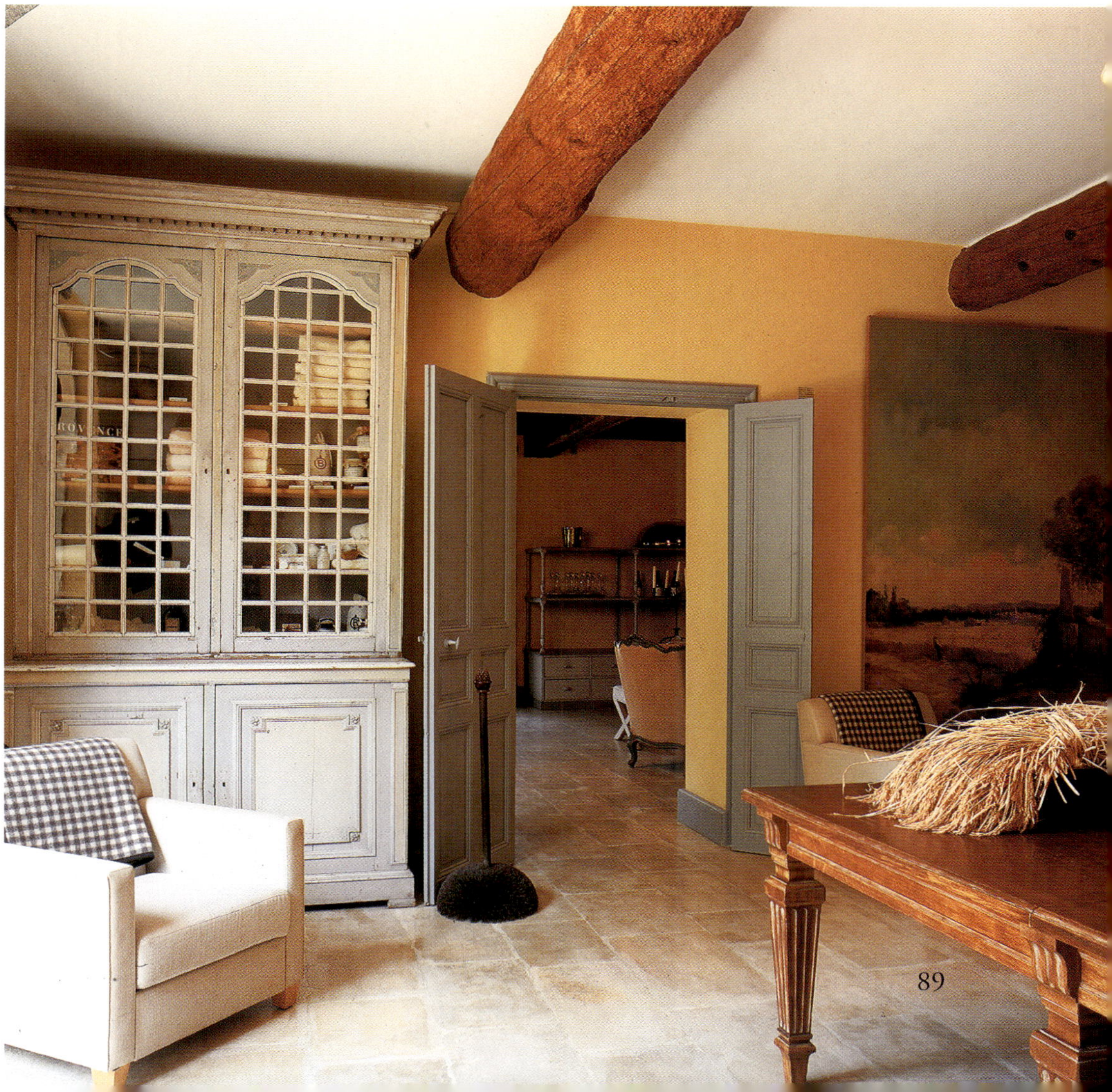

Die Welt des Jacques Bon.

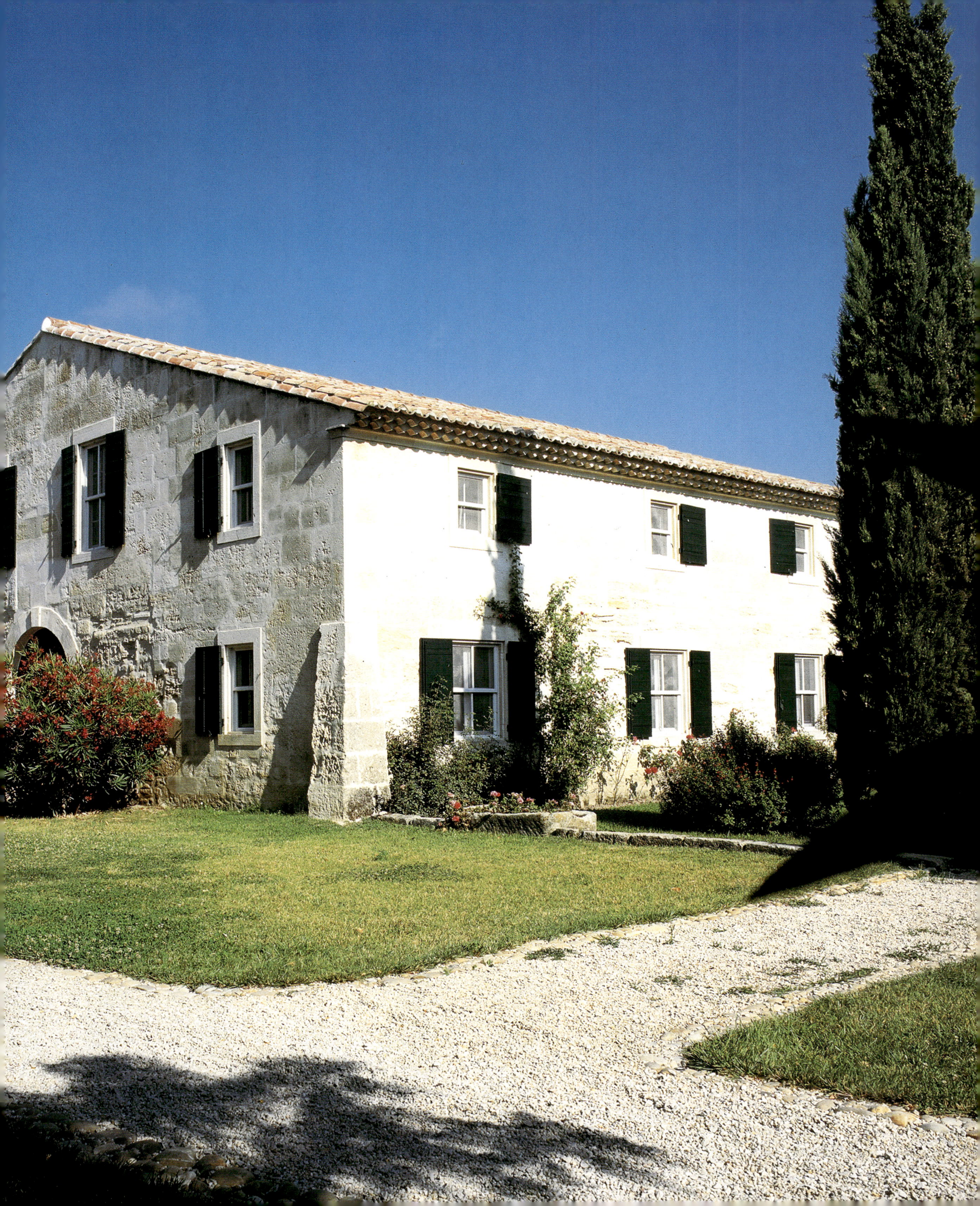

Auf halbem Weg zwischen Nîmes, Uzès und Avignon liegt Collias, ein entzückendes Dörfchen, umgeben vom Lavendelblau der herrlichen Landschaft. Collias birgt ein faszinierendes Geheimnis: Hinter einer eindrucksvollen ockerfarbenen Fassade, die Wärme und Farbe der südlichen Sonne absorbiert zu haben scheint, versteckt sich ein Hotel von geradezu märchenhaftem Charme. Aus mehreren alten Gebäuden um einen von Palmen gesäumten Innenhof schufen Chantal und Raymond Aparis ein Gesamtkunstwerk - ein Hotel voller liebenswerter Details und Überraschungen. Jedes der fünfzehn Zimmer zeichnet sich durch einen ganz eigenen Stil aus, ebenso die zwei Suiten: Art Deco, Jugendstil, Siebzigerjahre ... Auch ein Ägyptisches Zimmer mit eigener Terrasse, von der aus man über die Dächer von Collias blickt, ist vorhanden und, man glaubt es kaum, ein Bad mit Dusche unter freiem Himmel! Etwas ganz Besonderes ist auch das von dem Bildhauer Jules Guilbert entworfene Badezimmer mit Mosaikwanne und -fußboden und einer Balkendecke mit Spiegeln.

Der gärtnerisch gestaltete Innenhof wirkt

Hostellerie Le Castellas

wie eine luxuriöse Oase der Ruhe. Unter großen Sonnenschirmen läßt man sich für ein Weilchen nieder und genießt - gut geschützt vor allzu grellem Licht - die friedliche Atmosphäre. Der Garten mit seinen lauschigen Nischen erinnert an Monet; Licht und Schatten bewirken reizvolle Effekte, und üppig wuchernde Glyzinien bilden einen hellgrünen Tunnel, mit Tischchen, an denen die Gäste ihren Tee einnehmen können.

Das großzügige blaue Schwimmbad verlockt zu einem Sprung ins kühle Naß, und am Abend begibt man sich zum Diner ins Restaurant mit seinen beeindruckenden Gewölbedecken und dem aparten Steinfußboden. Chefkoch Frédéric Fournier bevorzugt die kreative leichte Küche und verarbeitet dabei frisches Gemüse und Obst aus der näheren Umgebung. Herrlich - wie alles in der Hostellerie Le Castellas.

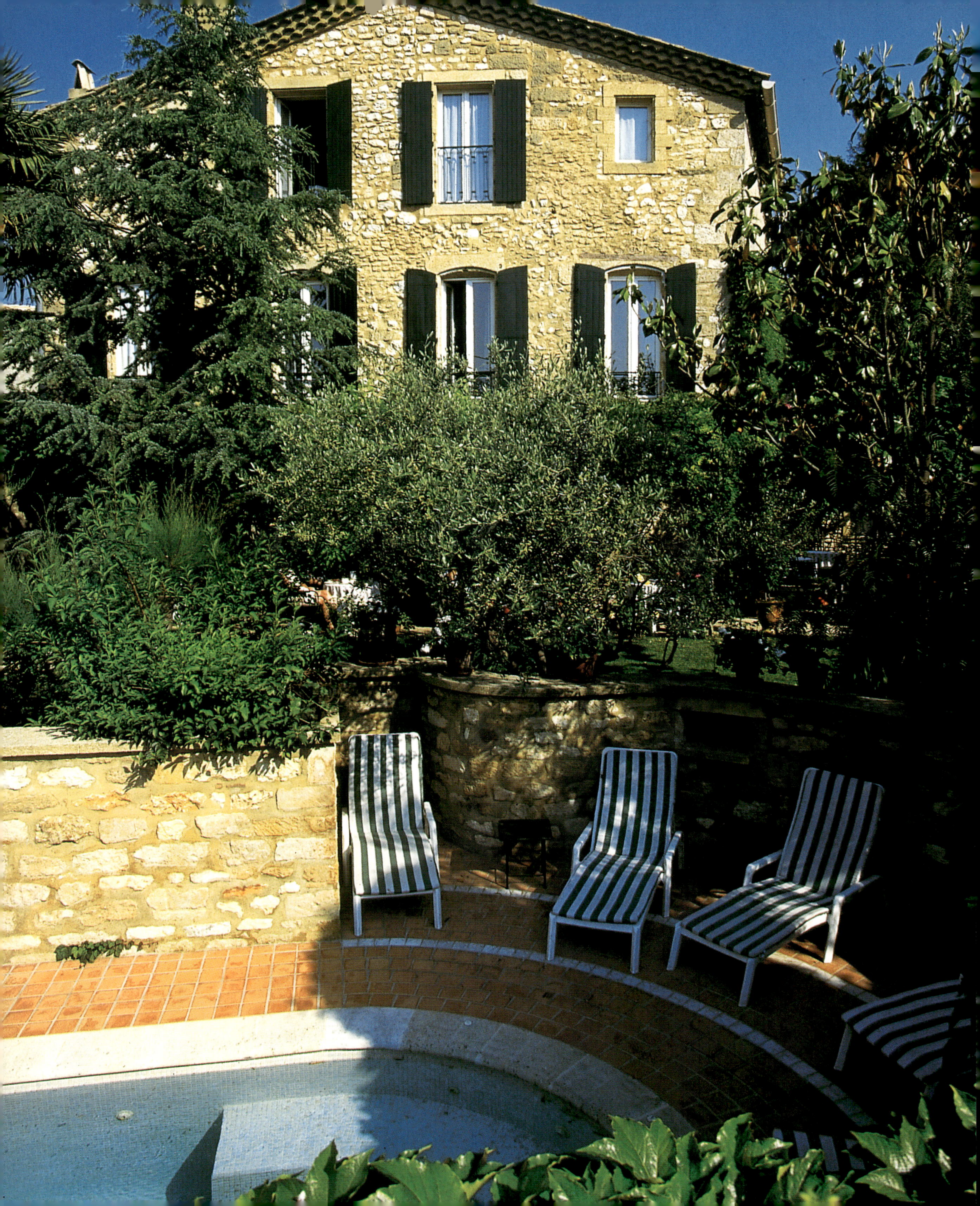

Märchenhafter Charme und immer neue Überraschungen.

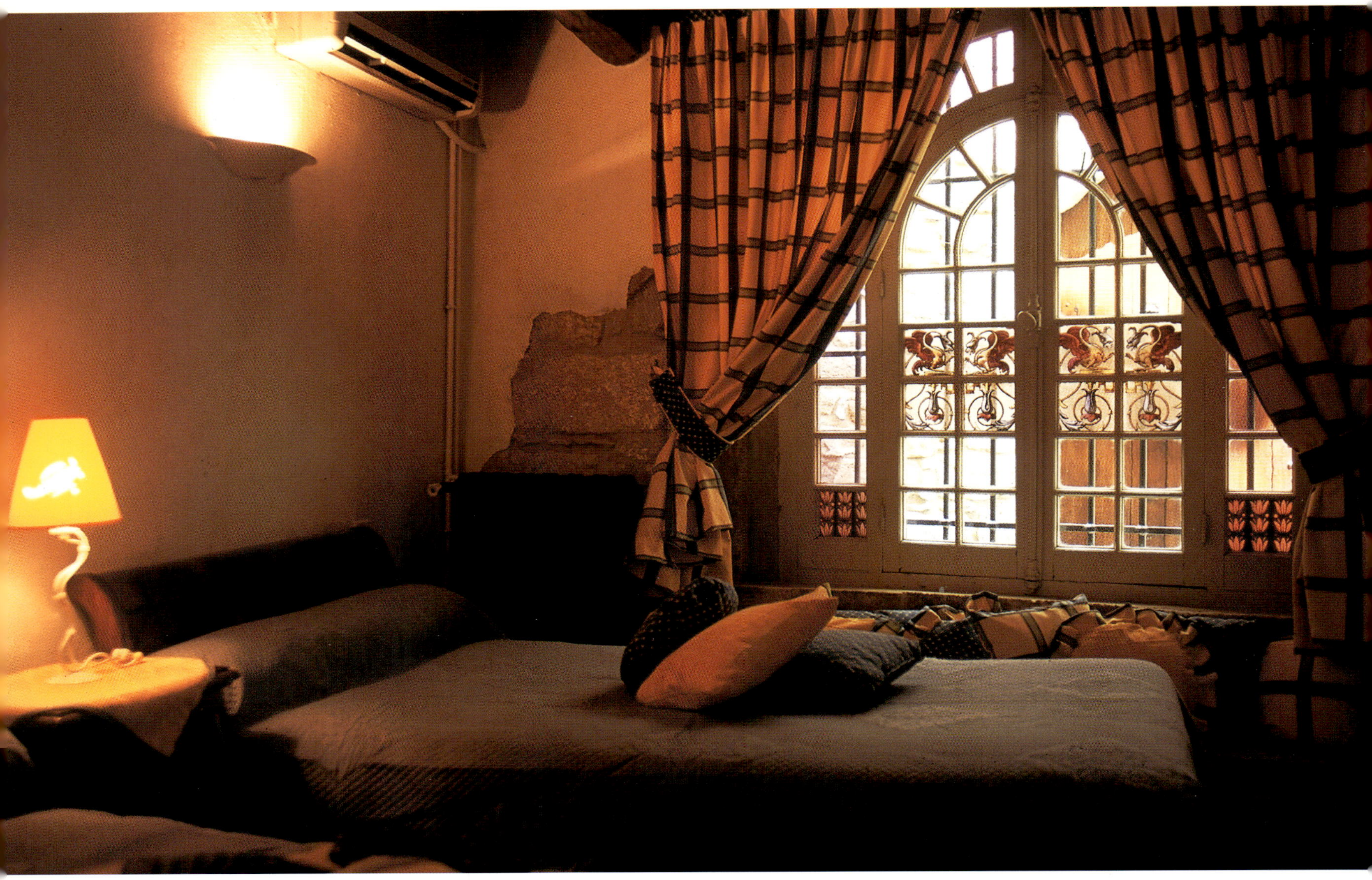

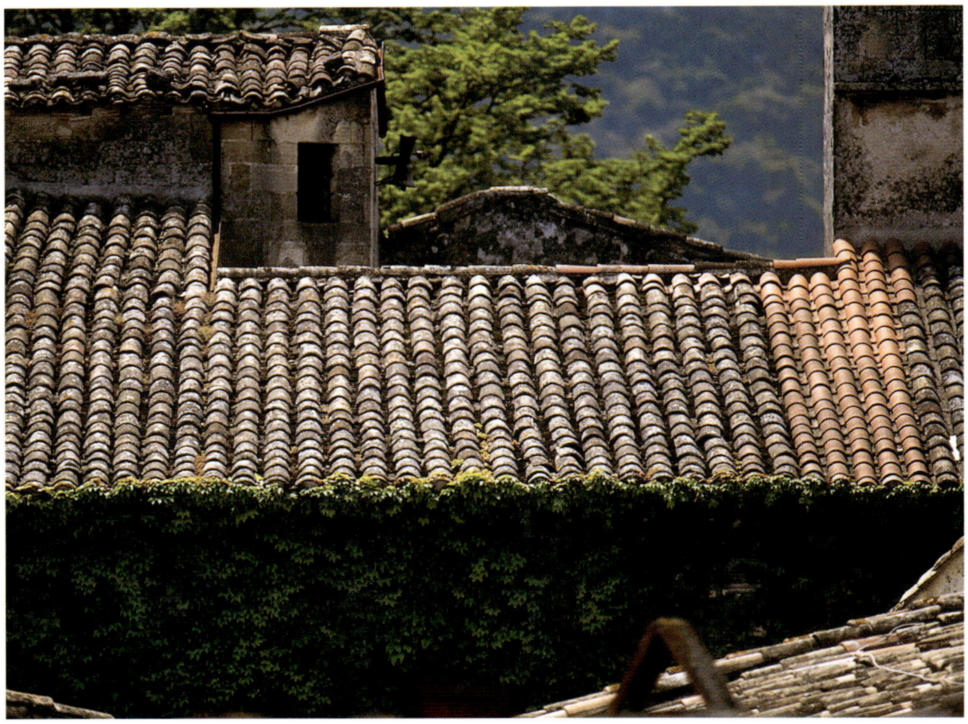

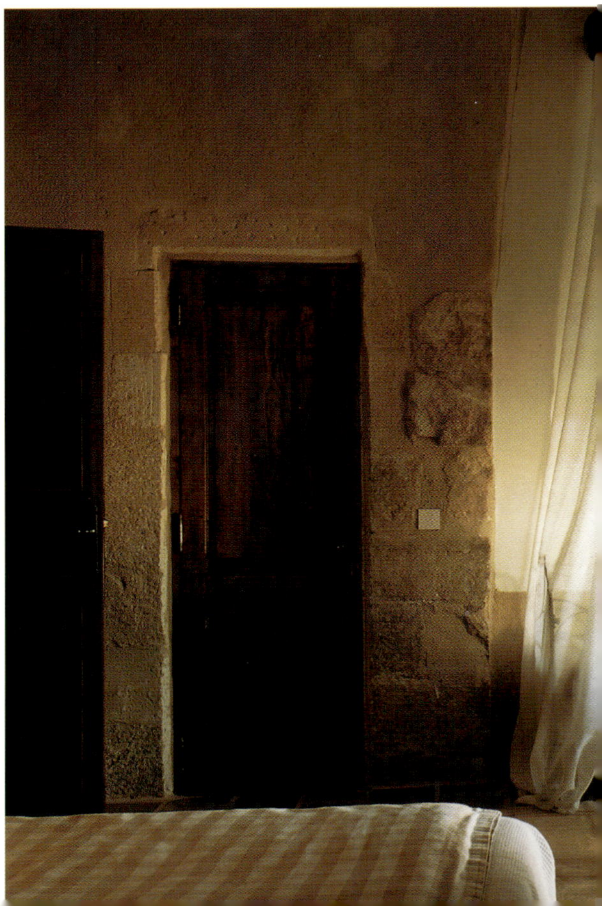

97

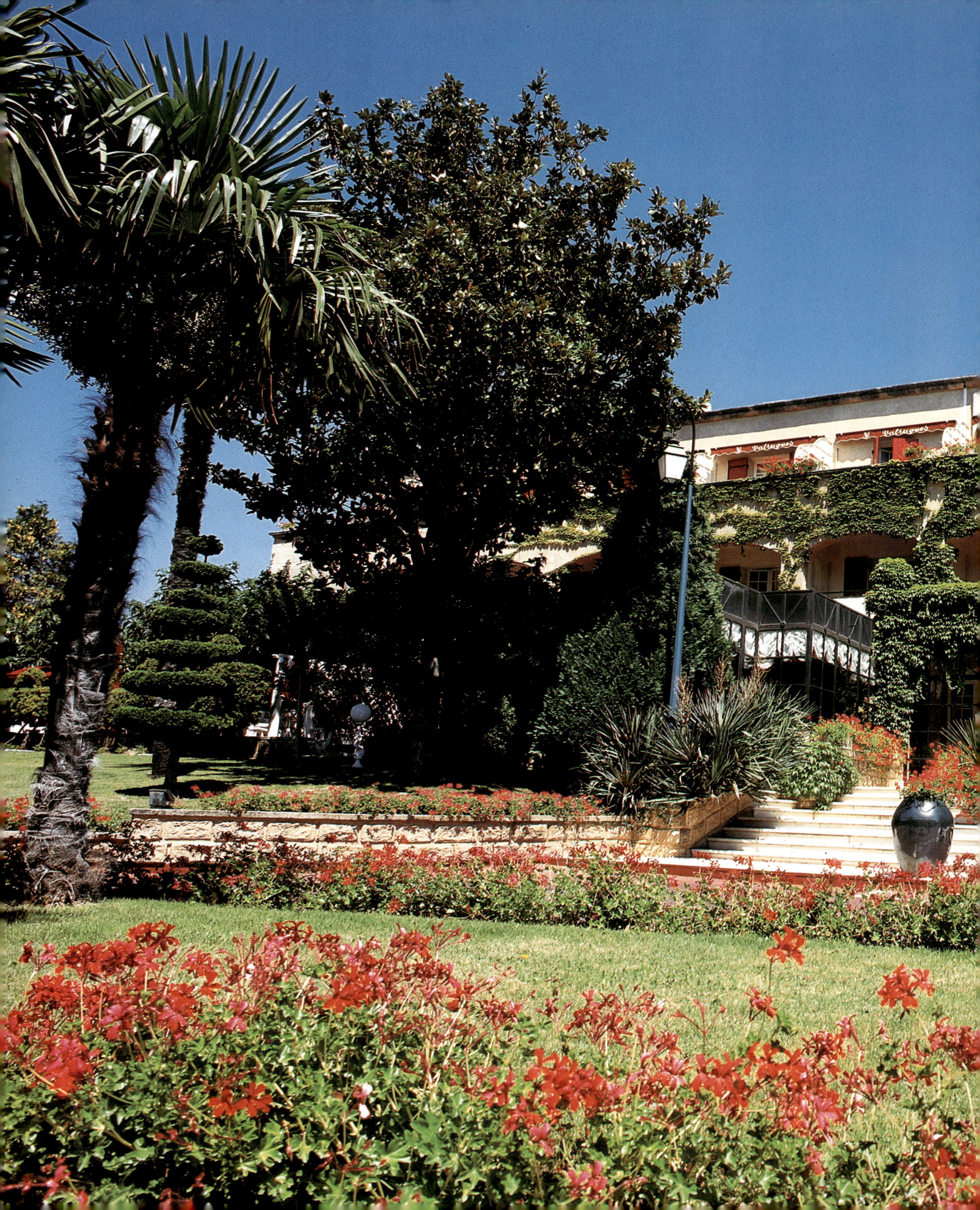
V Valrugues
V Valrugues

Hostellerie du Vallon de Valrugues

„Lebensfreude" - mit diesem Wort läßt sich das, was den Gast in der Hostellerie du Vallon de Valrugues erwartet, am treffendsten beschreiben. Hier, unter der provenzalischen Sonne, kann man die Annehmlichkeiten des Lebens genießen wie sonst nirgendwo.

Schon bei der Ankunft hat man das Gefühl, willkommen zu sein. Eine monumentale Treppe mit reizvollem Baldachin führt zum Eingang einer florentinisch anmutenden Villa, die den Gast mit einer wahren Farbsymphonie empfängt. In der Halle beeindrucken echter Marmor, Fresken, Trompe-l'œil- und Blumenmalereien, und oben führt ein roter Läufer zu den ebenfalls roten und mit einem verschnörkelten „V" dekorierten Türen der Hotelzimmer. Die Räume sind edel ausgestattet, mit provenzalischen Stoffen und herrlichem Holzwerk, und durch eine Flügeltür betritt man den sonnenüberfluteten Balkon. Ganz oben über den Dächern, fast schon im Himmel, kann man eine phantastische fürstliche Suite mit eigenem Schwimmbad buchen ...

Im Speisesaal bestimmen üppige Kronleuchter und eine schwelgerisch ausgestattete und überaus attraktive Pianobar die Atmosphäre, ganz zu schweigen von den kulinarischen Genüssen - das Vallon de Valrugues hat seine vier Sterne mehr als verdient. Wer geschützt vor dem zuweilen etwas launenhaften Wind und dem intensiven Licht den Sonnenschein und die aromatischen Düfte, die aus dem Park herüberwehen, genießen möchte, wird sich auf der einladenden Terrasse um das luxuriöse Schwimmbad wohl fühlen. "Ein Stückchen Italien im Lande des Mistral, eine Kombination des sonnigen Überschwangs des Südens mit der sanften Landschaft um Saint-Rémy " - so wird dieses Hotel beschrieben. Eine überaus gelungene Kombination ...

100

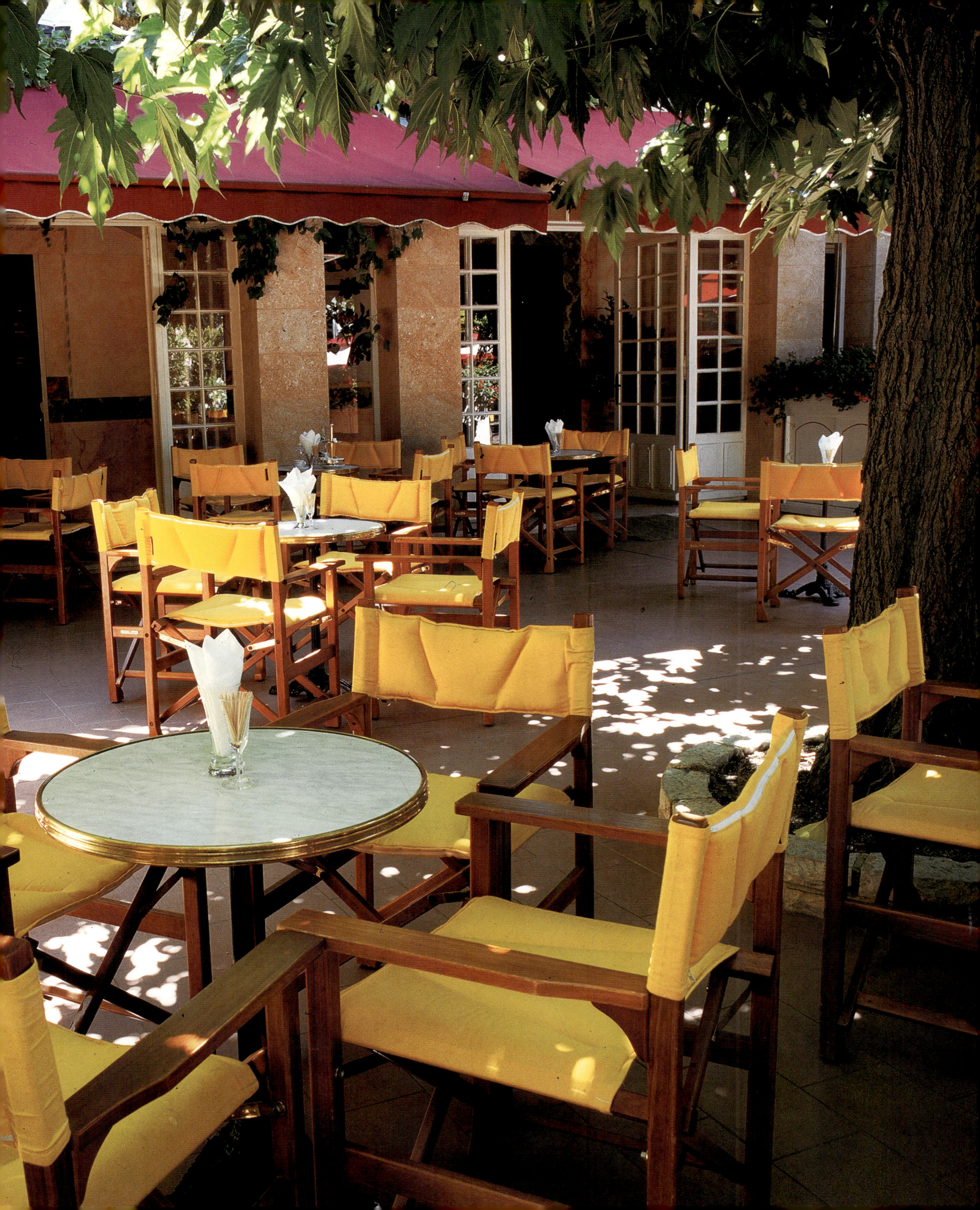

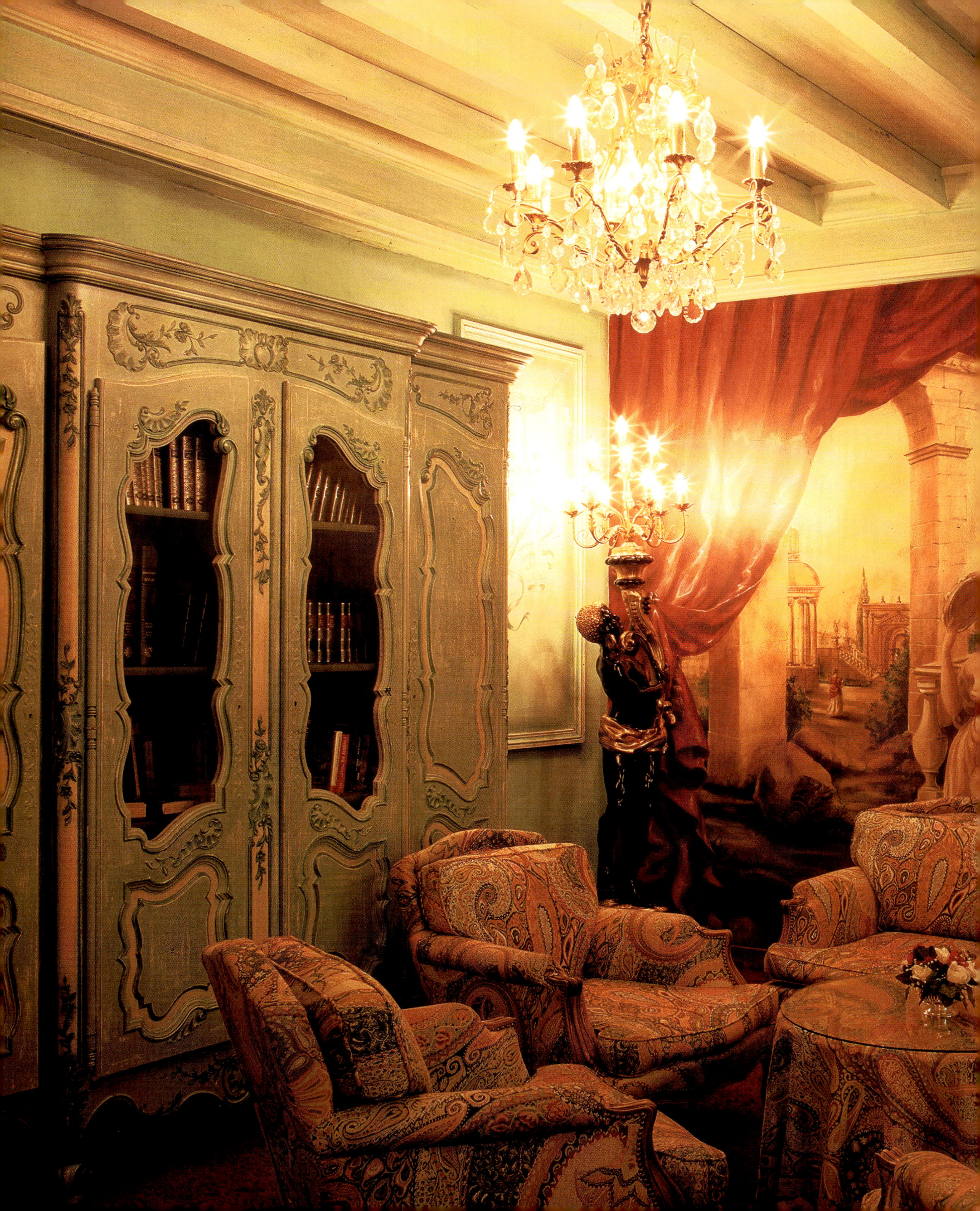

Eine florentinisch anmutende Villa im Herzen der Provence.

Château Unang

Das château mit dem klangvollen Namen liegt am Fuße des Mont Ventoux, unweit des Lubéron.

Eine lange, vielfach gewundene Zufahrt führt durch ein dichtbewaldetes Areal zu einem stattlichen, mit Efeu bewachsenen Gebäude. Als wir angekommen sind, bleiben wir ein paar Minuten stehen, um die klassische Schlichtheit des prachtvollen Baus, das kunstvolle alte Gittertor und die makellose geometrische Gartenanlage zu bewundern.

Ebenso eindrucksvoll präsentieren sich die Innenräume mit hohen Decken und antikem Mobiliar, Gemälden, Wandteppichen und Vorhängen und Bezügen im typisch provenzalischen Stil. Alles trägt hier zur gastlichen Atmosphäre bei, auch die verlockenden Düfte aus der halboffenen Küchentür und die Körbe in der Halle, in denen soeben Weinflaschen - natürlich aus der näheren Umgebung - geliefert wurden, und nicht zuletzt die wunderbar weichen Handtücher in unserem Badezimmer.

Unser Zimmer, das ganz in zartrosa und mandelgrün gehaltene „Chambre du marquis", ist mit einem prachtvollen Bett im Stil Louis-seize ausgestattet und wird uns wohl lange Zeit als etwas ganz Besonderes in Erinnerung bleiben.

Zufällig fiel mir ein Buch über die Geschichte des Schlosses in die Hände, die tatsächlich bis zum Jahr 867 zurückreicht! Darin ist auch vermerkt, daß 1970 die gegenwärtigen Besitzer, das Ehepaar Lefer, mit einer umfangreichen Restaurierung begannen, durch die das Château Unang zu der Perle wurde, die es heute ist.

Über den Ursprung des Namens allerdings verriet das Buch nichts. Als ich später bei einer Kostprobe der vortrefflichen Kochkunst Marie-Hélène Lefers versuchte, eine Auswahl aus den 60.000 Weinen zu treffen, die hier in den Kellergewölben lagern, beschloß ich, daß es auf den Namen im Grunde genommen nicht ankommt ...

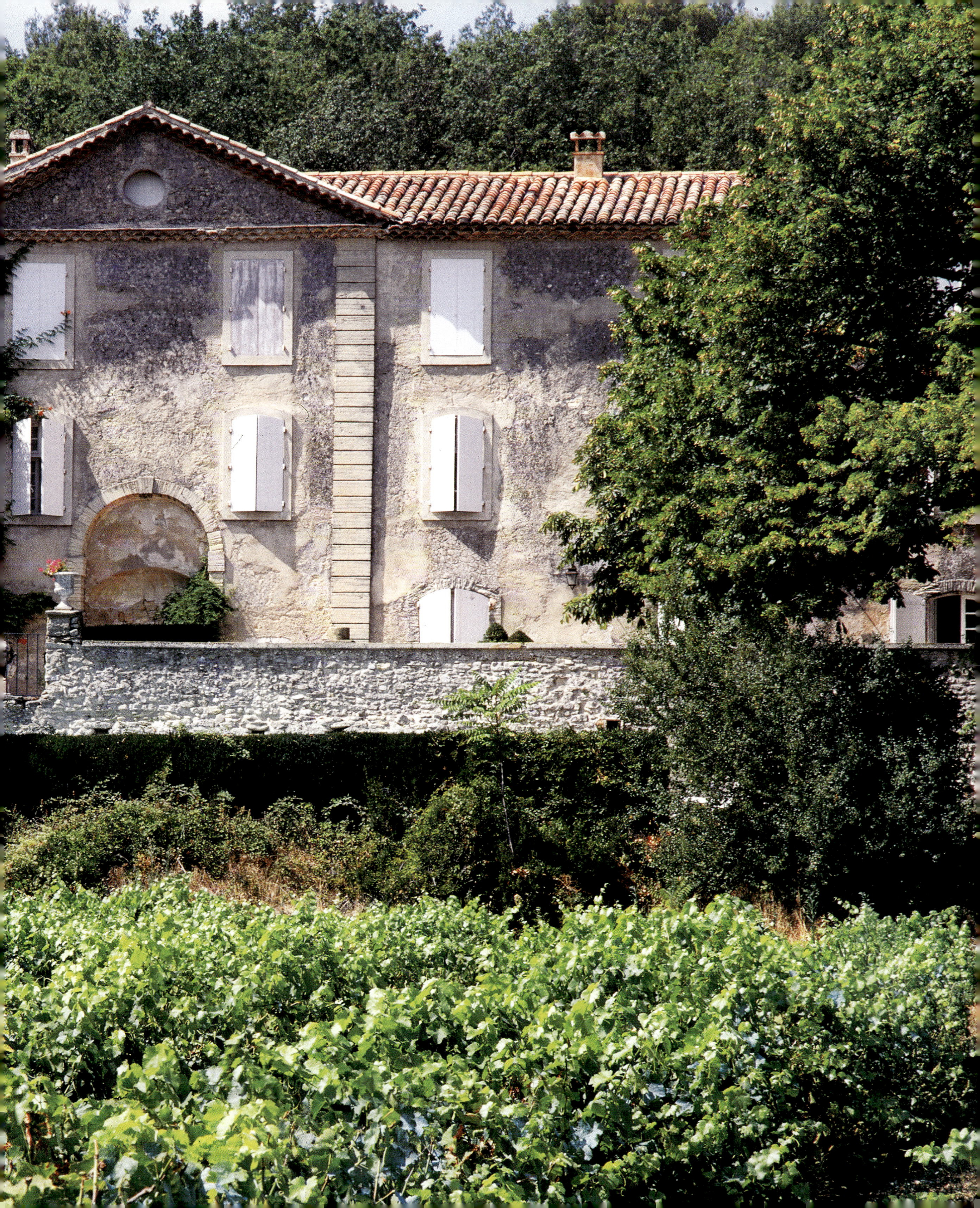

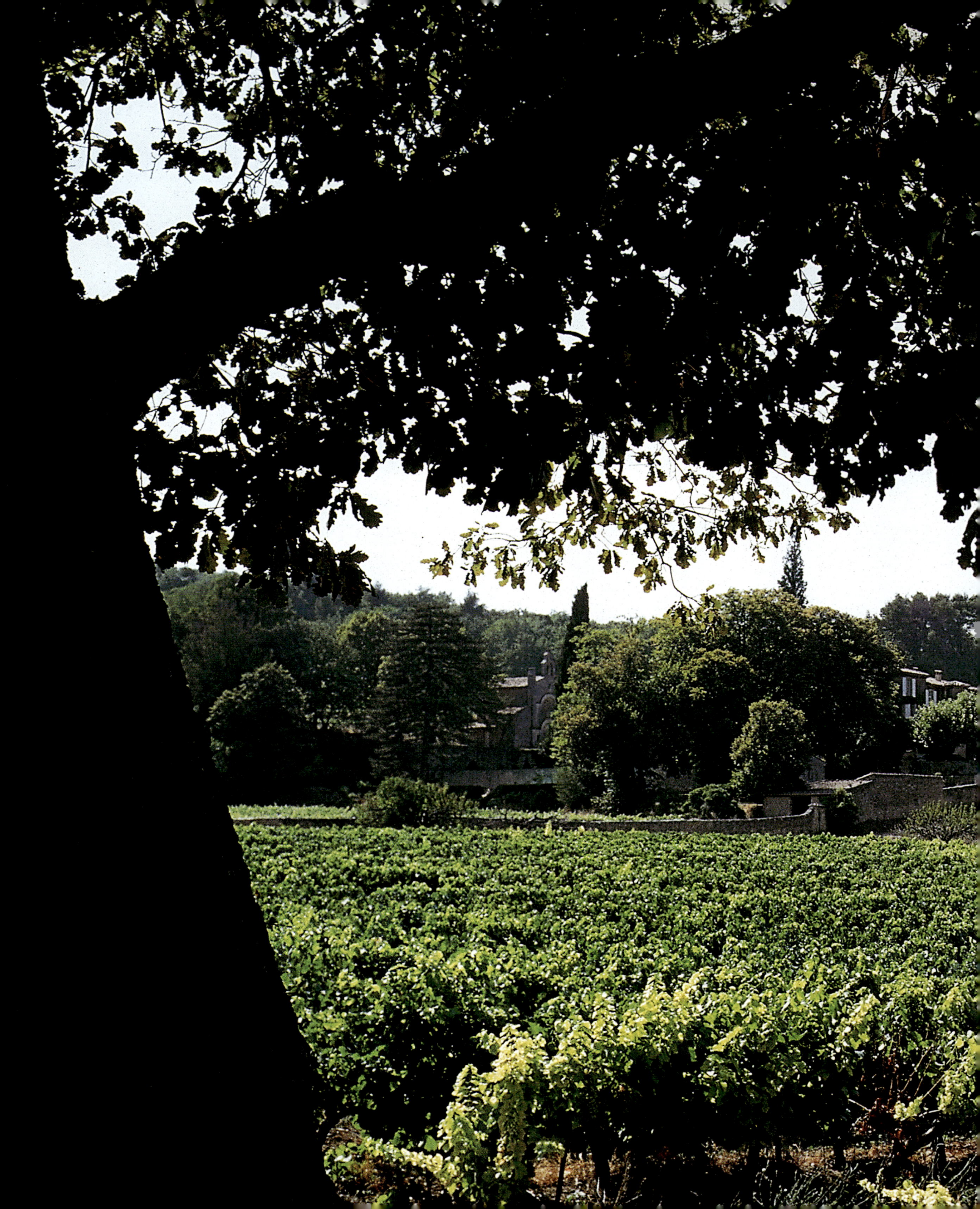

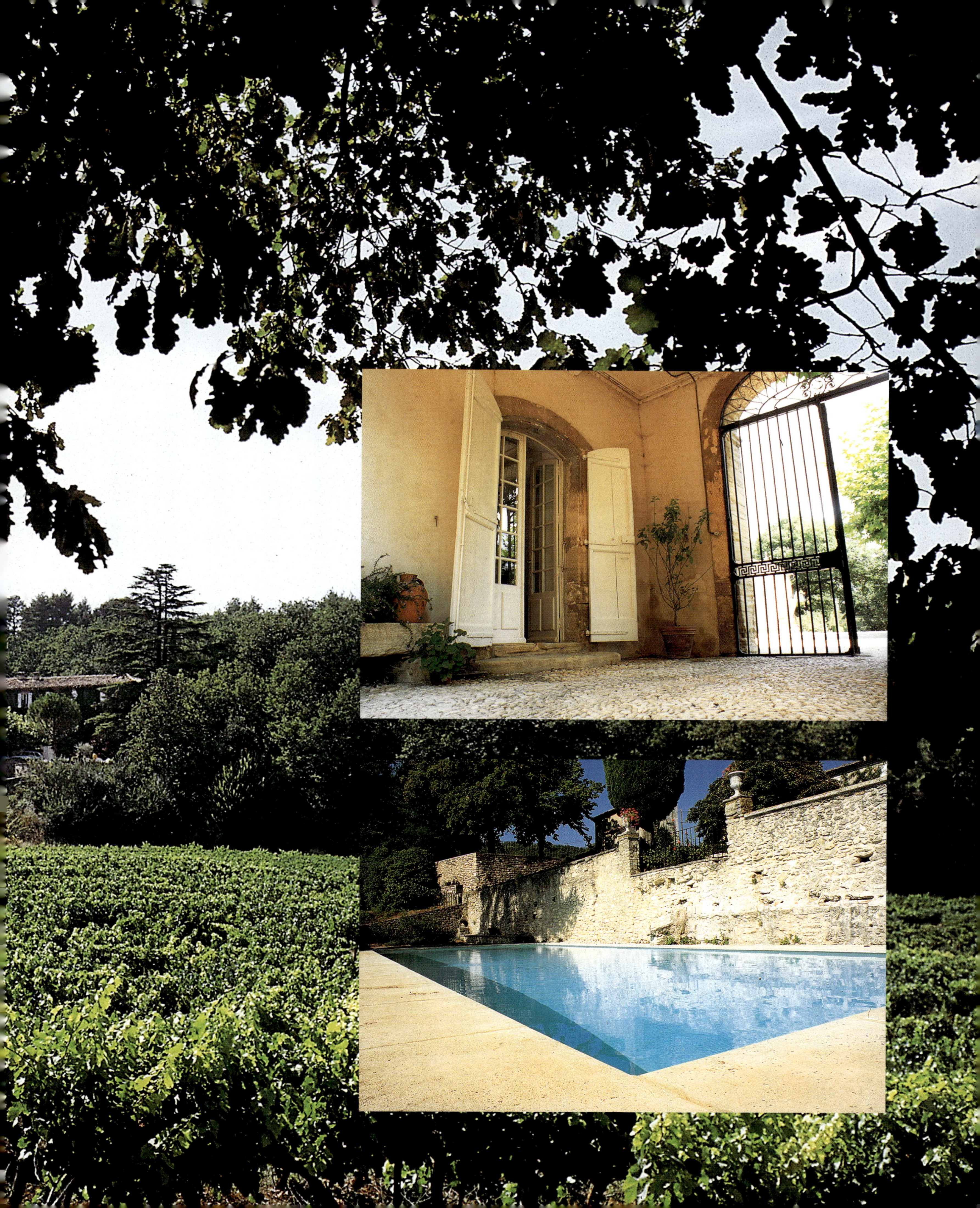

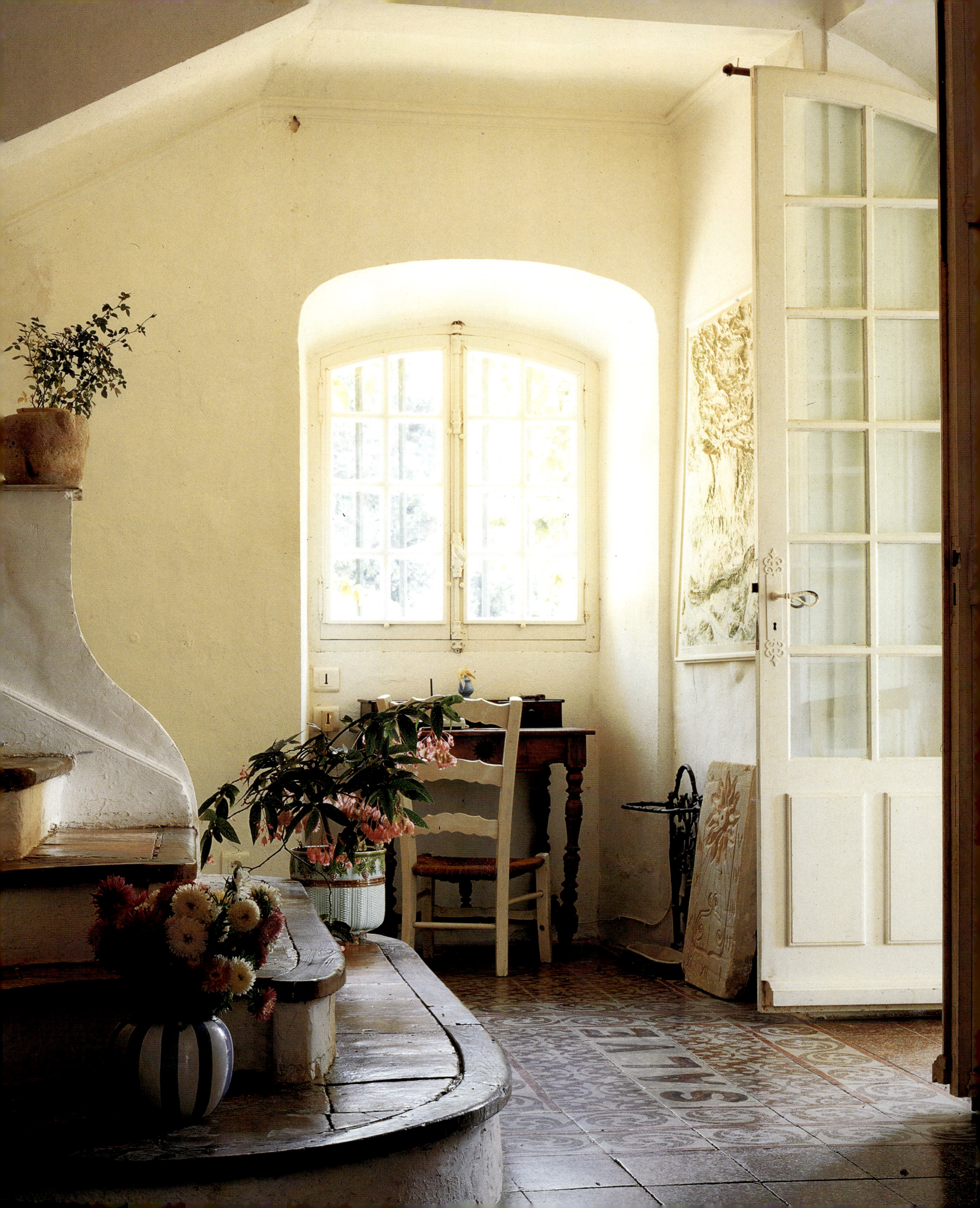
SALLE

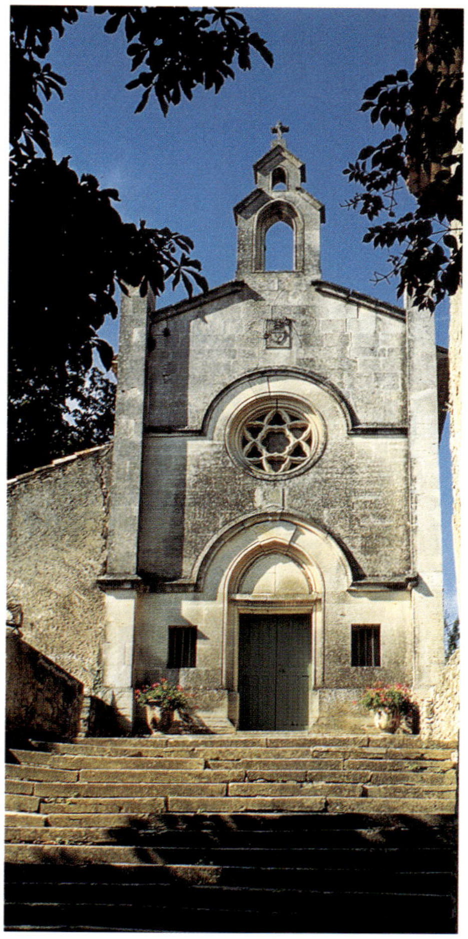

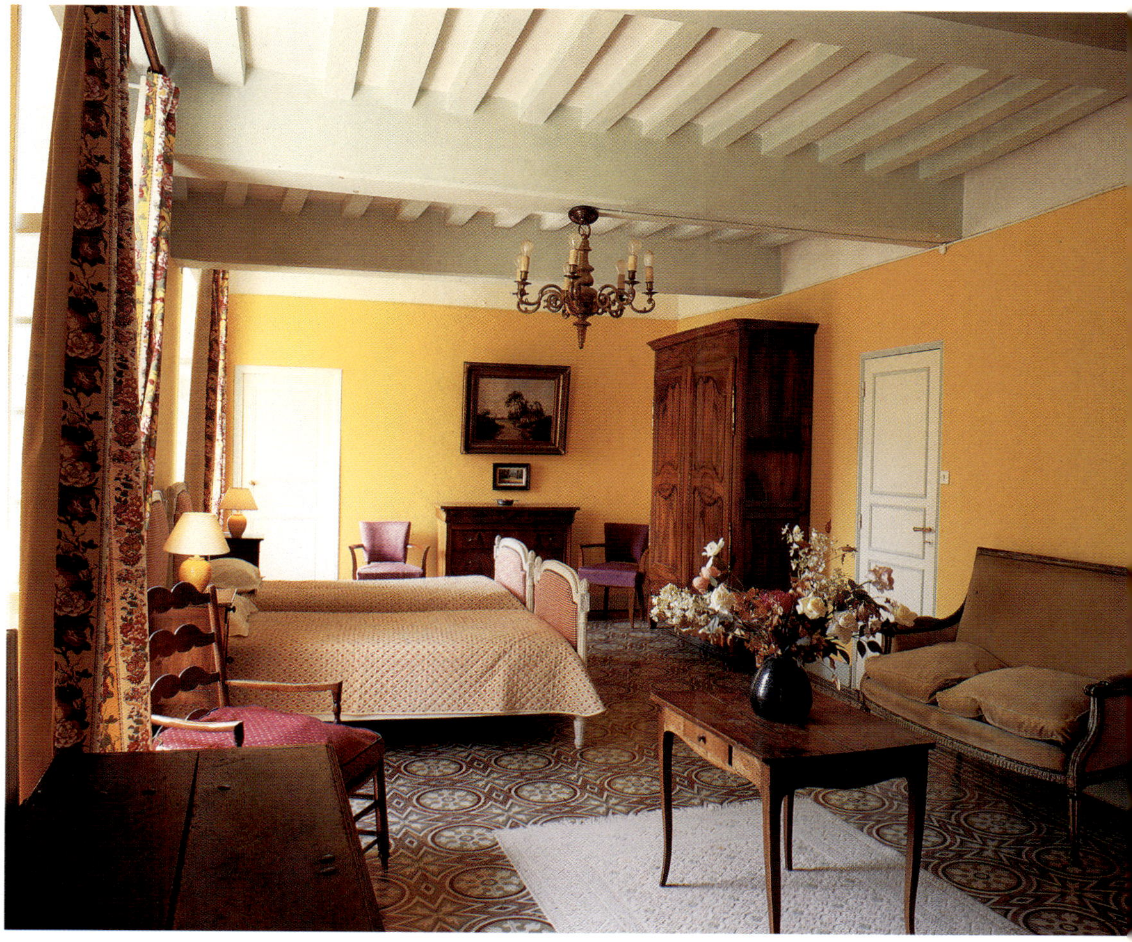

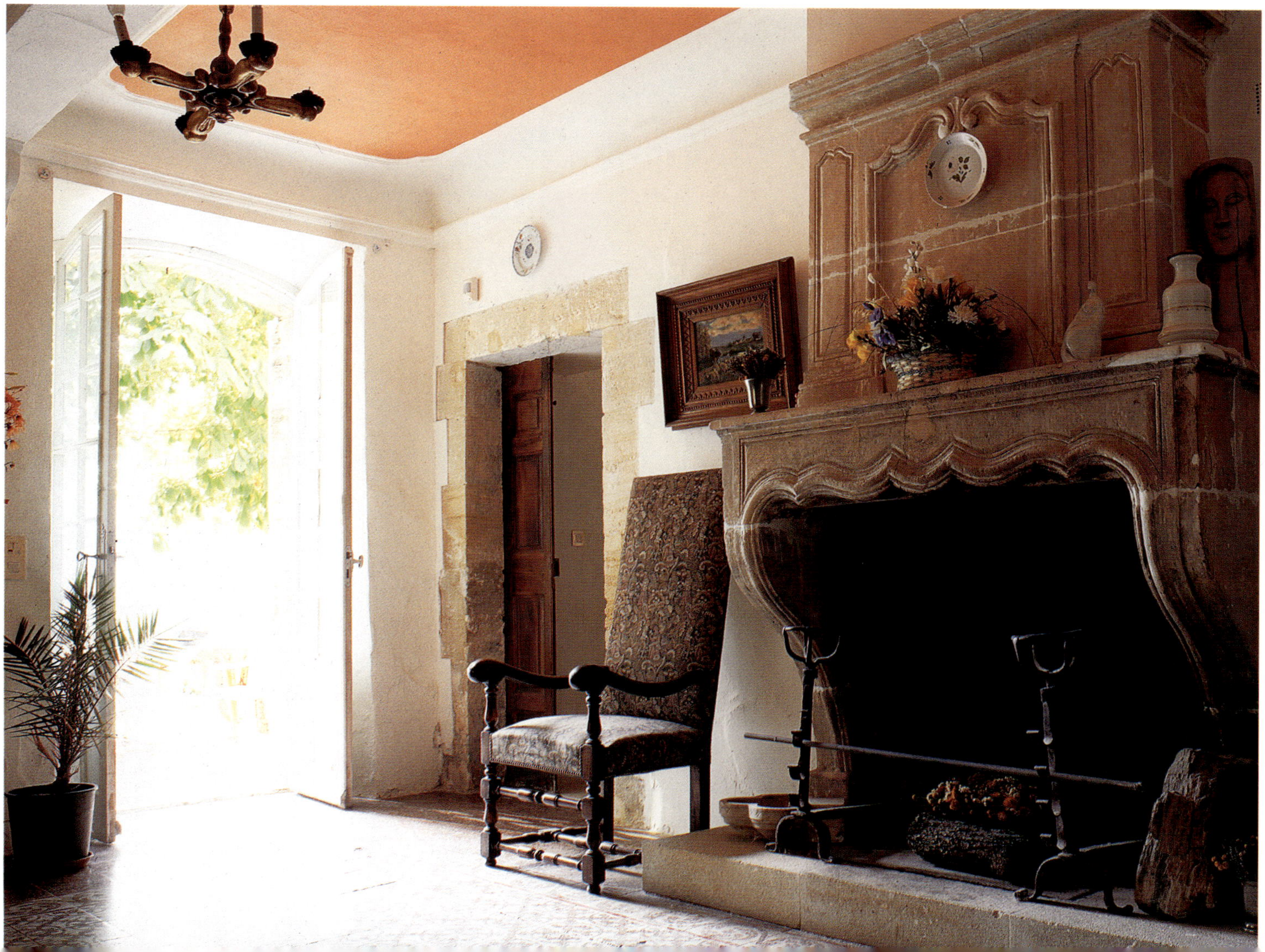

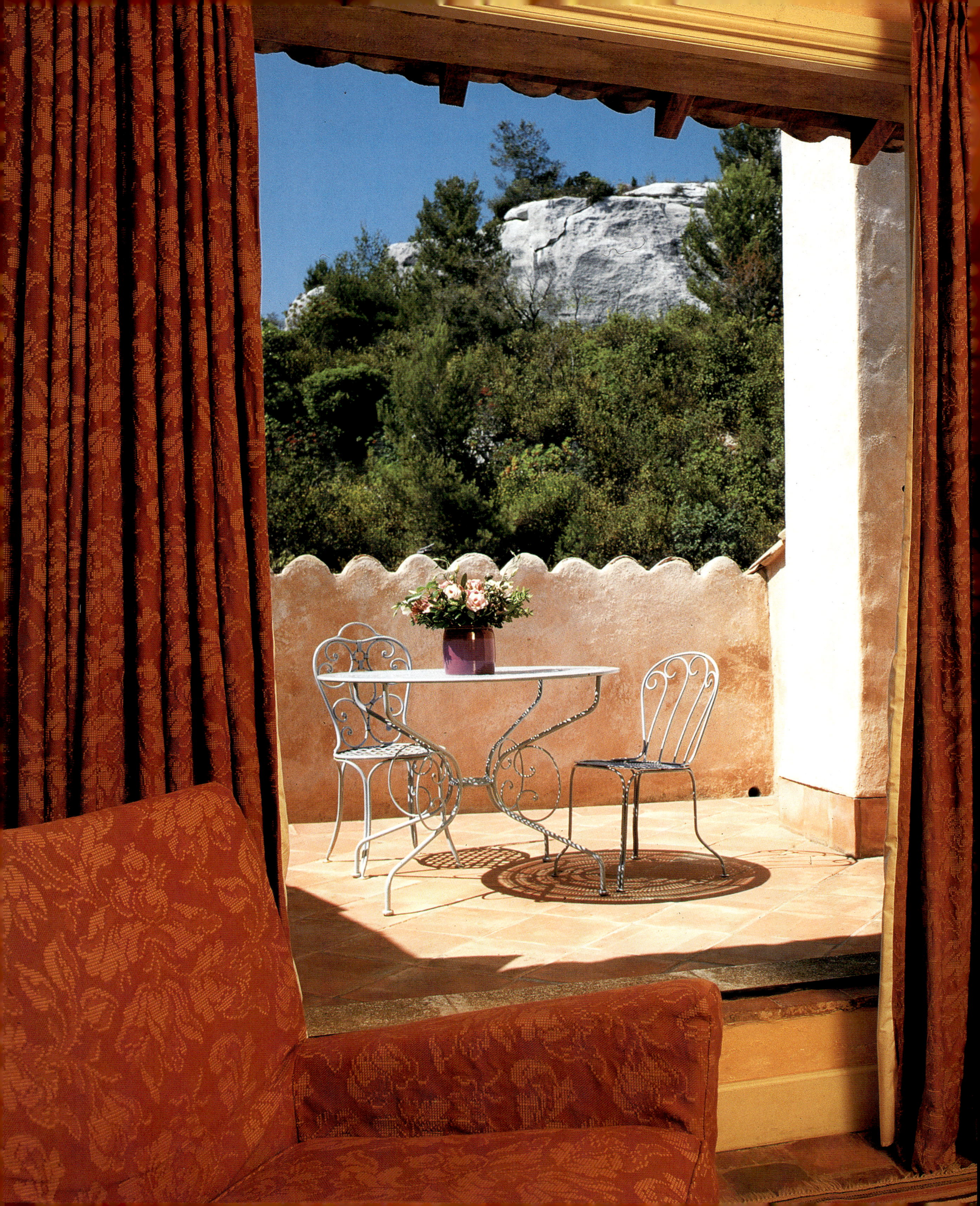

Oustau de Baumanière

Pablo Picasso, Kirk Douglas, Georges Pompidou und Königin Elisabeth II. ... auf den ersten Blick scheinen diese Persönlichkeiten nichts gemeinsam zu haben, abgesehen davon, daß sie berühmt sind. Dennoch haben sie eine weitere Gemeinsamkeit: Sie alle haben ihren vorzüglichen Geschmack unter Beweis gestellt, indem sie im Oustau de Baumanière zu Gast waren.

Das Oustau de Baumanière ist mehr als ein Hotel, es ist ein Stück Lebensphilosophie, ein Ort, an dem sich in einer grandiosen sonnigen Landschaftskulisse Tradition und Moderne vereinen. Mit anderen Worten: geradezu ideal für einen erholsamen Aufenthalt in einer der schönsten Ecken der Provence.

Das Hotel liegt in den Alpilles, am Fuß eines Felsvorsprungs mit einer romantischen alten Burg. Es wurde im Jahr 1634 erbaut und dient seit über fünfzig Jahren als Hotel. Jedes der zwölf Zimmer und acht Appartements ist luxuriös eingerichtet, hat dabei seinen ganz individuellen Charme und bietet eine herrliche Aussicht auf die wunderschöne Gartenanlage, in der Licht und Schatten reizvolle Effekte bewirken, und die faszinierende Landschaft dahinter. Der Garten ist nicht nur ein Genuß fürs Auge, er bringt auch eine Vielfalt an Obst, Gemüse und Kräutern hervor, die der Küchenchef zu kulinarischen Meisterwerken verarbeitet. Eleganz und Raffinesse kennzeichnen nicht nur das Interieur des Hotels, sondern auch die Tafelfreuden, die den Gast hier erwarten. Dies überrascht nicht allzusehr, wenn man weiß, daß Jean-André Charial Chefkoch und Hotelbesitzer in Personalunion ist. In seiner Küche zaubert er die unwiderstehlichsten Gerichte, jedes davon ein Fest für die Sinne. Einige der köstlichsten Weine, die im Oustau de Baumanière kredenzt werden, kommen aus dem nahegelegenen Weinberg mit dem es eine besondere Bewandtnis hat: Jean-André Charial, dem auch das La Cabro d'Or gehört, entdeckte seine Leidensdraft für Wein in den Achtzigerjahren, und mit der Zeit entwickelte er ein ehrgeiziges Ziel: eigene Weine zu keltern. 1988 schloß er sich mit Jean-Pierre Peyraud zusammen, der kurz

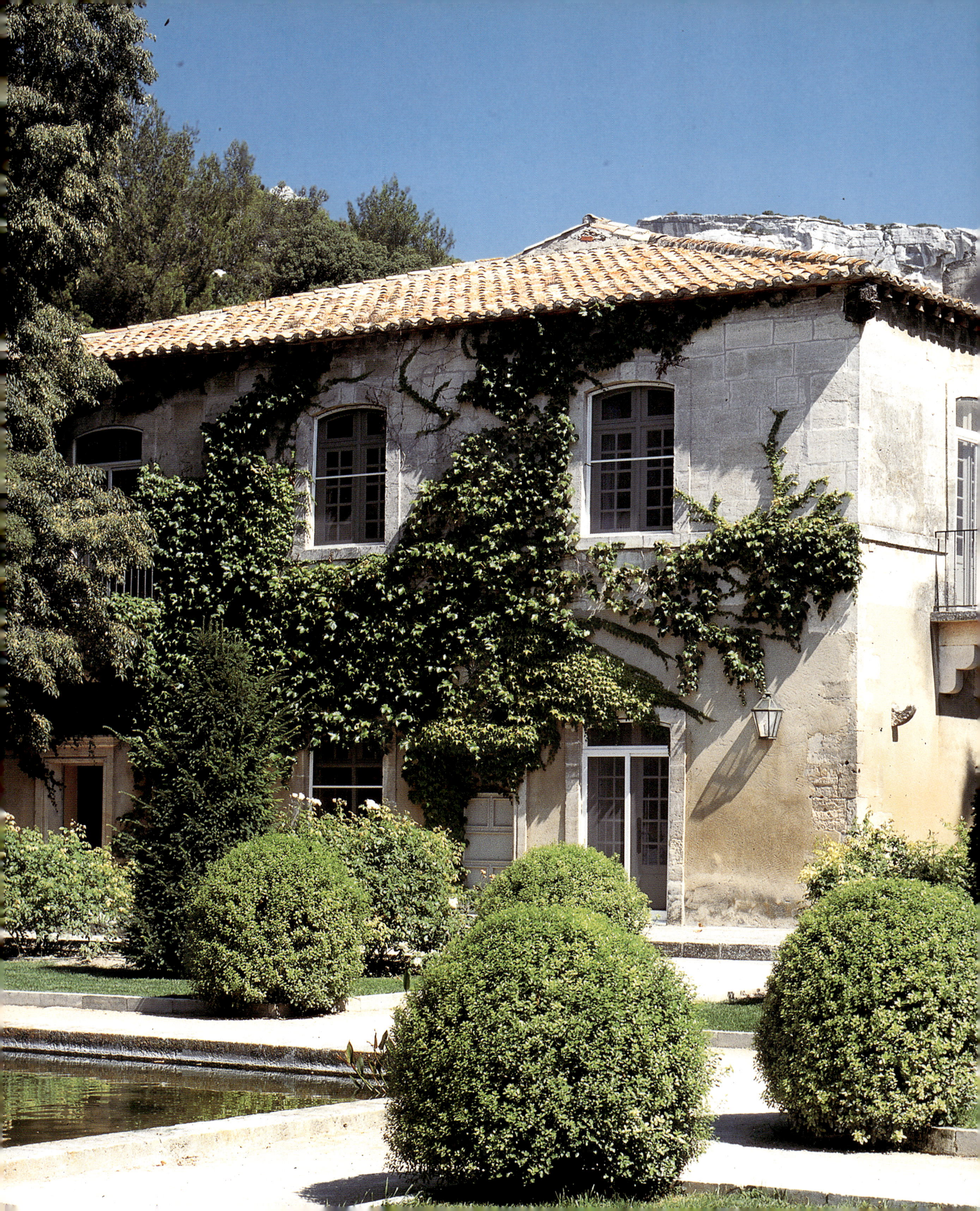

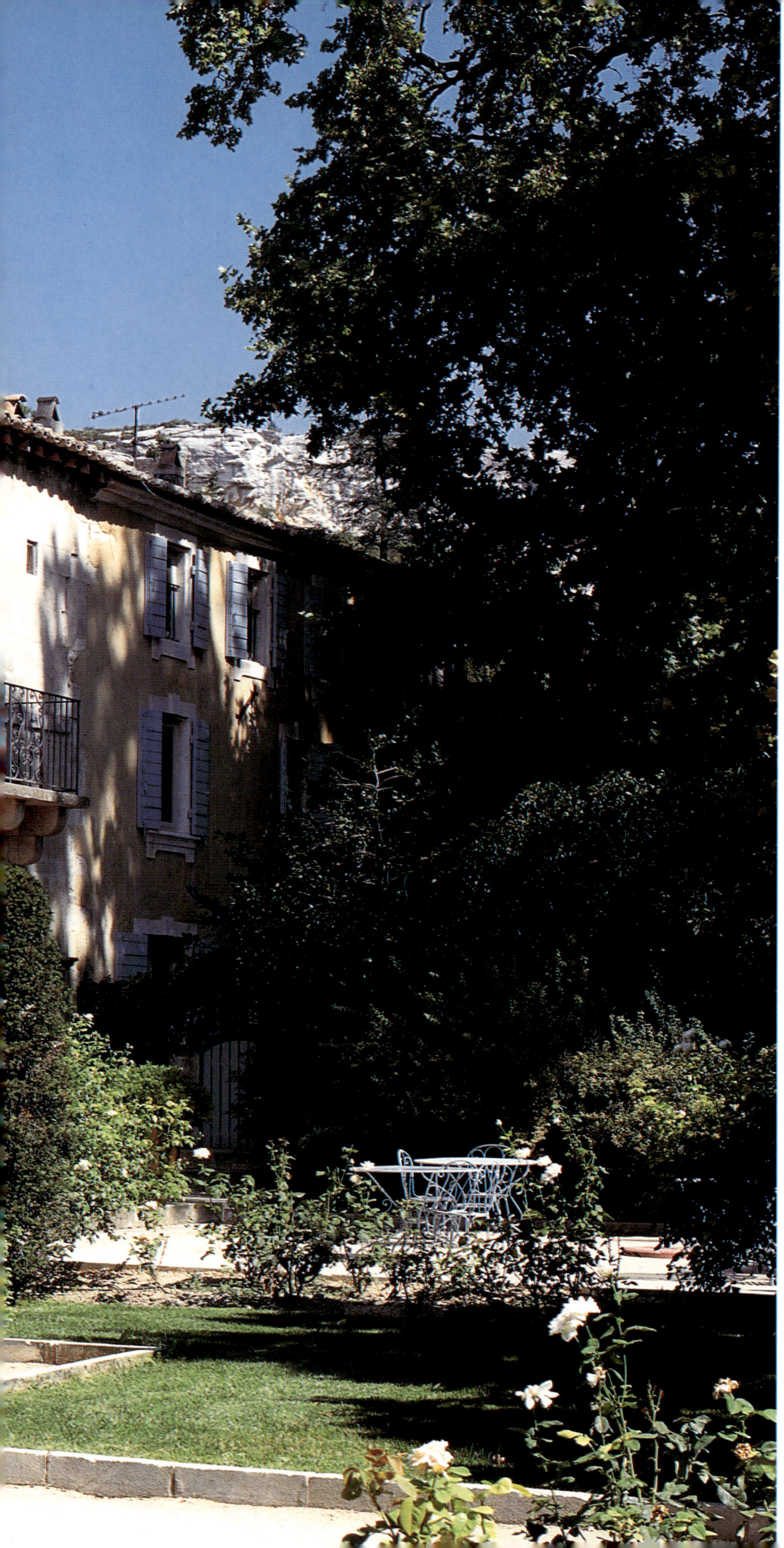

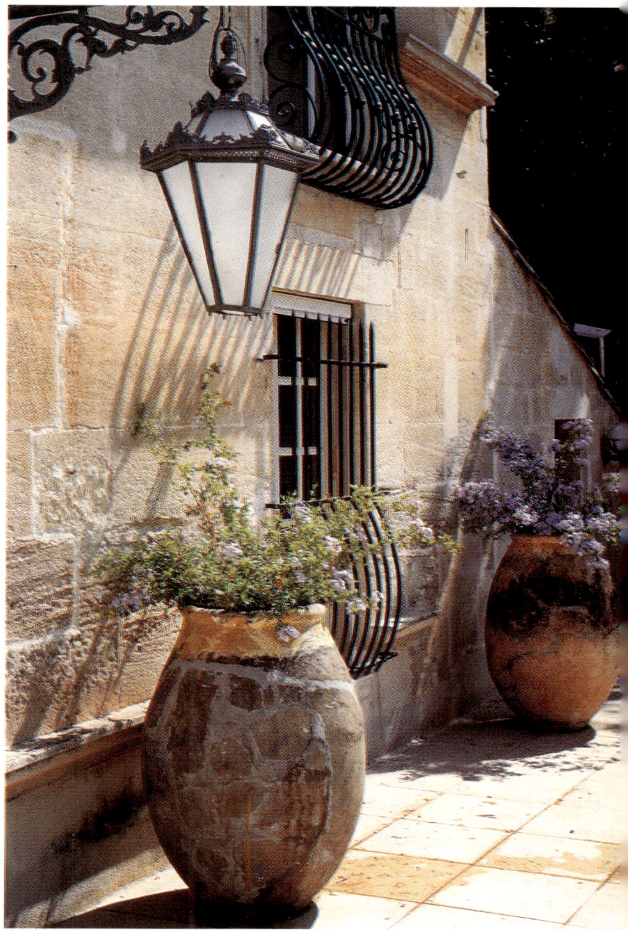

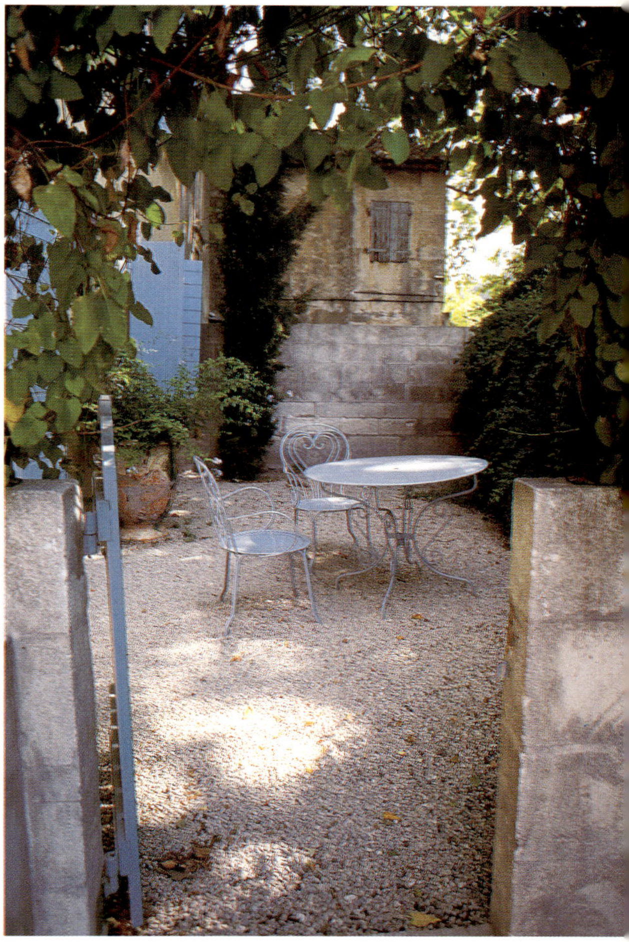

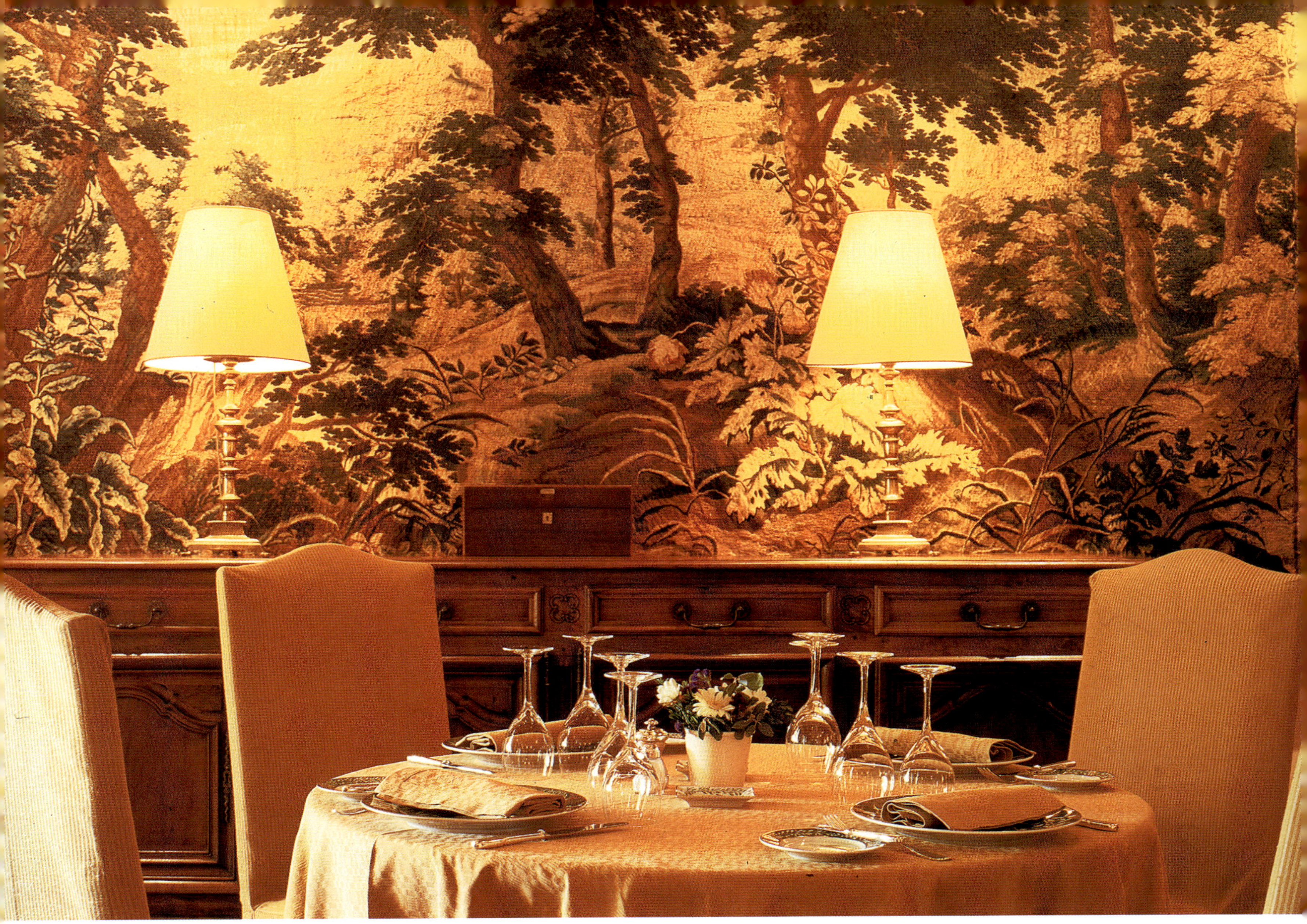

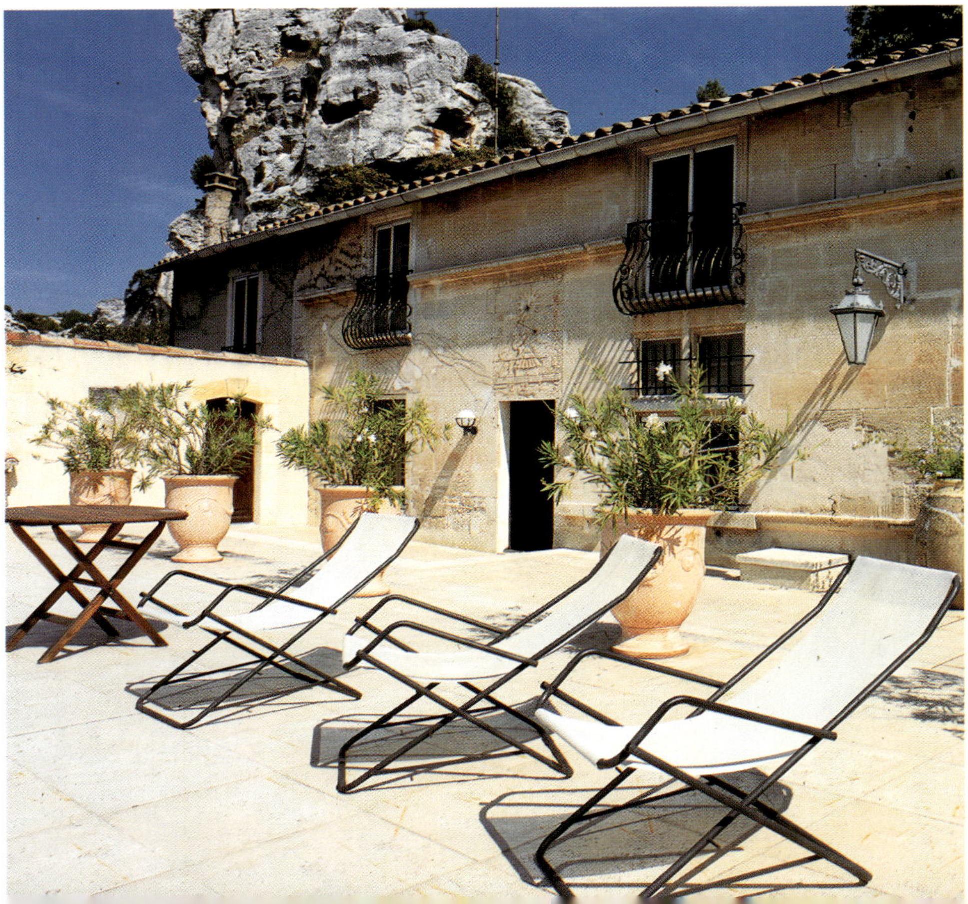

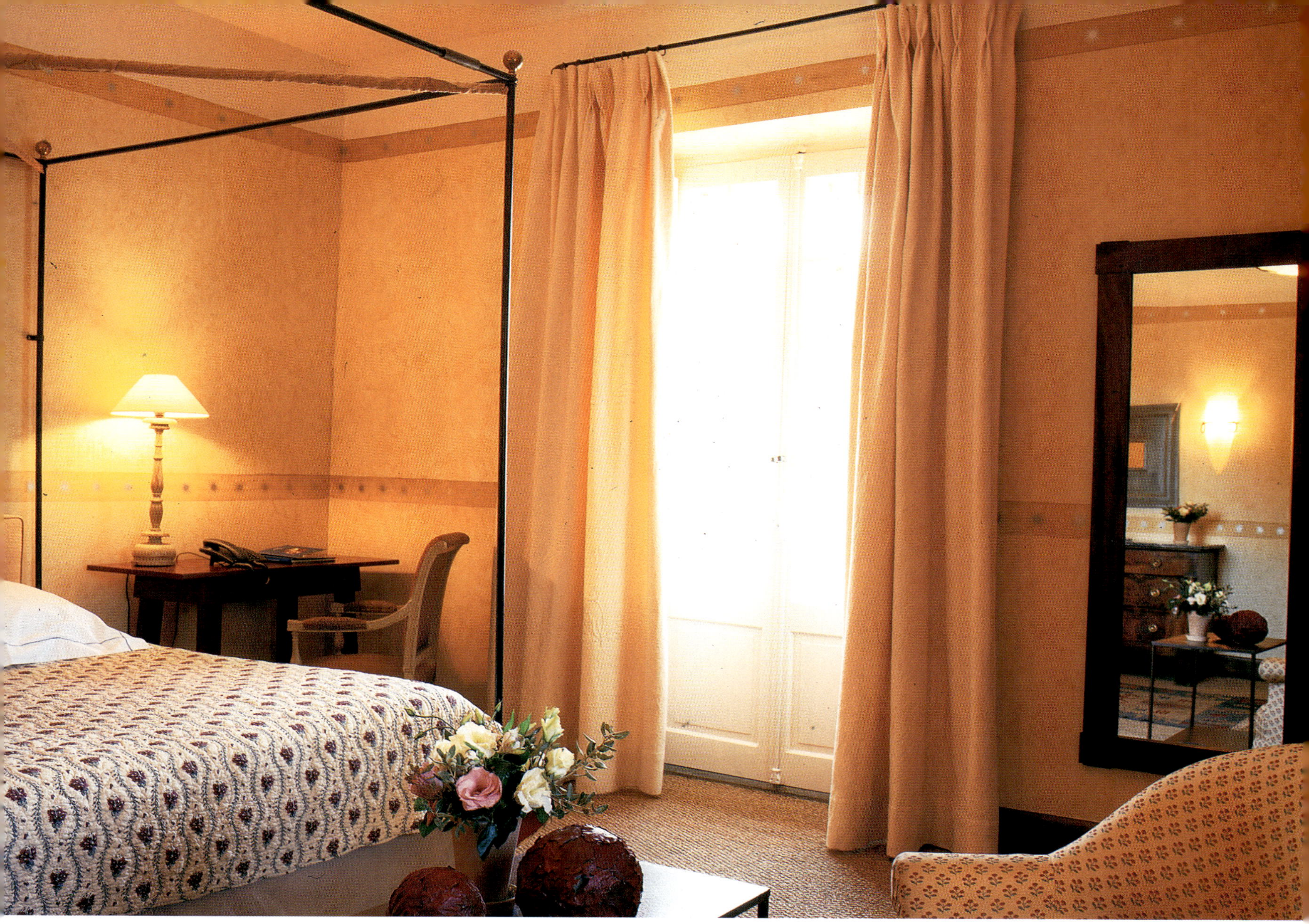

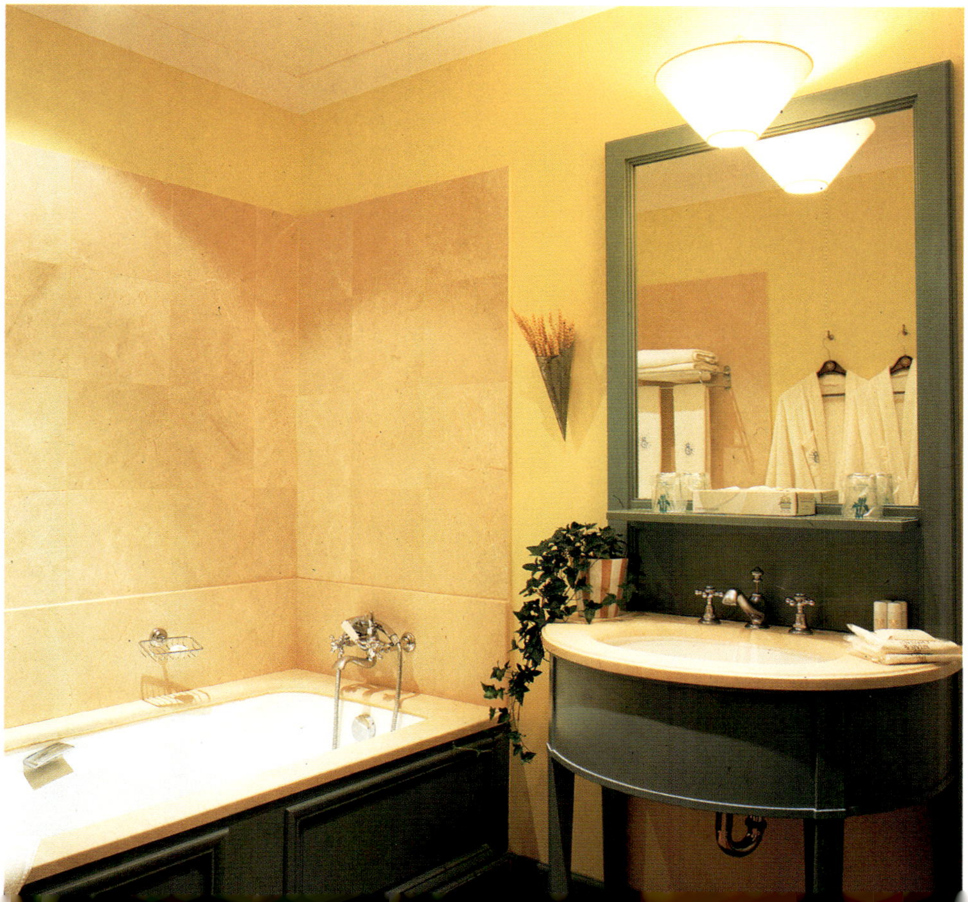

zuvor das Gut Mas de Romanin sowie die ersten paar Hektar Rebland erworben hatte. Zusammen schufen sie Château Romanin, ein Weinbaugebiet, das hervorragende Tropfen hervorbringt.

Seit 1989 wird der Romanin biodynamisch kultiviert. Dies bedeutet, daß bei seiner Herstellung keinerlei synthetische Substanzen verwendet werden und daß alles auf vier Grundelementen basiert: Erde, Wasser, Luft und Wärme. Aus zwölf verschiedenen Traubensorten, von denen jede ihren eigenem Charakter hat, werden hier Weine gekeltert, die - wenn man so will - ein Spiegel der Gegend sind, aus der sie kommen: einfach und ehrlich, aromatisch, voll und dennoch frisch.

Da wären zunächst die Rotweine, allen voran der Château Romanin, ein prachtvoll rubinroter, violett leuchtender Tropfen aus Trauben, die von Hand gelesen und verarbeiteten werden. Ein Wein, der sich zehn Jahre und länger lagern läßt. Oder der Chapelle de Romanin, tiefrot mit hellviolettem Schimmer, mit Beeren, Gewürzen und feinen Tanninen. Der lachsfarbene Rosé schmeckt frisch und fruchtig, der weiße Château Romanin leuchtet grünlichgelb und erweckt beim Probieren den Eindruck, als vereinigte er alles Gute der Provence in sich.

Wer im Oustau de Baumanière oder im Cabro d'Or zu Gast ist, sollte auf keinen Fall versäumen, diese Spezialitäten auf der Weinkarte des Hauses zu suchen - der Gastgeber wird sie mit einem Lächeln kredenzen.

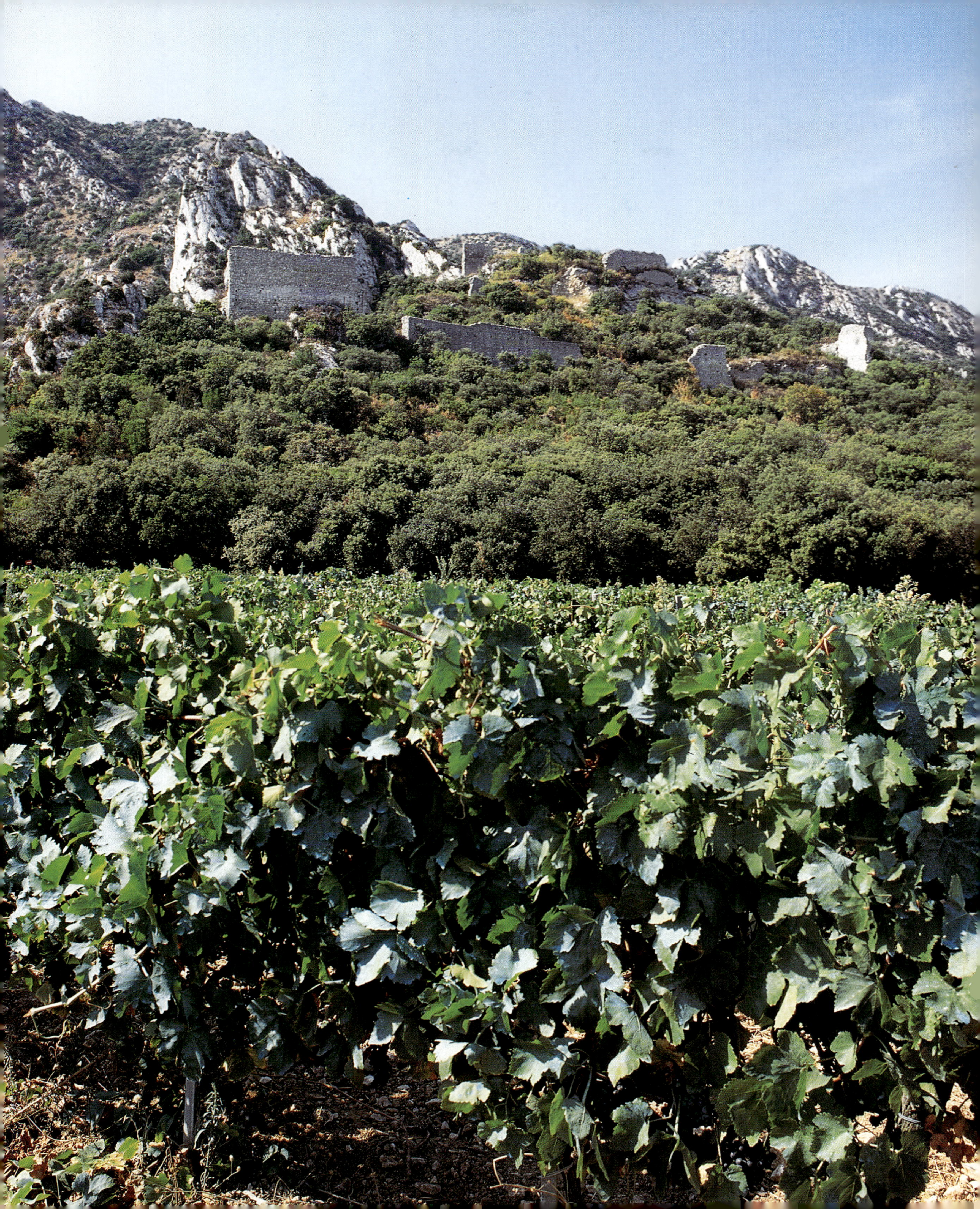

NORD PINUS
Nord Pinus
Hotel Restaurant
Mirèio Calendau Nerto.
Lis Isclo d'Or. la Reino Jano.
Lou Pouèmo dóu Rose.
Lou Tresor dóu Felibrige.
Lis oulivado li Memòri e Raconte.
Lou Museon arlaten
Aquelo Esta
Es estado raubado lou 2
esclapado en 1945. R
Per souscripcioun publico lo
Estent Conse d'Arle. M
Prefet di B.D.R. M. J
Souto-Prefet d'Arle. M
Cante uno chato d
Dóu Coumitat de travai èron:
President: Jaque Gilles. Majou
Vice-President: Marius Fayard
Tresourie: Jan Heritier.
Secretari Generalo: Dono M
Ajoun: P. Quinou
Counseie: C. Bard. G. Gad

Grand Hôtel Nord-Pinus

Wer den Namen „Arles" hört, denkt unwillkürlich an van Gogh. Doch auch viele andere Berühmtheiten sind der Stadt auf die eine oder andere Weise verbunden ... und die meisten von ihnen stiegen, wenn sie in der Stadt weilten, im Grand Hôtel Nord-Pinus ab. So pflegte sich beispielsweise Picasso während der alljährlichen Stierkampfsaison in der Hotelbar „La Cintra" zu amüsieren, und außer ihm zählten u.a. auch Henry James, Jean Cocteau, Simone Signoret, Peter O'Toole sowie die vielen namenlosen Helden der Arena zu den Hotelgästen.

Das an der Place du Forum im Zentrum von Arles gelegene Grand Hôtel Nord-Pinus wurde 1865 eröffnet und entwickelte sich rasch zu einem Mekka für Künstler und Trendsetter. Als solches ist es bis heute berühmt, abgesehen von einer wenig ruhmreichen Periode in den späten Siebziger- und frühen Achtzigerjahren. Doch unter der Leitung von Anne Igou erstand das Hotel nach einer umsichtigen Komplettrenovierung wieder im alten Glanz und Glamour und präsentiert sich heute schöner als je zuvor. Die luftigen, komfortabel eingerichteten Zimmer sind mit antikem Mobiliar und zierlich gestalteten schmiedeeisernen Betten ausgestattet. In der Lounge beeindrucken lebensgroße Pappmaché-Figuren, und an den Wänden erinnern alte Plakate an frühere Stierkämpfe.

Wer gepflegt speisen möchte, braucht nicht weit zu gehen: Dem Hotel angeschlossen ist die Brasserie Nord-Pinus, ein gemütliches, intimes Restaurant mit honigfarbenen Kerzen und blauweiß-karierten Tischtüchern. Die Speisekarte ist zwar nicht allzu umfangreich, doch die angebotenen Gerichte sind von exzellenter Qualität und die Weine sorgfältig ausgewählt.

Arles hat allerhand Sehenswertes zu bieten, insbesondere die Museen und die farbenfrohen Märkte lohnen einen Besuch. Darüber hinaus eignet sich die Stadt ideal als Ausgangspunkt für Ausflüge ins Sumpfland der Camargue und zu den herrlichen Stränden an der Mittelmeerküste.

Auch Picasso erlag der ungewöhnlichen Ausstrahlung dieses Hotels.

121

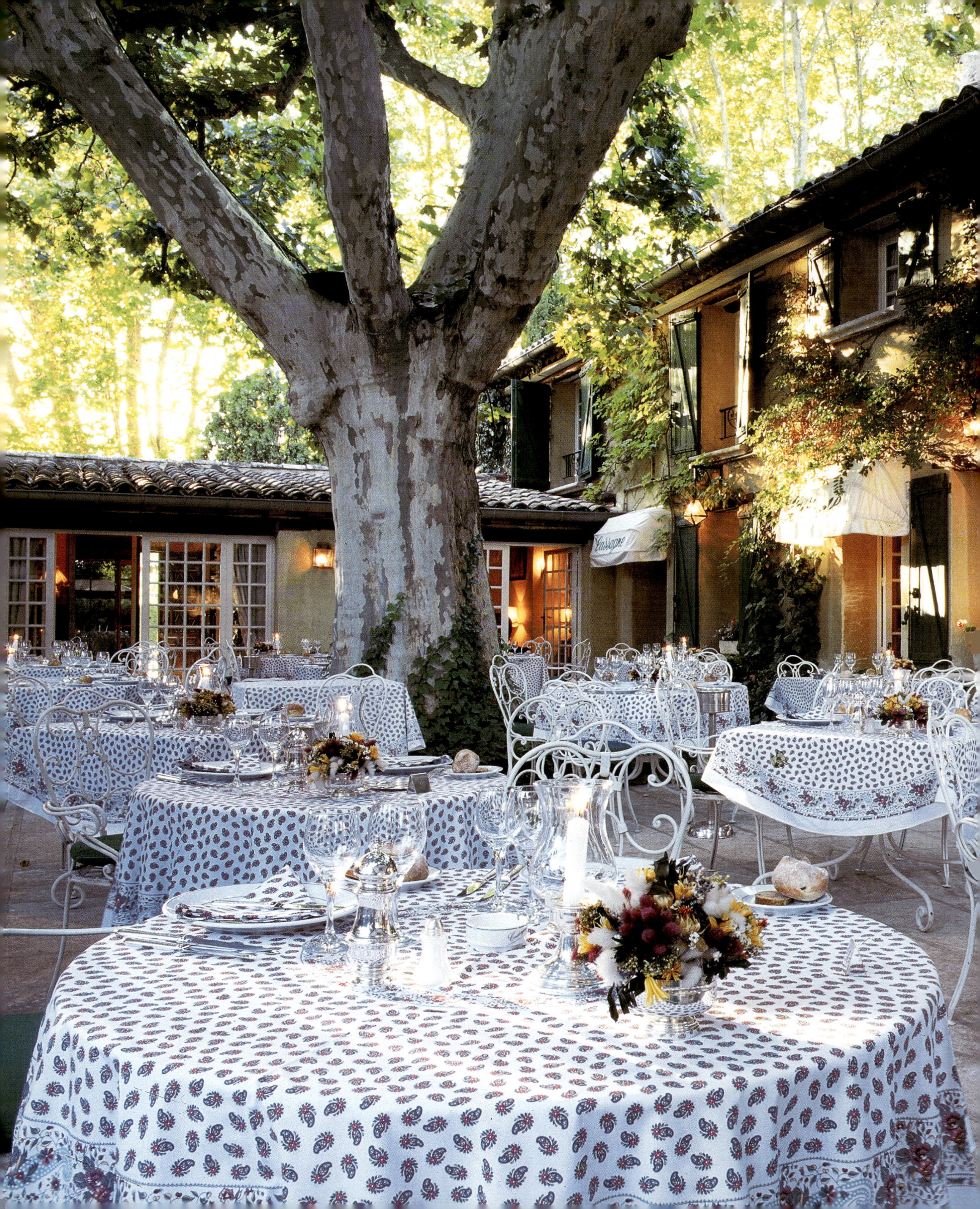
Cassagne

Auberge de Cassagne

Zu einem Urlaub in der Provence gehören das Eintauchen in einen bestimmten Lebensstil und die gastfreundliche Aufnahme in einem Haus, das der Tradition der Gegend verhaftet ist. Eine solche Aufnahme fanden wir in der Auberge de Cassagne, einem Viersternehotel im Schatten der Burg von Cassagne. Das prachtvolle Gebäude stammt von 1850, doch erst im Jahr 1983 erwarben es Françoise und Jean Michel Gallon und machten es zu der Perle, die es heute ist. Die 29 Zimmer, fünf Appartements und die Suite atmen Harmonie, sind überaus geschmackvoll eingerichtet und mit Stoffen und Farben der Gegend dekoriert. Harmonie kennzeichnet auch die Zusammenarbeit zwischen dem Chefkoch Philippe Boucher, der die köstlichsten Spezialitäten der Region auf den Tisch bringt, und dem kundigen *sommelier* André Trestour, der über die Qualität der Weinkarte wacht. Rasch wird uns klar, daß wir uns an einem Ort befinden, an dem Klasse eine Selbstverständlichkeit ist.

Als Urlauber in der sonnigen Provence möchte man natürlich viel Zeit im Freien verbringen: Das Schwimmbad glitzert einladend blau, die Liegestühle laden zum Sonnenbaden ein, im Kinderschwimmbecken planscht ein kleines Mädchen, und ein sportlicher Mann in Weiß geht gerade zum Tennisplatz hinüber. Wir vertreiben uns die Zeit auf landesübliche Weise mit einer Partie Boule und entspannen uns anschließend im Jacuzzi.

Am Abend lockt der elegante Speisesaal, doch wir dinieren auf der Terrasse unter uralten Platanen, in denen unsichtbare Grillen zirpen. Wir nippen an unserem Wein und sind mit uns und der Welt zufrieden ...

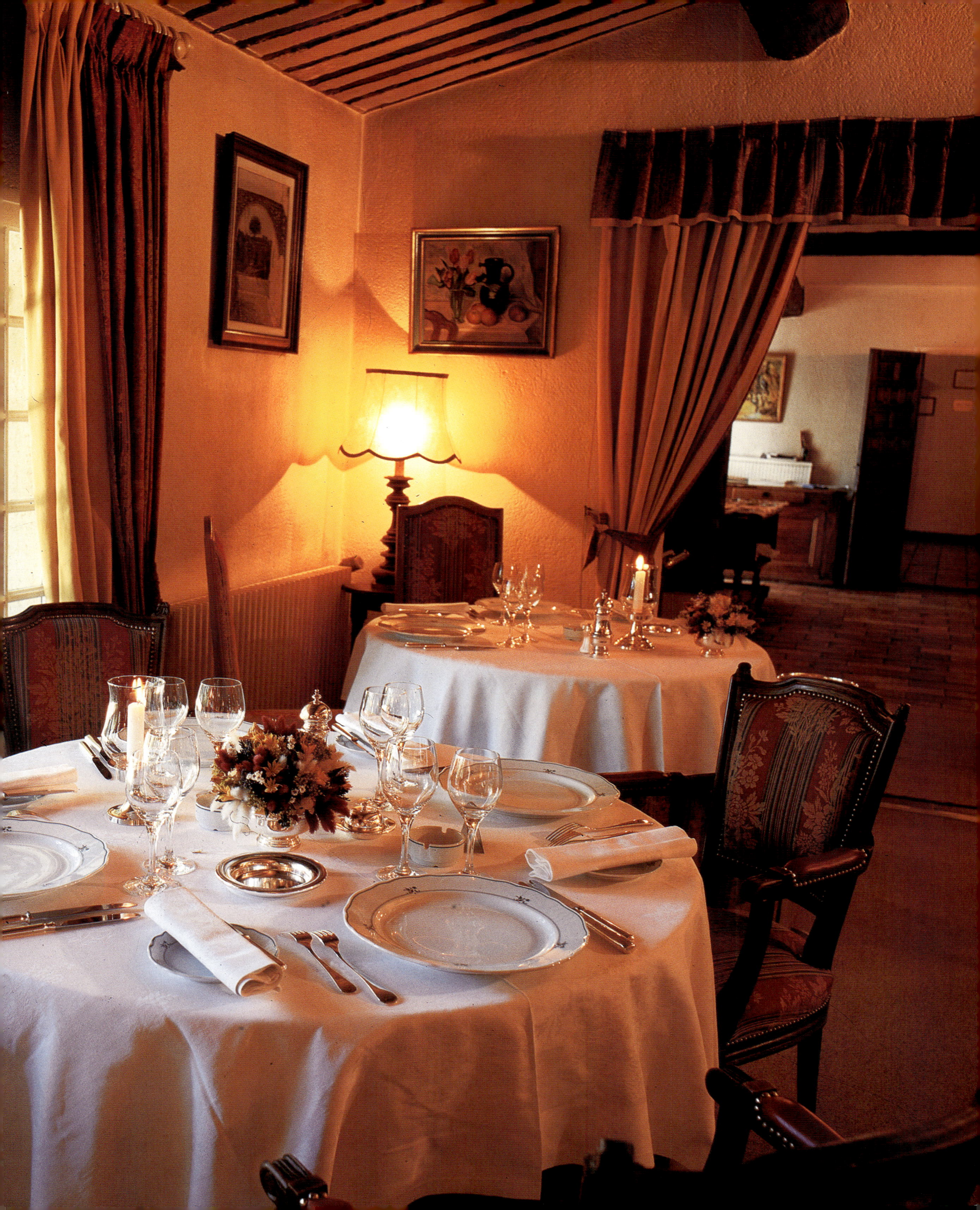

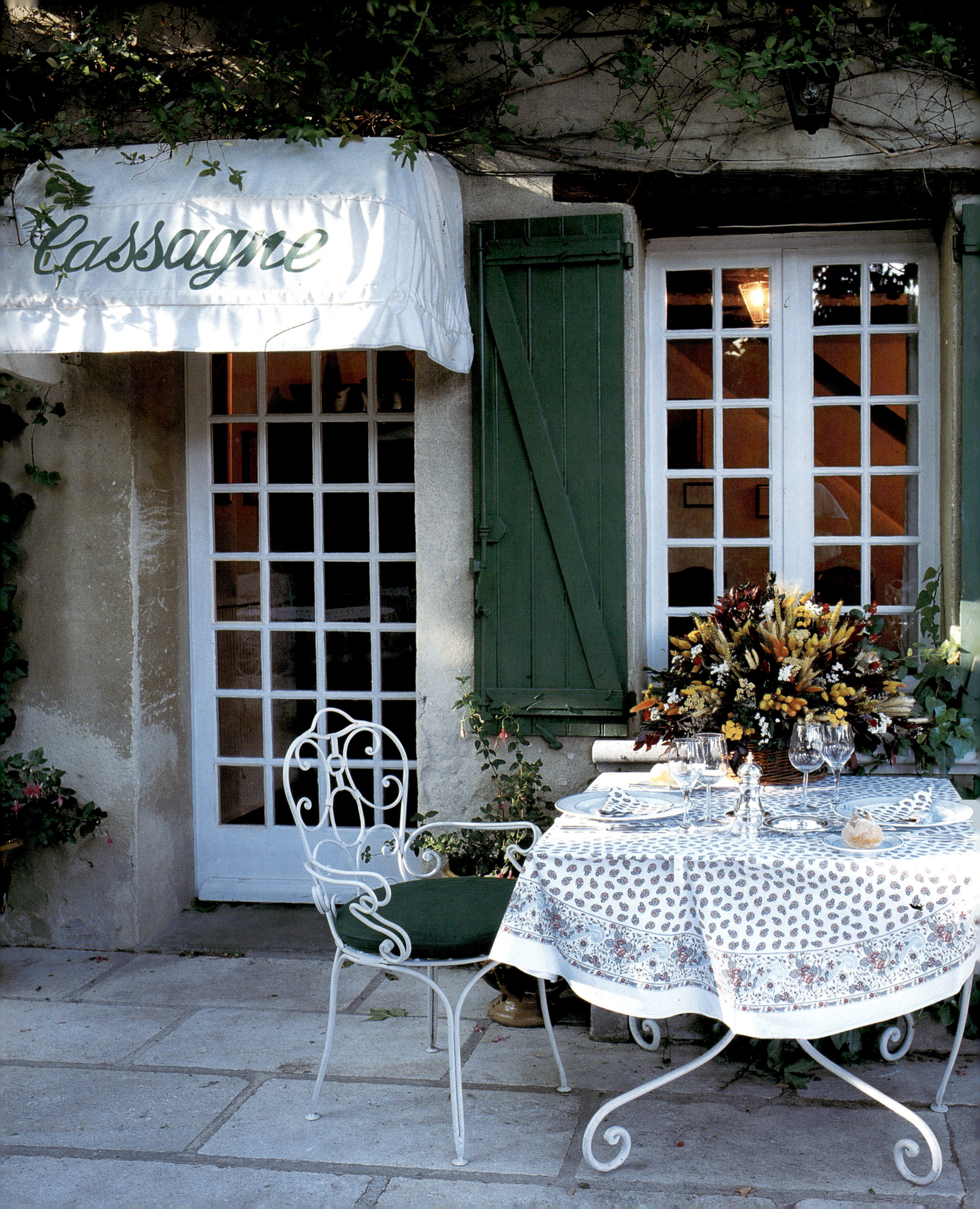
Cassagne

Wer hier absteigt, taucht in die einzigartige
Atmosphäre der Provence ein.

Château d'Arpaillargues

In einem kleinen Dörfchen, etwa vier Kilometer von Uzès entfernt, liegt hinter mächtigen Mauern verborgen das historische Château d´Arpaillargues, ein Anwesen, das den typischen dezenten Charme eines provenzalischen Herrenhauses ausstrahlt. Das Schloß wurde im 15. Jahrhundert auf dem Fundament eines mittelalterlichen Gebäudes errichtet und im 18. Jahrhundert von Grund auf restauriert. Jüngeren Datums sind die Renovierungsmaßnahmen, durch die es zu dem romantischen Luxushotel wurde, als das es sich heute präsentiert - eine geschichtsträchtige Oase der Ruhe.

Die Küste, die Cevennen und auch die Camargue liegen jeweils nur eine halbe Stunde entfernt - es gibt hier so viel zu entdecken und zu genießen ... Und im Sommer, zur Zeit der Festivals, wird der gesamte Landstrich ein einziges großes Abenteuer, ein Ereignis, an dem sowohl die einheimische Bevölkerung wie auch die Urlauber begeistert teilnehmen.

Das Hotel bietet zwei Luxus-Appartements und 25 geschmackvoll eingerichtete Zimmer. In den Speiseräumen mit ihren hohen Gewölben, unter denen im offenen Kamin ein Holzfeuer prasselt, werden köstliche Gerichte und ausgezeichnete Weine serviert. An warmen Sommerabenden speist es sich am besten im Freien, bei romantischem Kerzenlicht, unter den hohen Bäumen im Innenhof des Schlosses. Nach dem Diner kann man dann bei einem Spaziergang durch den ausgedehnten Garten das Spiegelbild des aufgehenden Mondes im türkisfarbenen Wasser des Schwimmbades betrachten.

Wer sich sportlich betätigen möchte, dem sei der hoteleigene Tennisplatz empfohlen. Ganz in der Nähe findet man mehrere Golfplätze, und Kanu- und Kajakfahrer schätzen den Gardon Calode. Uzès lockt mit faszinierenden Museen und zahlreichen Geschäften, in denen man Produkte ortsansässiger Kunsthandwerker erstehen kann. Geschichte, Kultur und Gastronomie vom Feinsten - all dies bietet das Château d´Arpaillargues. So ist es kein Wunder, daß viele Gäste immer wieder gern hierherkommen ...

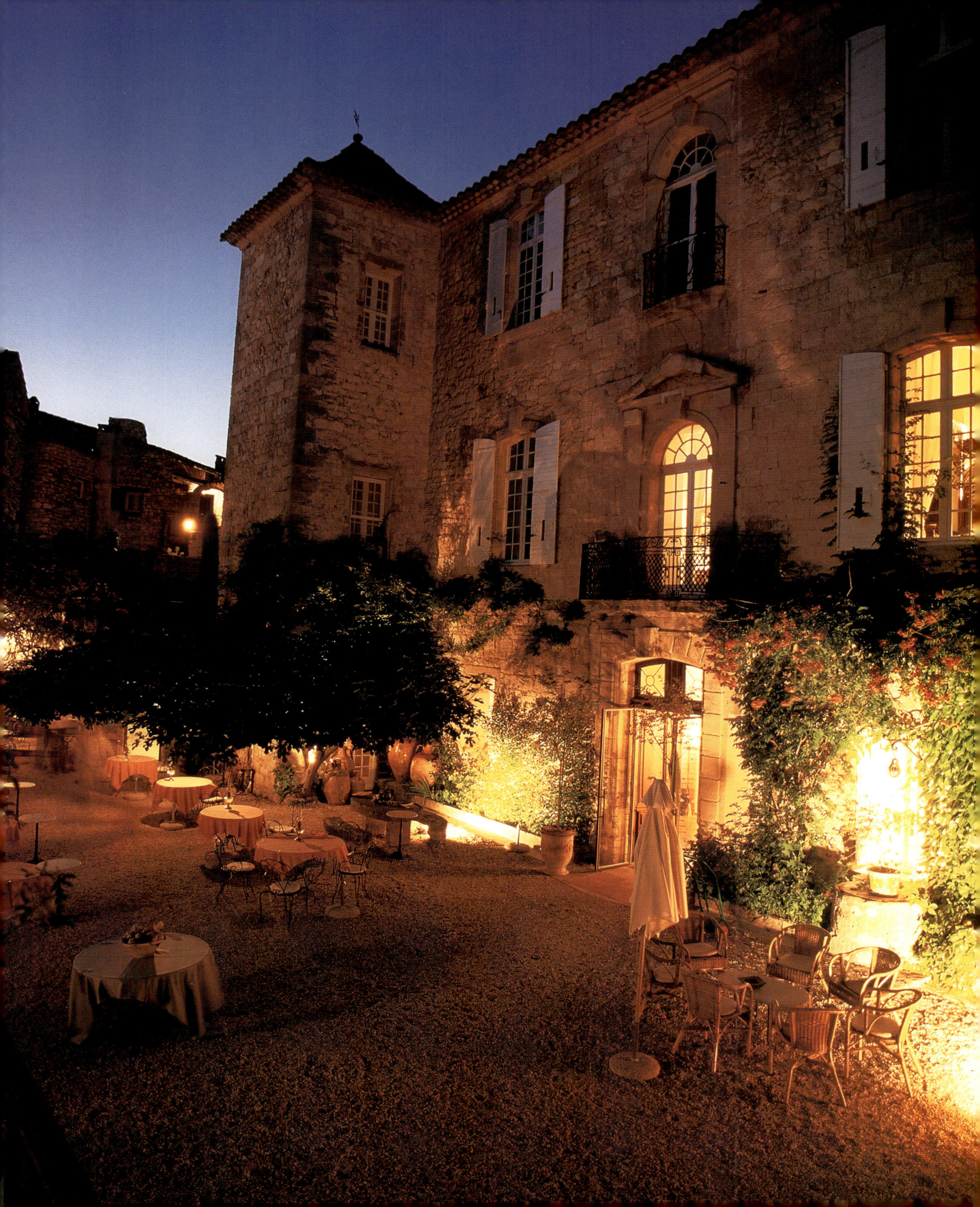

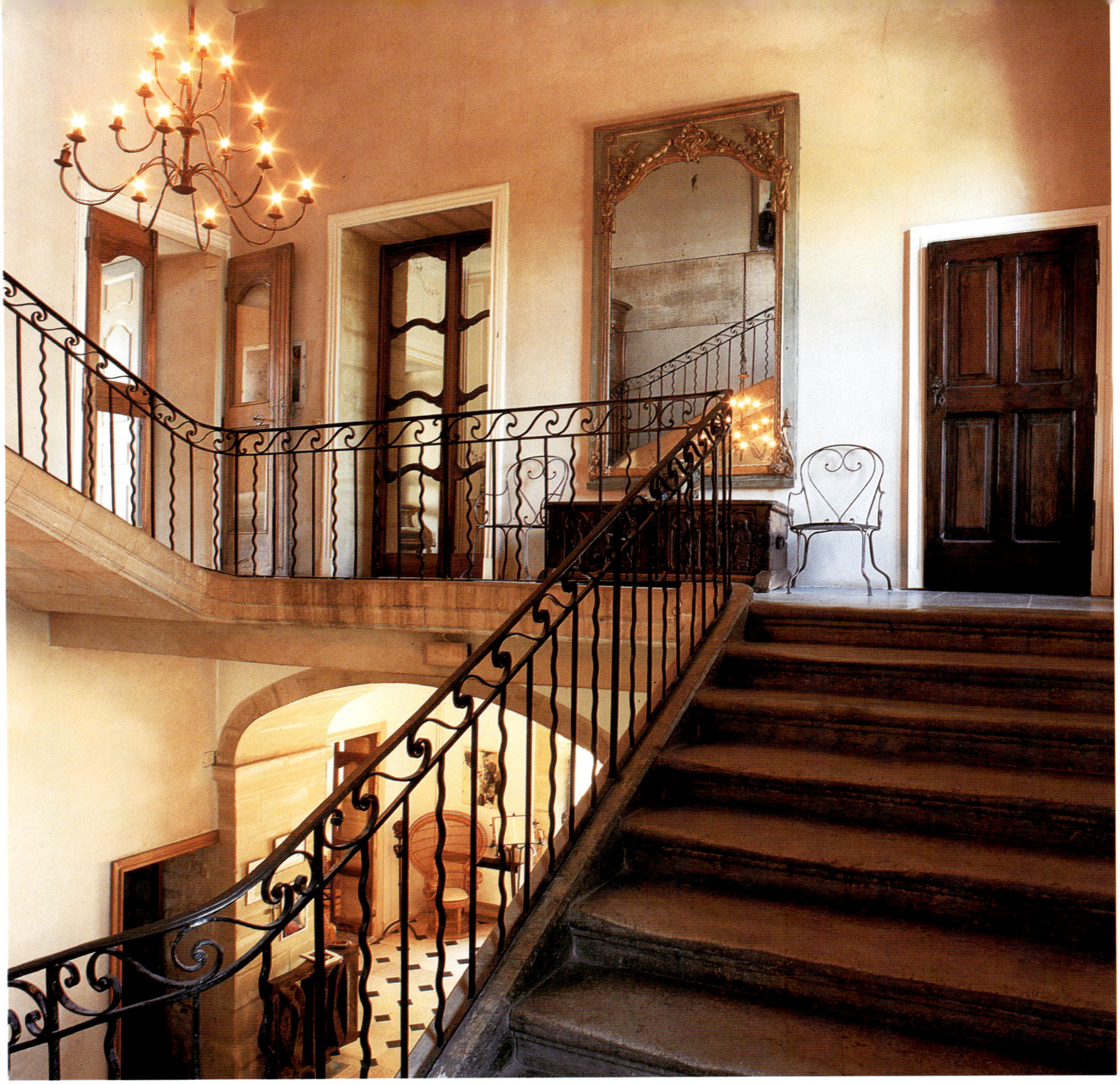

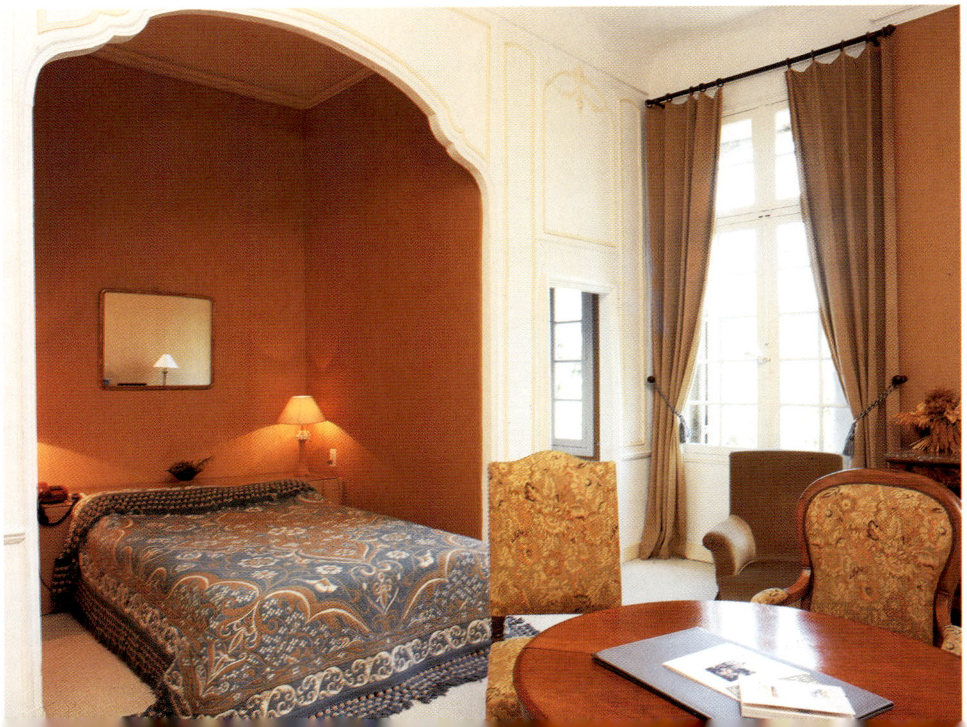

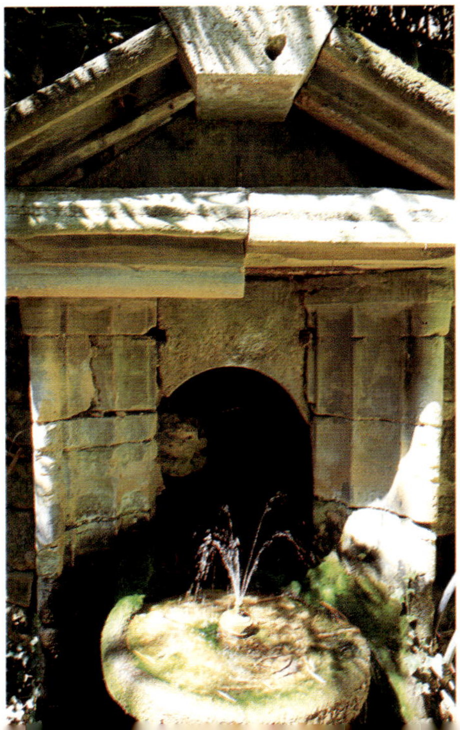

Hôtel du Général d'Entraigues

Trotz seiner Lage im Herzen der alten provenzalischen Stadt Uzès ist das Général d'Entraigues herrlich ruhig und vermittelt einem das Gefühl, weit weg von der Betriebsamkeit des Alltags zu sein. Die Geschichte des Gebäudes reicht bis ins 15. Jahrhundert zurück. Einst war es die Residenz einer einflußreichen Adelsfamilie, heute ist es ein wunderbar restauriertes, elegantes Hotel mit viel Charme und allem modernen Komfort.

Von unserem geschmackvoll eingerichteten und mit Klimaanlage ausgestatteten Zimmer aus erfreuen wir uns an der herrlichen Aussicht über die Dächer der Altstadt von Uzès. Die Entscheidung fällt schwer - sollen wir die Umgebung erkunden oder lieber die vielen Annehmlichkeiten genießen, die das Hotel zu bieten hat: das Schwimmbad, den Fitnessraum mit Jacuzzi und Solarium? Wir entschließen uns, beides zu kombinieren, und unternehmen zunächst einen Rundgang durch die Straßen des Ortes, stöbern in verschiedenen Antiquitätengeschäften und bewundern die Kathedrale mit ihrem imposanten Glockenturm. Anschließend kehren wir ins Hotel zurück und entspannen uns nach ein paar Bahnen im Schwimmbecken in der Sauna. Dann ist es auch schon Zeit fürs Diner, und wieder müssen wir uns entscheiden.

Dem Hotel sind zwei Restaurants angegliedert. Im „Jardins de Castille" speist man *à la carte*, im Sommer auch auf der romantischen Terrasse, und das „Le Bain Bouche" mit seinem gemütlichen Tearoom bietet Pfannkuchen und Salate sowie ein verlockendes Büfett aus allerlei provenzalischen Köstlichkeiten. Wir entscheiden uns für die Terrasse und dinieren bei Kerzenschein.

Im Hôtel du Général d'Entraigues fühlt man sich nicht nur auf Anhieb wie zu Hause, sondern wird auch in jeder Hinsicht verwöhnt, nicht zuletzt durch die herrliche Aussicht von der Terrasse auf die reizvolle Landschaft der Provence, die so verschwenderisch ihre aromatischen Düfte verströmt...

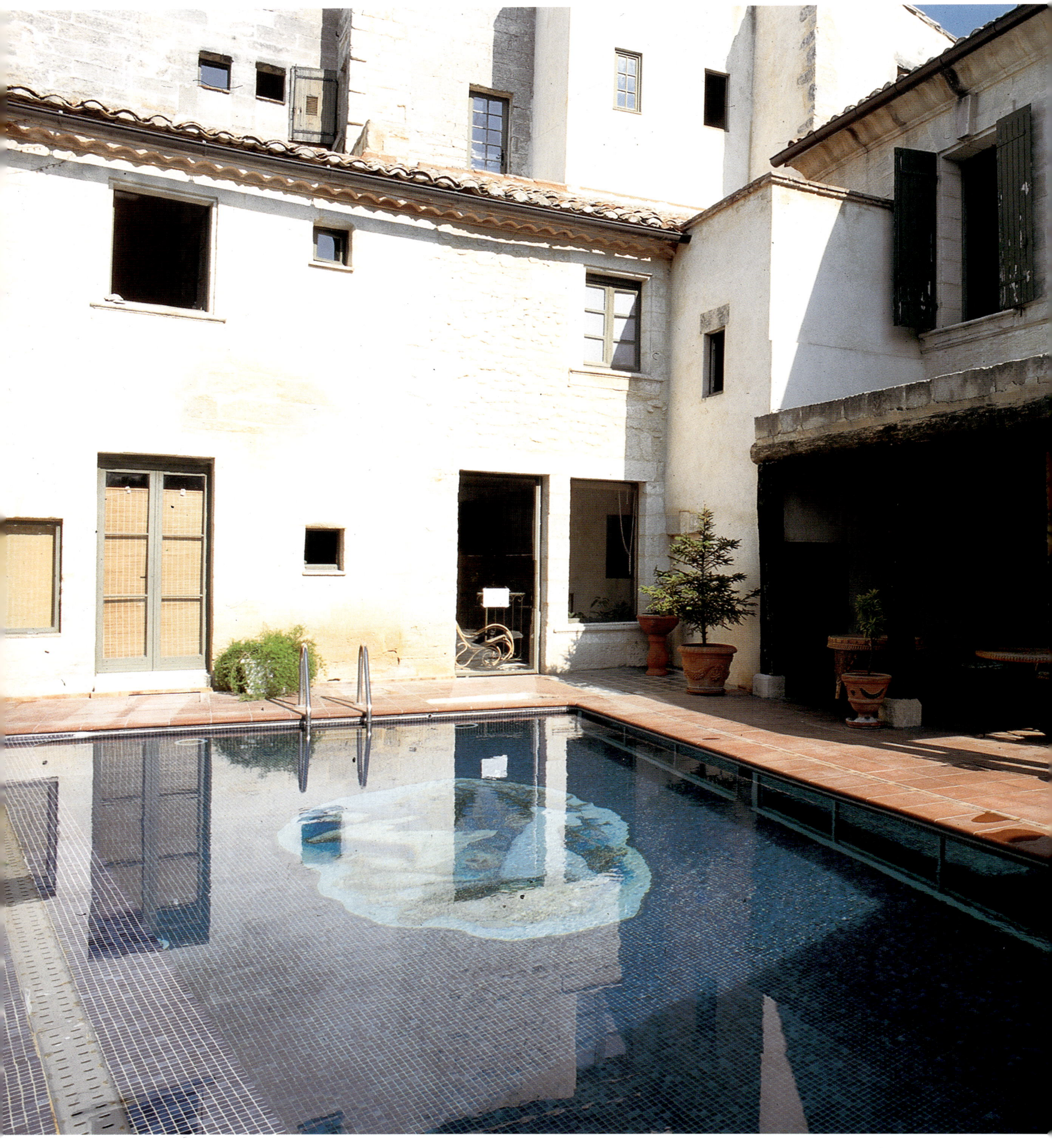

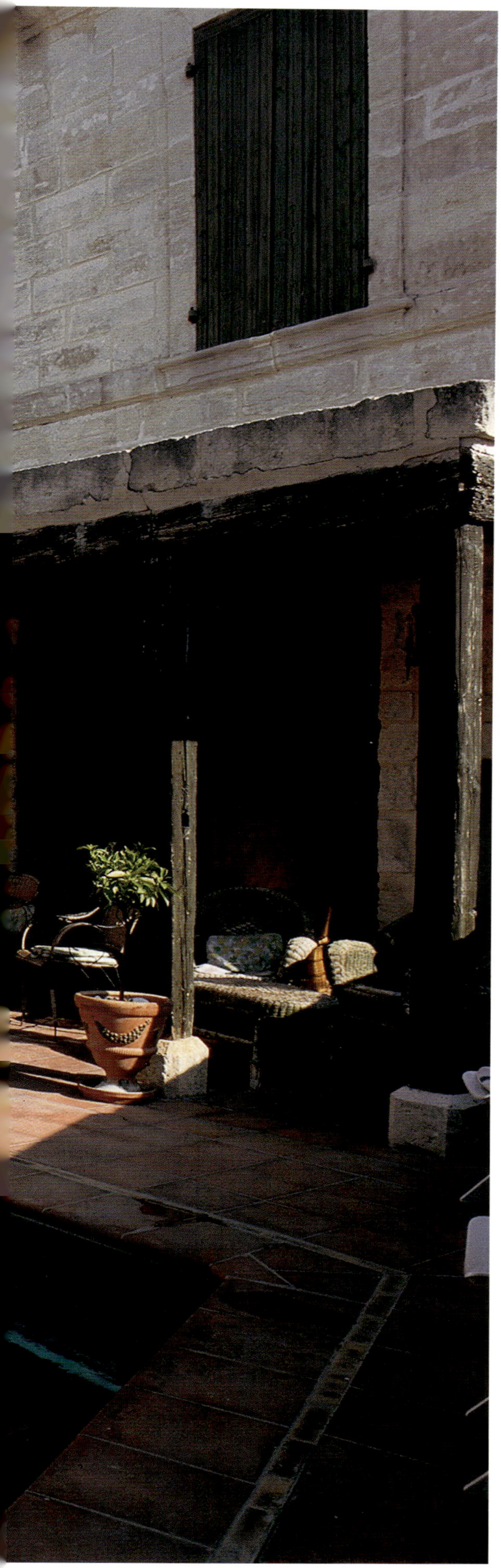
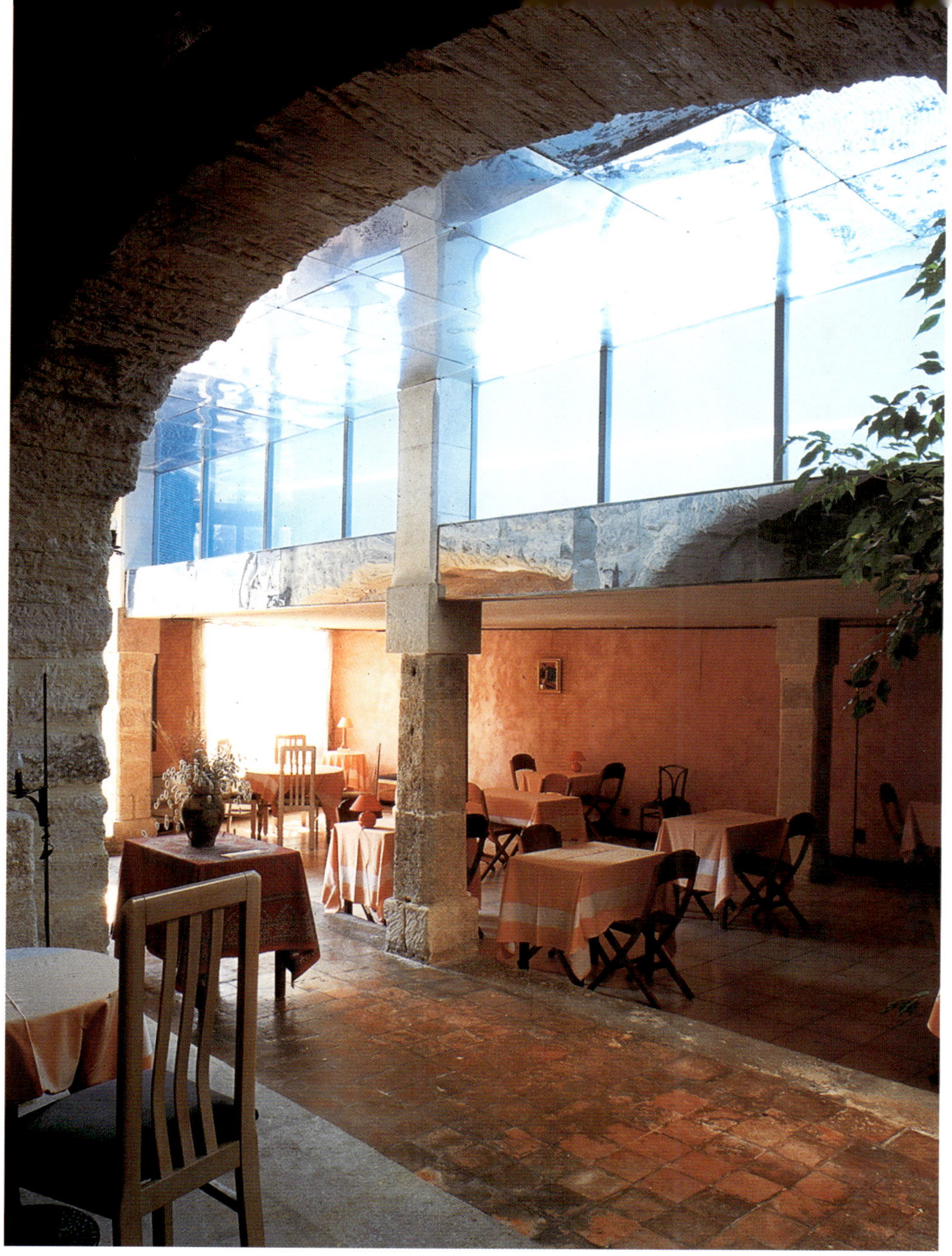
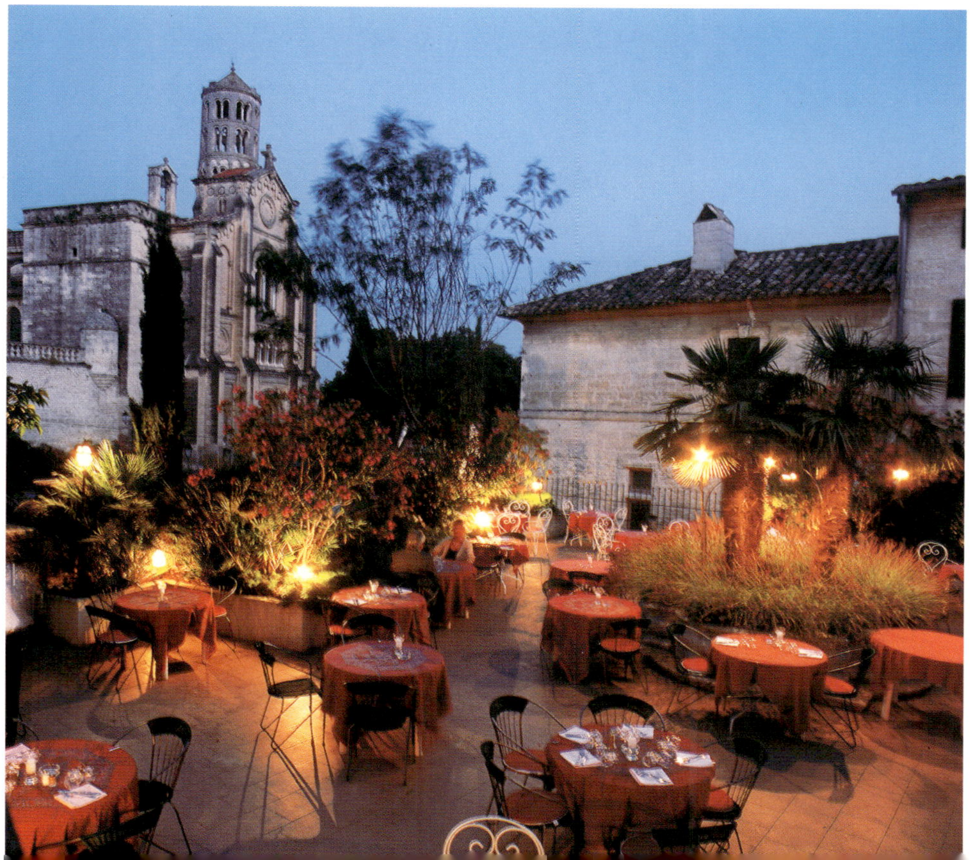

Hostellerie Les Frênes

Avignon - schon der Klang des Namens weckt Träume von Sonne, Geschichte und Romantik ... und natürlich von einem Fluß, der breit und grün nach Süden dem Mittelmeer zuströmt. Und die Wirklichkeit enttäuscht nicht - im Gegenteil, sie ergänzt, was die Phantasie möglicherweise offen gelassen hat.

Ein paar Minuten außerhalb der Stadtmauern Avignons liegt die historische Hostellerie Les Frênes, eine gastliche Adresse für jeden Provenceurlauber. Das prachtvolle Haus aus dem Jahr 1810 wurde 1969 von Jacques Biancone zu einem stilvollen Familienhotel umgestaltet. Bereits 1975, als Jacques und seine Frau Elyane erst acht Zimmer hatten, wurde ihr Hotel mit vier Sternen ausgezeichnet. Heute verfügt es über 22 luxuriöse Zimmer, und 1987 kam auch noch ein Michelinstern dazu.

Die Hostellerie Les Frênes ist ein echter Familienbetrieb. Der älteste Sohn, Hervé Biancone, führt die Geschäfte, und Antoine, der jüngste, schwingt in der Küche das Zepter. Er gehört zu den talentiertesten Chefköchen seiner Generation und hat bereits ein internationales Renommee erlangt.

In der unmittelbaren Umgebung des Hotels erstrecken sich saftiggrüne Weiden mit hohen Bäumen, und an sonnigen Morgen kann man sich das Frühstück am Schwimmbad - mit Blick auf die Landschaft - servieren lassen. Die Lounges und die Hotelzimmer zeichnen sich durch eine warme, entspannte Atmosphäre aus. Die Gerichte von Antoines Hand, die im „Jardin des Frênes" kredenzt werden, machen seinem Ruf alle Ehre: Was hier auf den Tisch kommt, ist originell zubereitet und ausgesprochen delikat.

Ich lasse mich in dem prachtvollen Restaurant nieder und wähle als Vorspeise eine *cassolette d'escargots*, danach Fisch mit einem unwiderstehlichen *pistou*. Zum gefüllten Täubchen wird Trüffel-Pasta gereicht, und ein aromatischer Ziegenkäse mit einem Hauch Zimt rundet das Menü auf perfekte Weise ab. Meinen Kaffee nehme ich auf der Terrasse ein und lauschte dabei dem Zirpen der Grillen. Als ich mich erhebe, um nach oben auf mein Zimmer zu gehen, höre ich eine Eule rufen. Mir ist, als wollte die ganze Natur der Provence mich hier willkommen heißen.

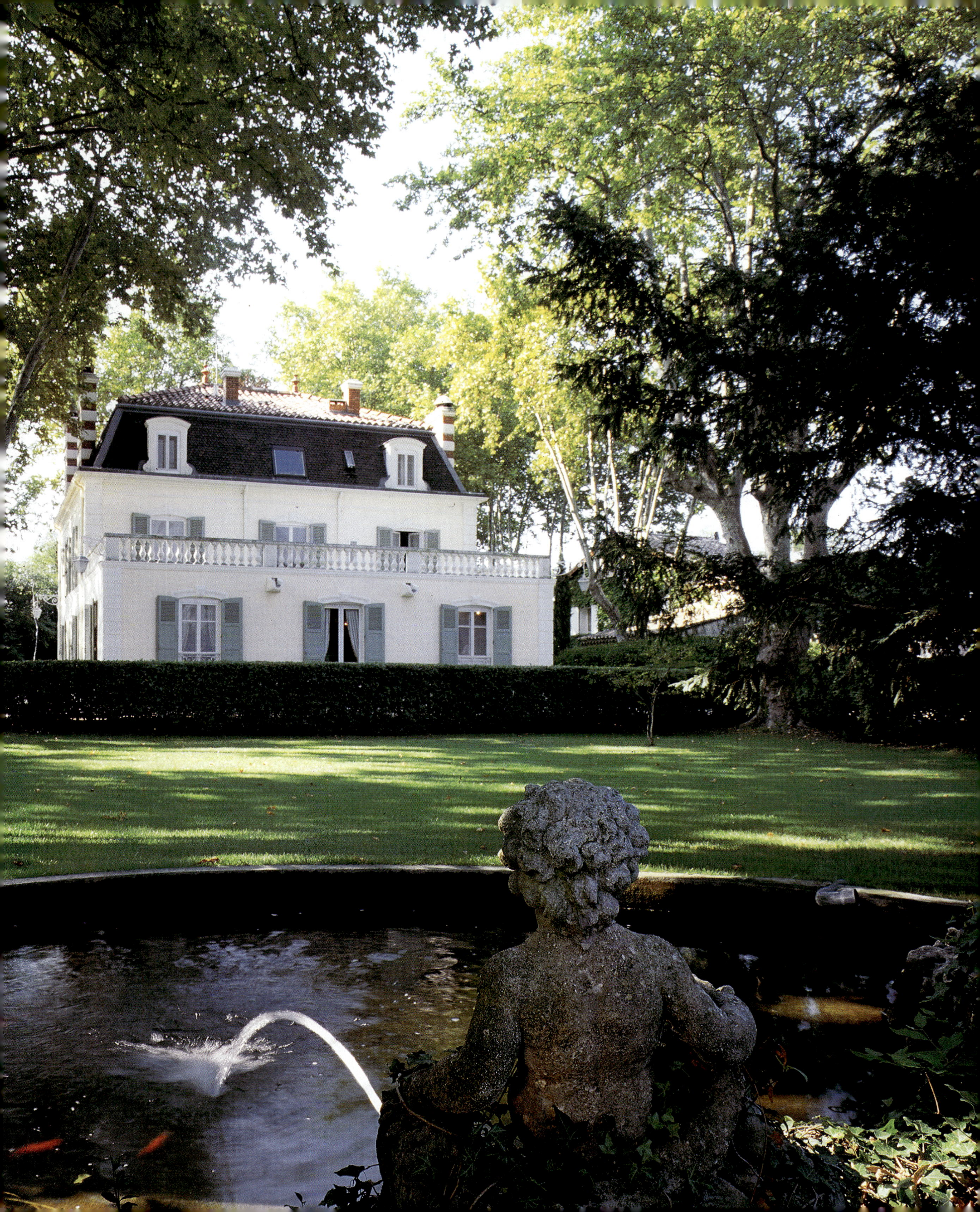

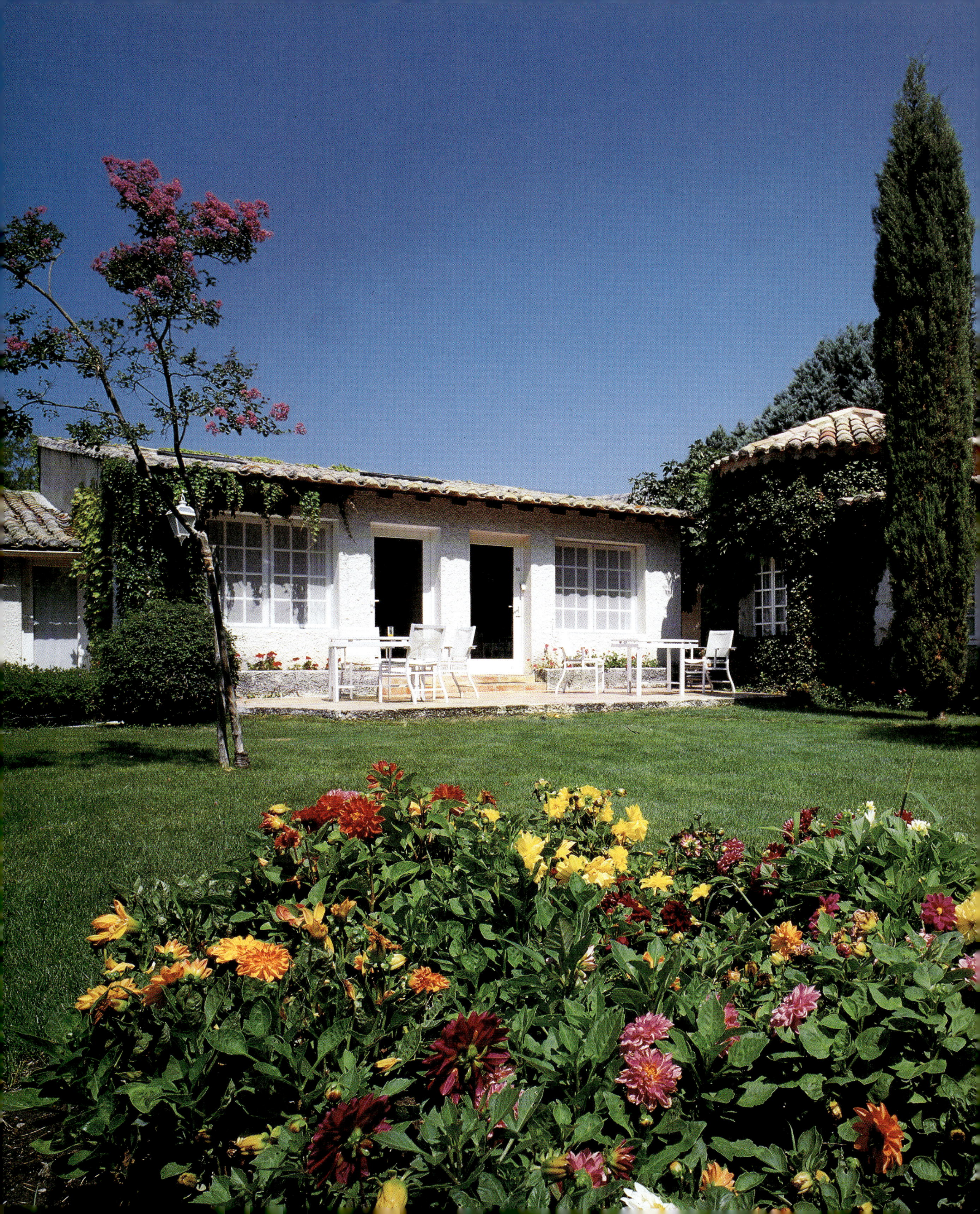

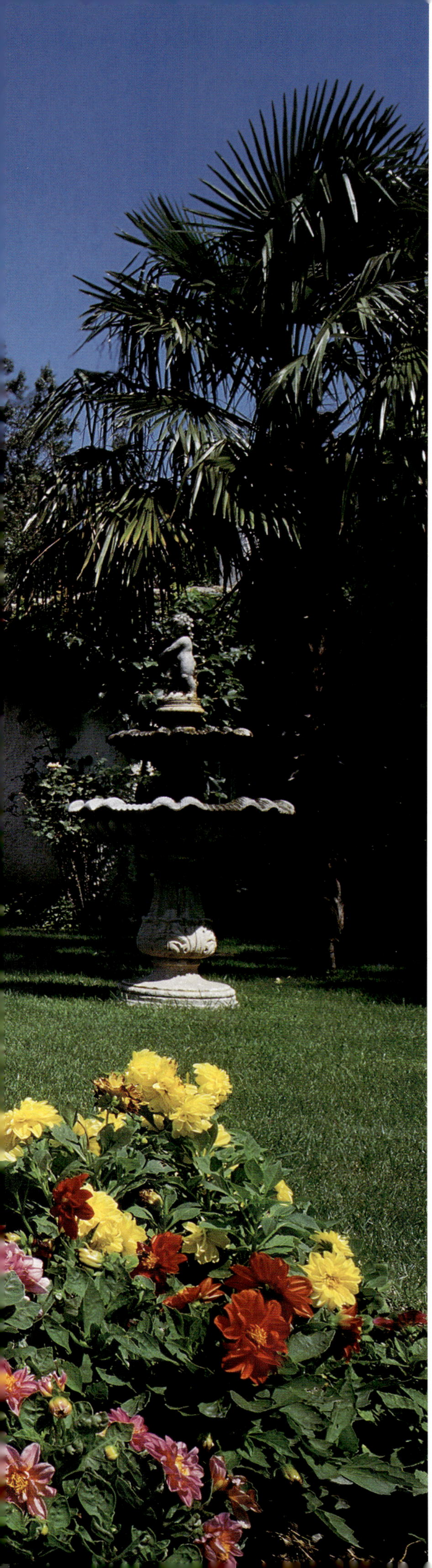

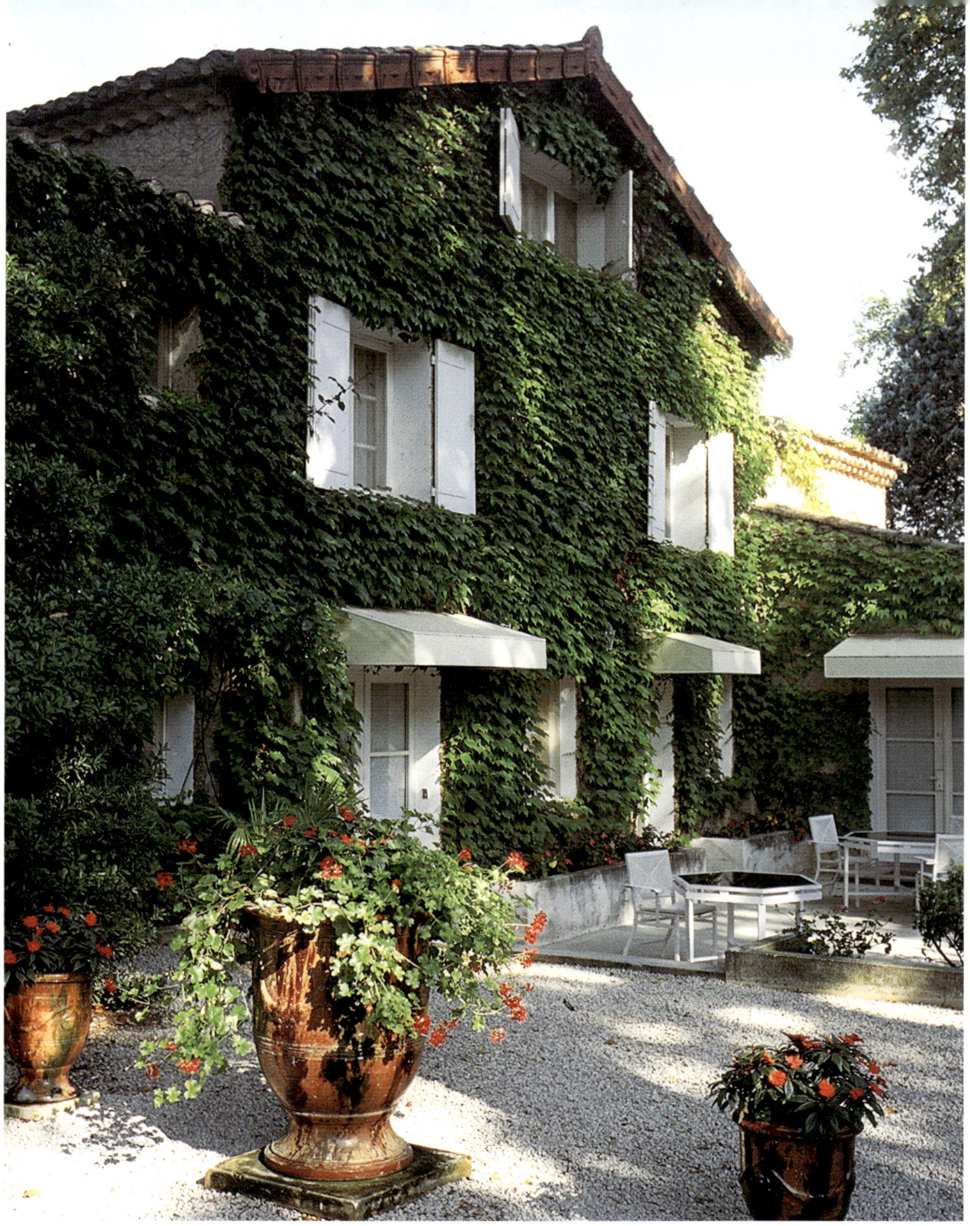

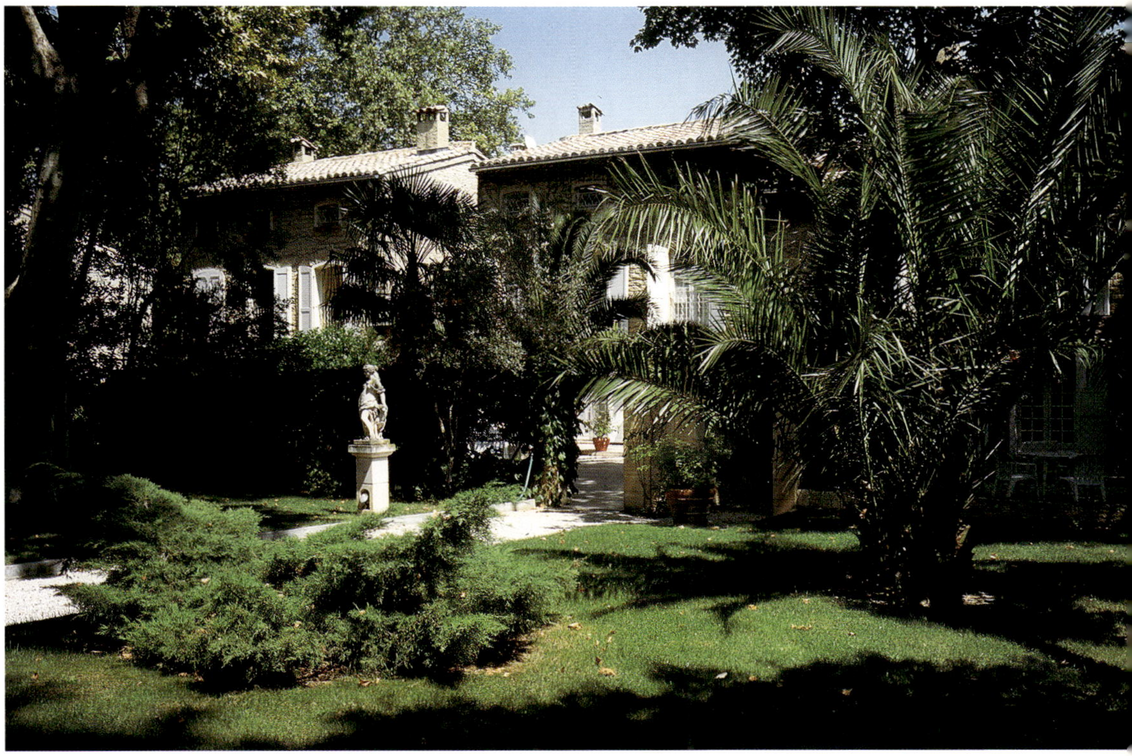

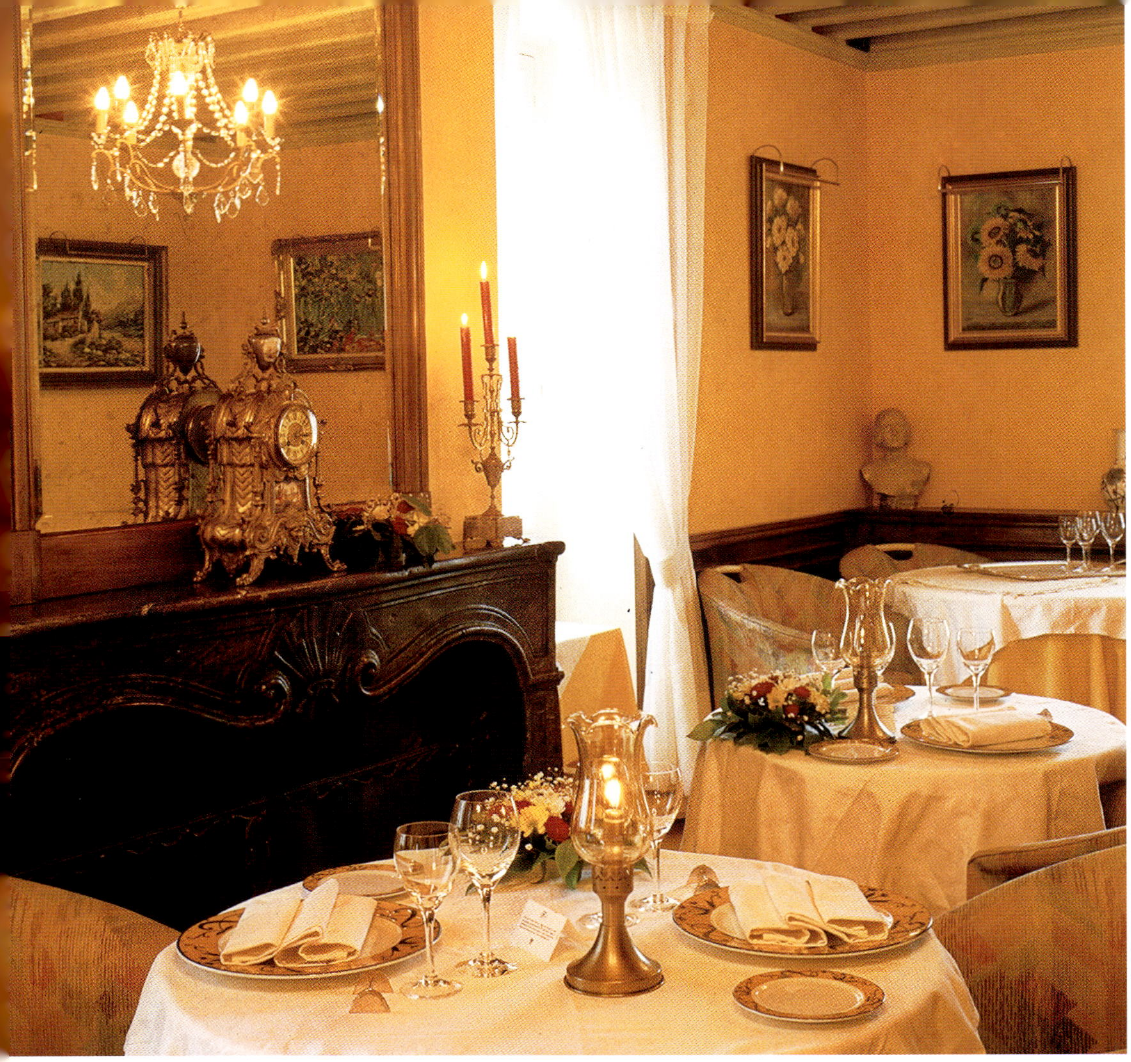

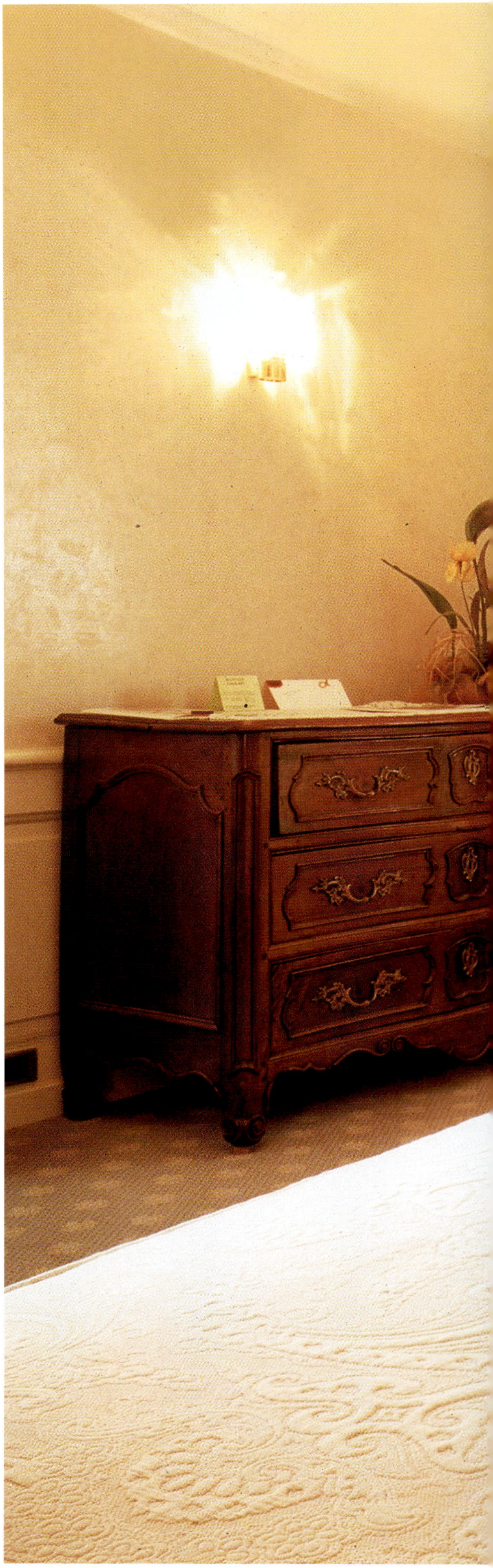

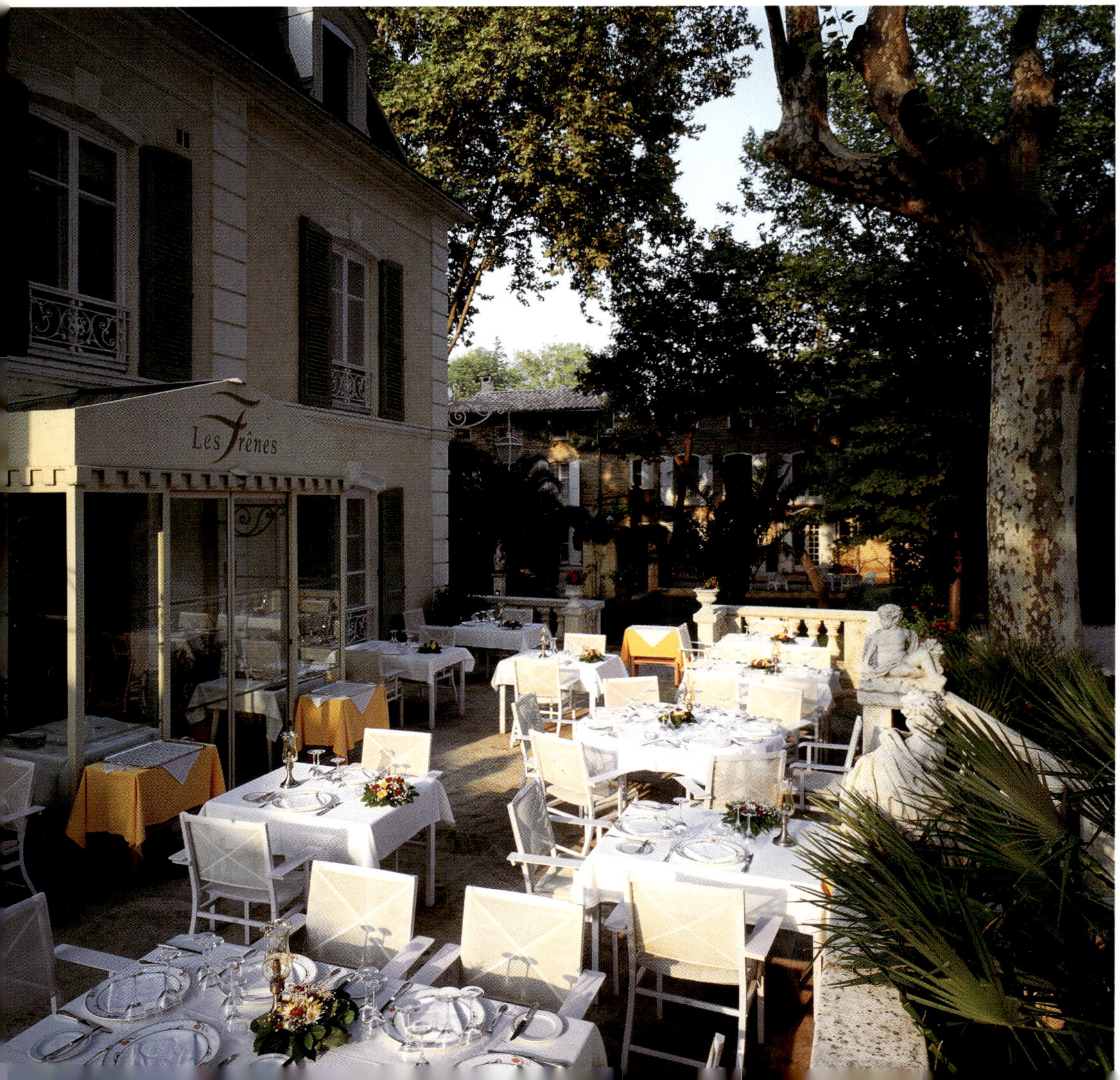
Les Frênes

Spitzenklasse unweit des Zentrums von Avignon.

Château de la Pioline

Die Provence kann sich einer Vielzahl altehrwürdiger Hotels rühmen, deren wohl ältestes das Château de la Pioline sein dürfte, wenngleich sich im Laufe der Zeit vieles verändert hat - sogar der Name. Im Jahr 1301 wurde die "Moulin de Verdaches" am Ufer des Arc erbaut, unweit des heutigen Zentrums von Aix-en-Provence. Später trug das Anwesen den Namen "Beauvoisin", und 1616 kam es in den Besitz der Familie Piolenc, der es seinen endgültigen Namen verdankt. Verschiedene Besitzer prägten jeweils das Schloß, bis eines Tages das Mobiliar verkauft wurde und das Gebäude verlassen dastand und im Laufe der Jahre immer stärker vom Verfall bedroht war.

1987 kauften Josette und André Armand spontan das Château de la Pioline. Erst später beschlossen sie, ein Hotel daraus zu machen, und wer heute dorthin kommt, kann ihnen für diesen Entschluß nur dankbar sein.

Jetzt gedeihen Farne und Wildblumen um das Schloß, und romantische Bänke laden den Gast ein auszuruhen und den Blick über die herrliche Umgebung schweifen zu las-

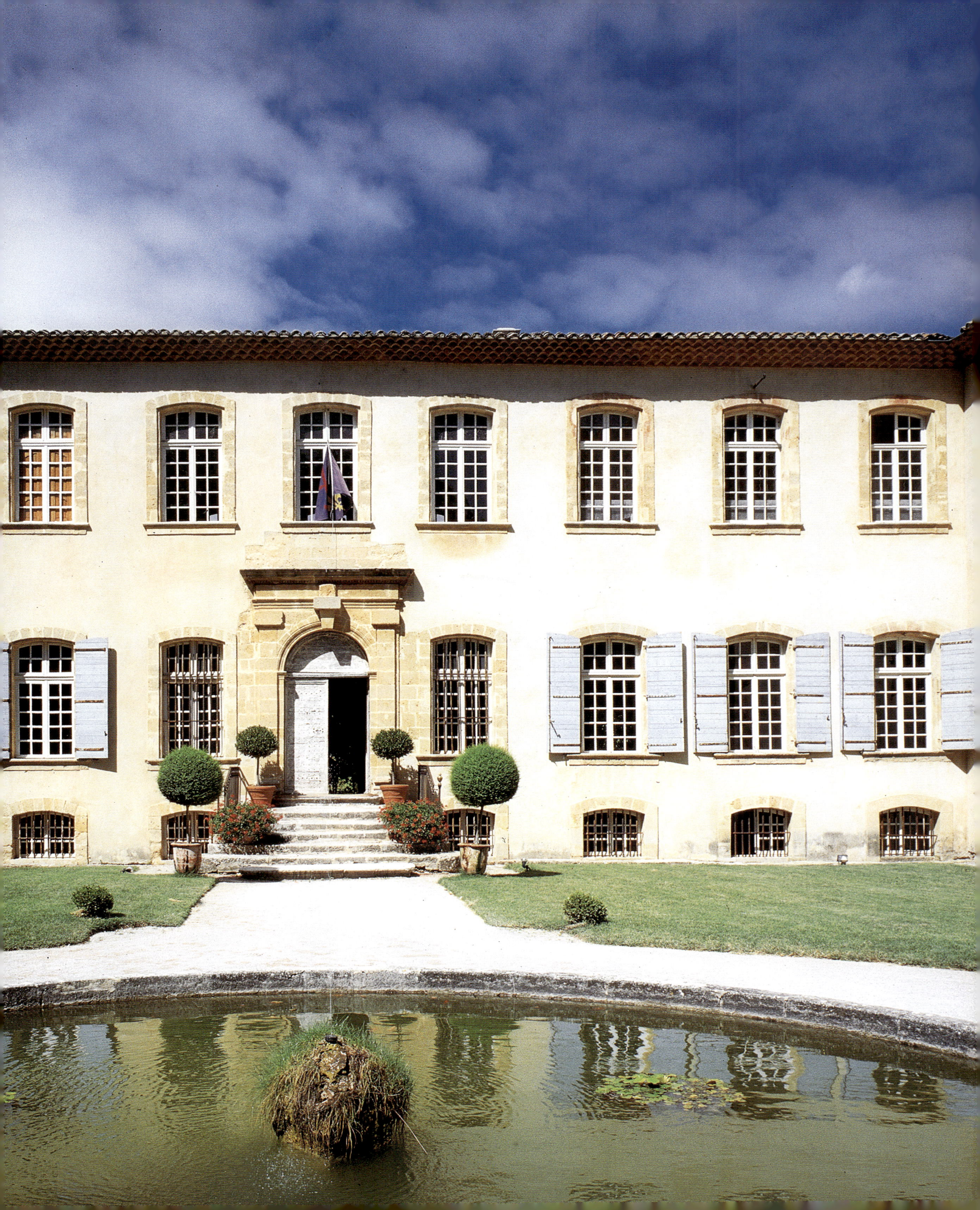

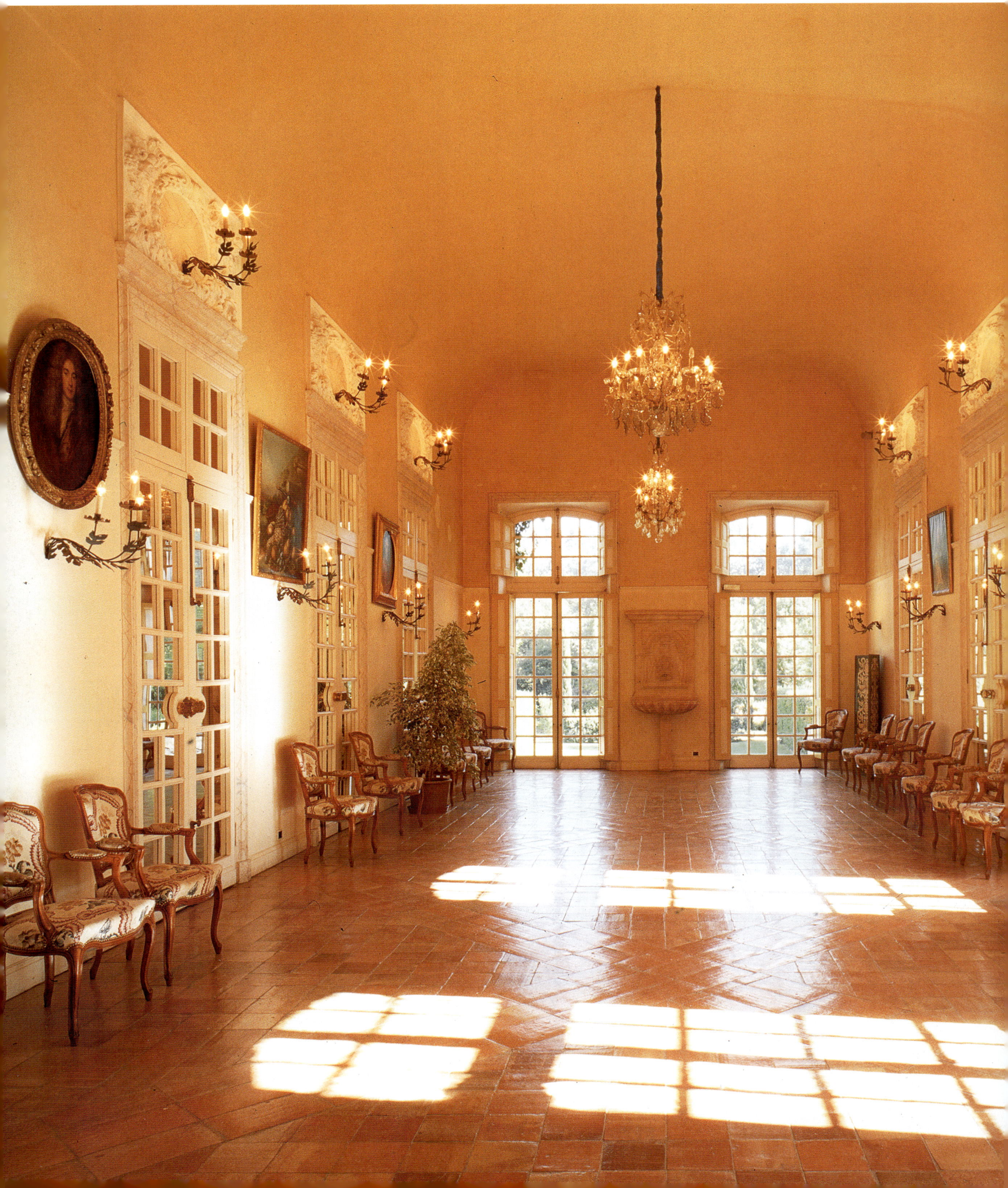

sen. Das Schloßhotel wurde mit Hilfe ortsansässiger Handwerker hervorragend restauriert. Zusammen mit dem Innenarchitekten Jean de Petit-Tresserves stattete Josette Armand die Zimmer mit exquisiten Möbeln und Gemälden aus und setzte mit Spiegeln, funkelndem Silber und prachtvollen Stücken aus Porzellan Akzente. Auch Bettwäsche und Badetücher sind hier von ausgesuchter Qualität.

Jedes der 21 Zimmer und Suiten des Hotels zeichnet sich durch eine Besonderheit aus: Von dem einen hat man einen wunderschönen Ausblick über das Hotelgelände mit Schwimmbad und Clubhaus, zu einem anderen gehört ein kleiner Privatgarten ... Doch welches Zimmer man in diesem Schloß auch bewohnt, ein Höhepunkt ganz besonderer Art ist zweifellos das Diner. Chefkoch Christophe Gillino zaubert kulinarische Kreationen, die mit faszinierenden Gegensätzen überraschen und sich dennoch durch perfekte geschmackliche Harmonie auszeichnen - genau wie das Château de la Pioline selbst.

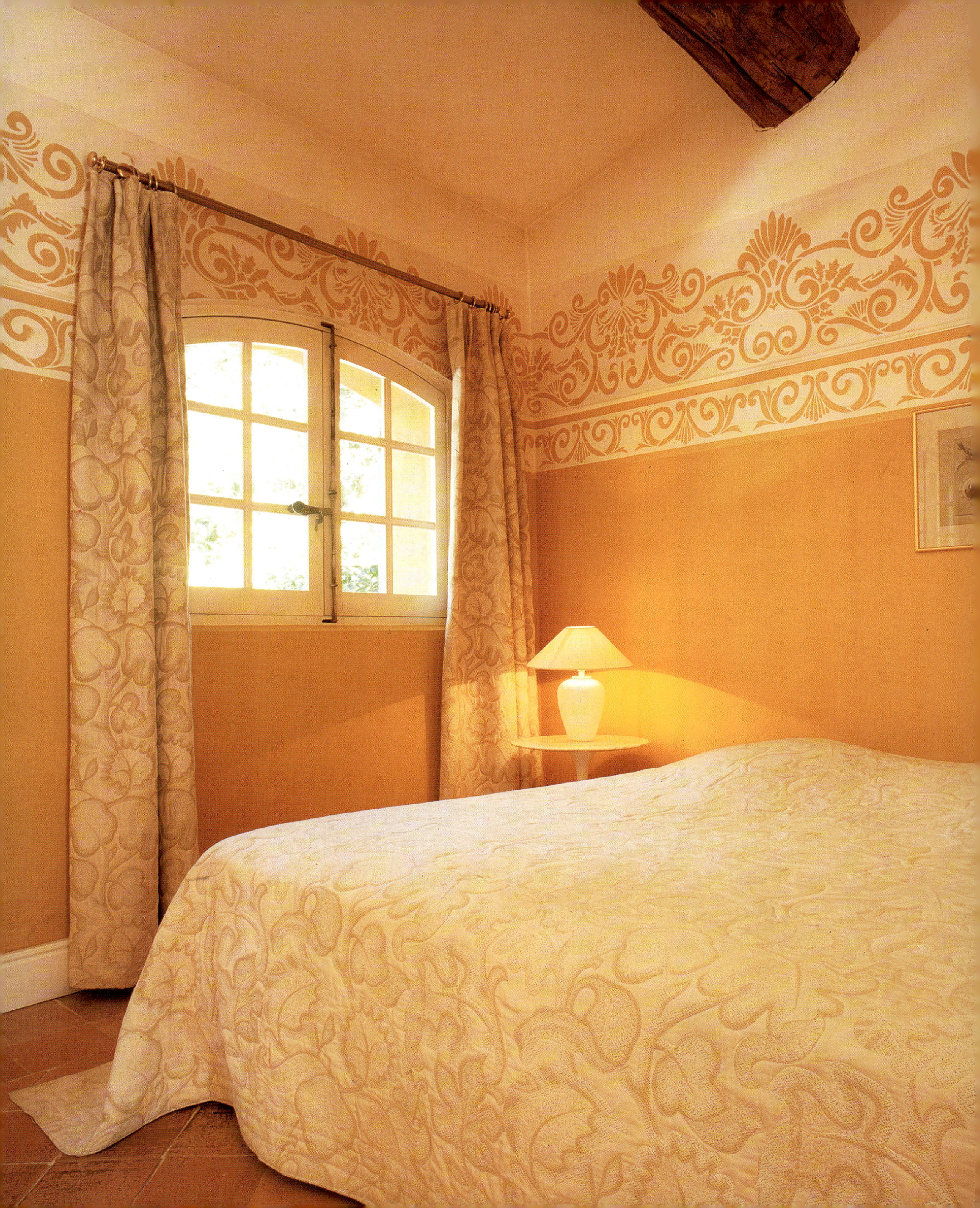

Entstanden aus der Faszination von Josette
und André Armand für die Vergangenheit.

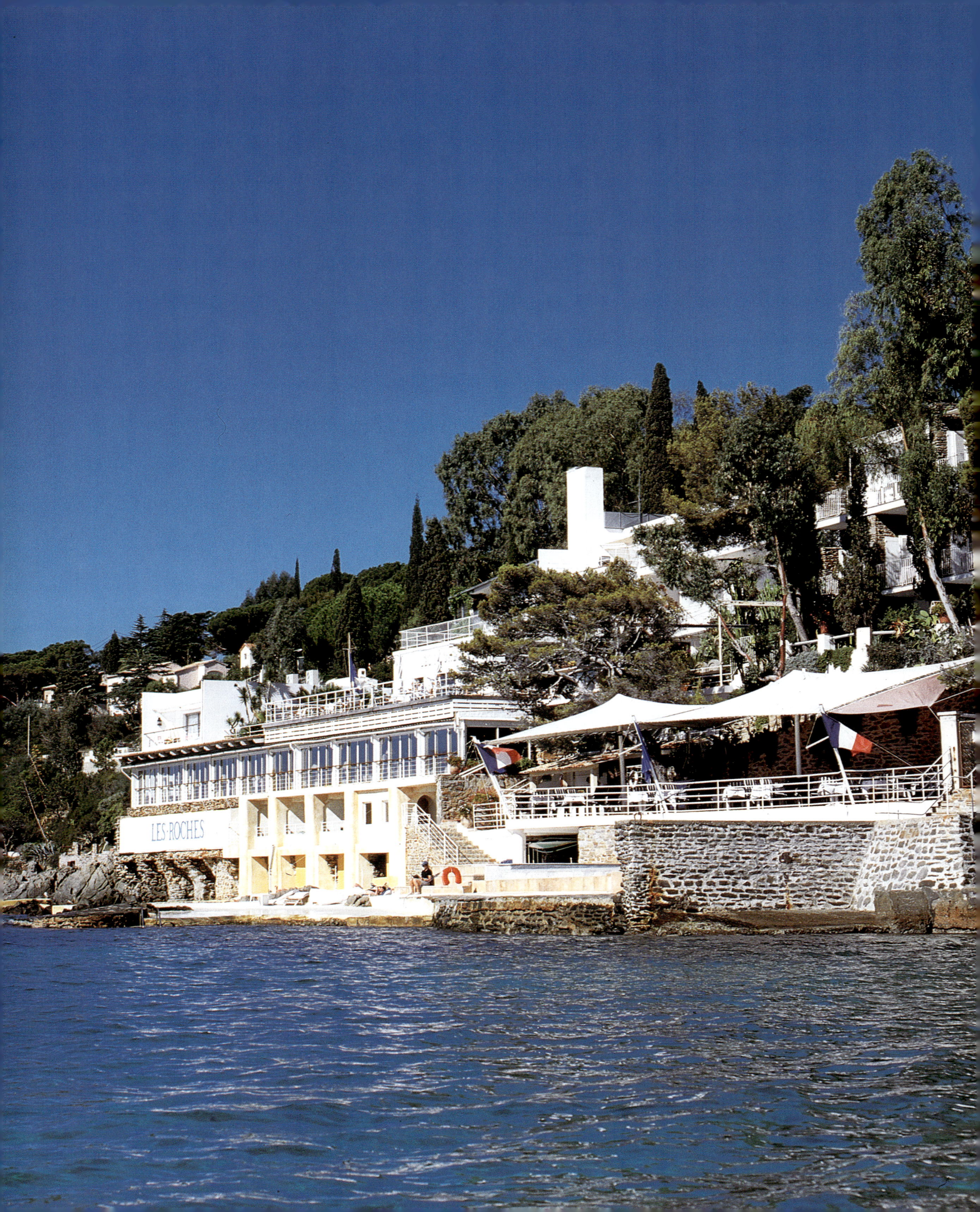
LES ROCHES

Les Roches

In Aiguebelle an der provenzalischen Küste liegt in spektakulärer Umgebung, hoch über dem Mittelmeer auf einem Felskliff, das einzigartige Hotel Les Roches. Weit draußen sieht man die Îles d'Or, die goldenen Inseln von Porquerolles, in einiger Entfernung an der Küste das mondäne Saint-Tropez ... und unterhalb des Kliffs ankert an einer privaten Anlegestelle das hoteleigene Boot für Ausflüge zu Wasser. Hinter dem Gebäude erstreckt sich die herrliche Landschaft der Provence.

Dennoch wäre es verständlich, wenn man all diese verlockenden Möglichkeiten links liegen ließe, um einzig und allein die friedliche Atmosphäre des Les Roches zu genießen: die komfortablen Lounges, die zauberhafte Bar mit ihrem diskreten Charme, die wunderschönen Zimmer und eleganten Suiten mit erlesenen provenzalischen Antiquitäten und Balkonen, die eine unvergleichliche Aussicht bieten. Um das Hotel gedeihen Kakteen, Palmen und Oleander, und ein hibiskusgesäumter Pfad führt hinab zum azurblauen Schwimmbad, dem Privatstrand, den sanft die Wellen der verführerisch lauen See berühren.

Auf keinen Fall versäumen sollte man den Lunch am Wasser im romantischen, sonnigen Strandrestaurant, von dem aus man die vorüberfahrenden Yachten und Kabinenkreuzer beobachten kann. Die einfachen, jedoch äußerst delikaten Gerichte aus Fisch und Meeresfrüchten bleiben dem Gast unvergeßlich. Am Abend bietet das gedämpft beleuchtete Hauptrestaurant des Hotels das ideale Ambiente, um die phantasievoll bereiteten kulinarischen Köstlichkeiten und hervorragenden Weine zu genießen, für die das Hotel Les Roches zu Recht berühmt ist.

Im Gästebuch kann man nachlesen, welche Berühmtheiten hier logiert haben: Liz Taylor und Richard Burton, Christian Dior, Thomas Mann, aber auch Carlos (der meistgesuchte Terrorist der Welt), der Mafiaboss Sylvo Catalino sowie Bobby „The Fox" Cooper, der am Großen Eisenbahnraub beteiligt war.

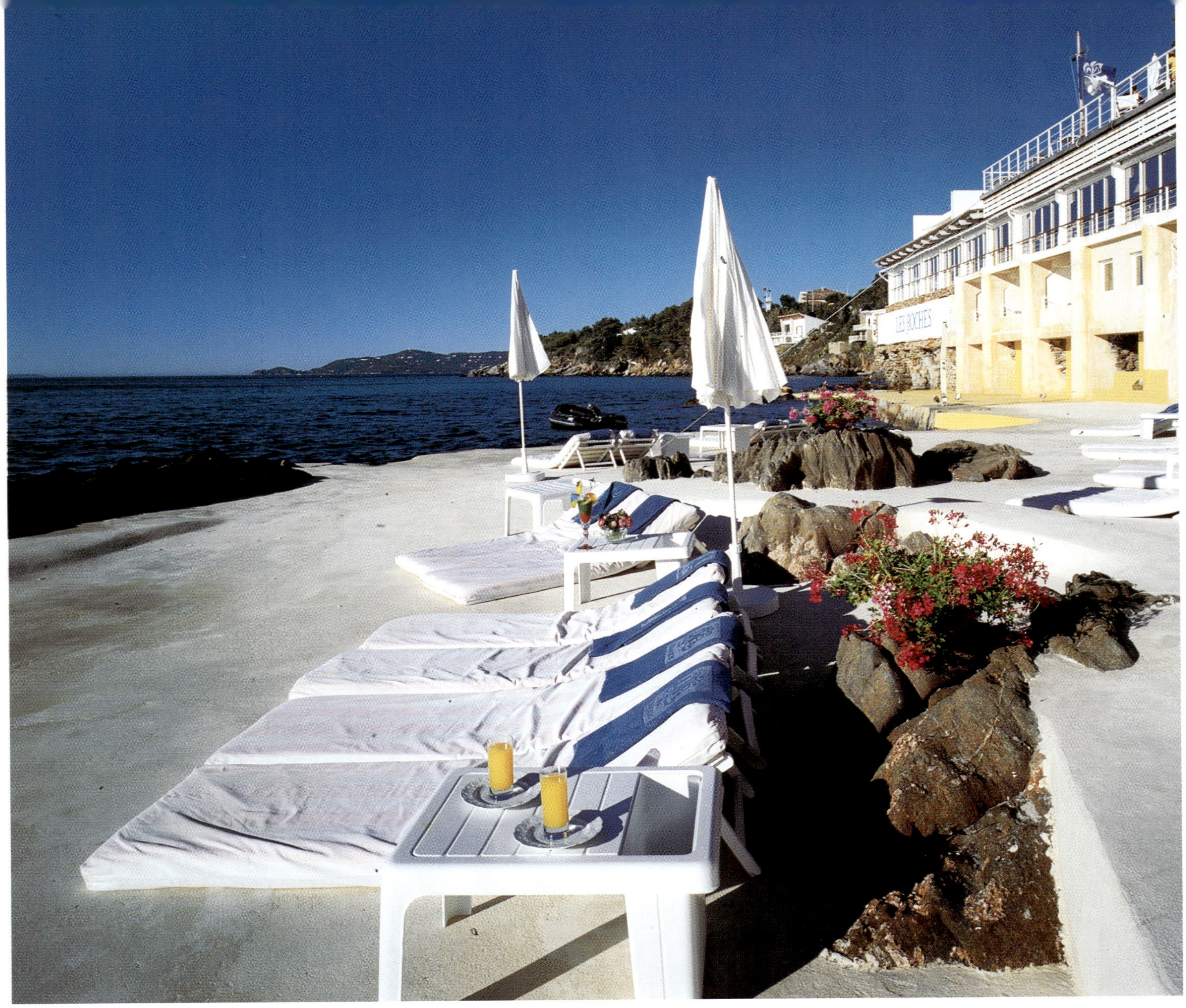

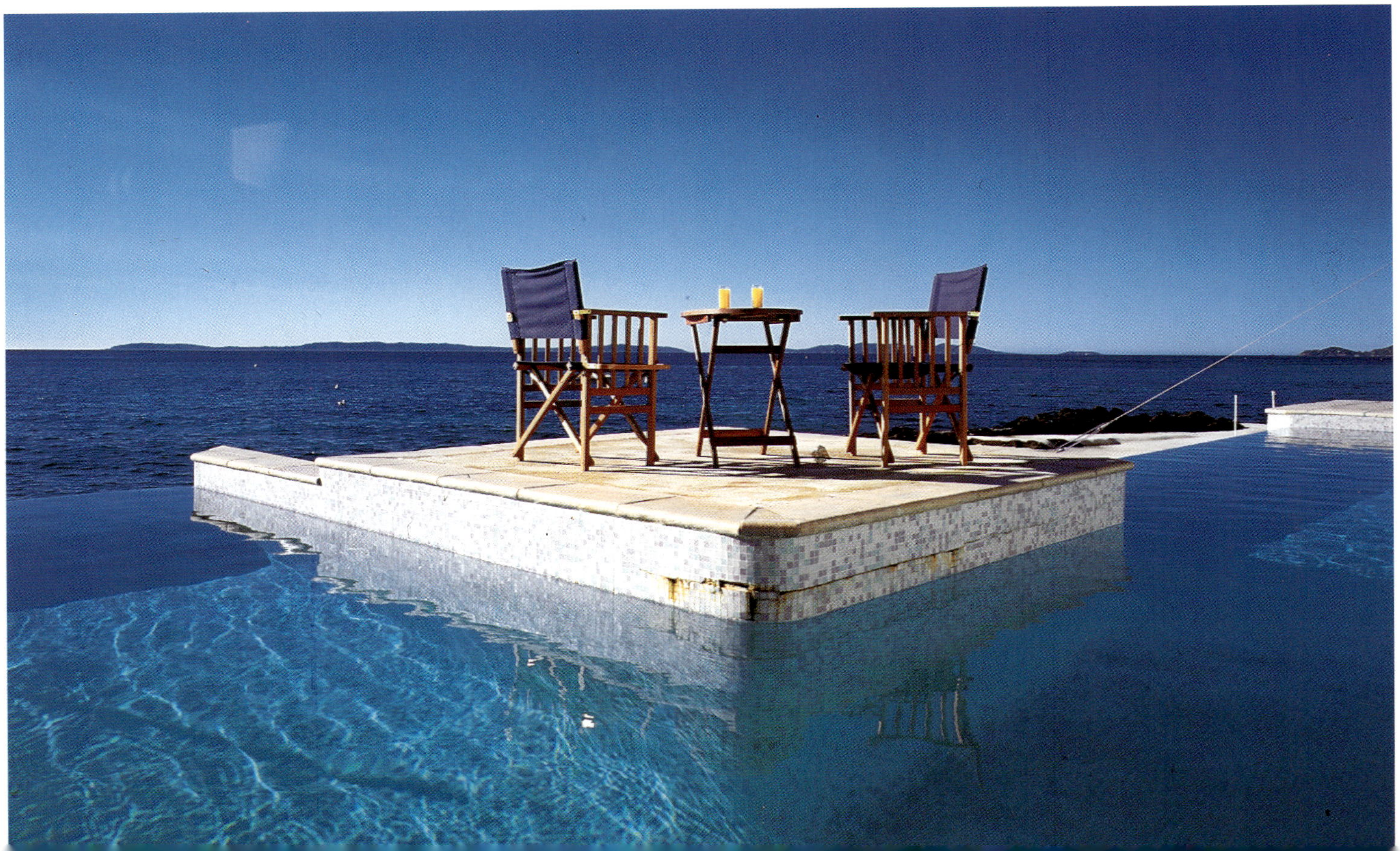

Eine ganz andere Seite der Provence.

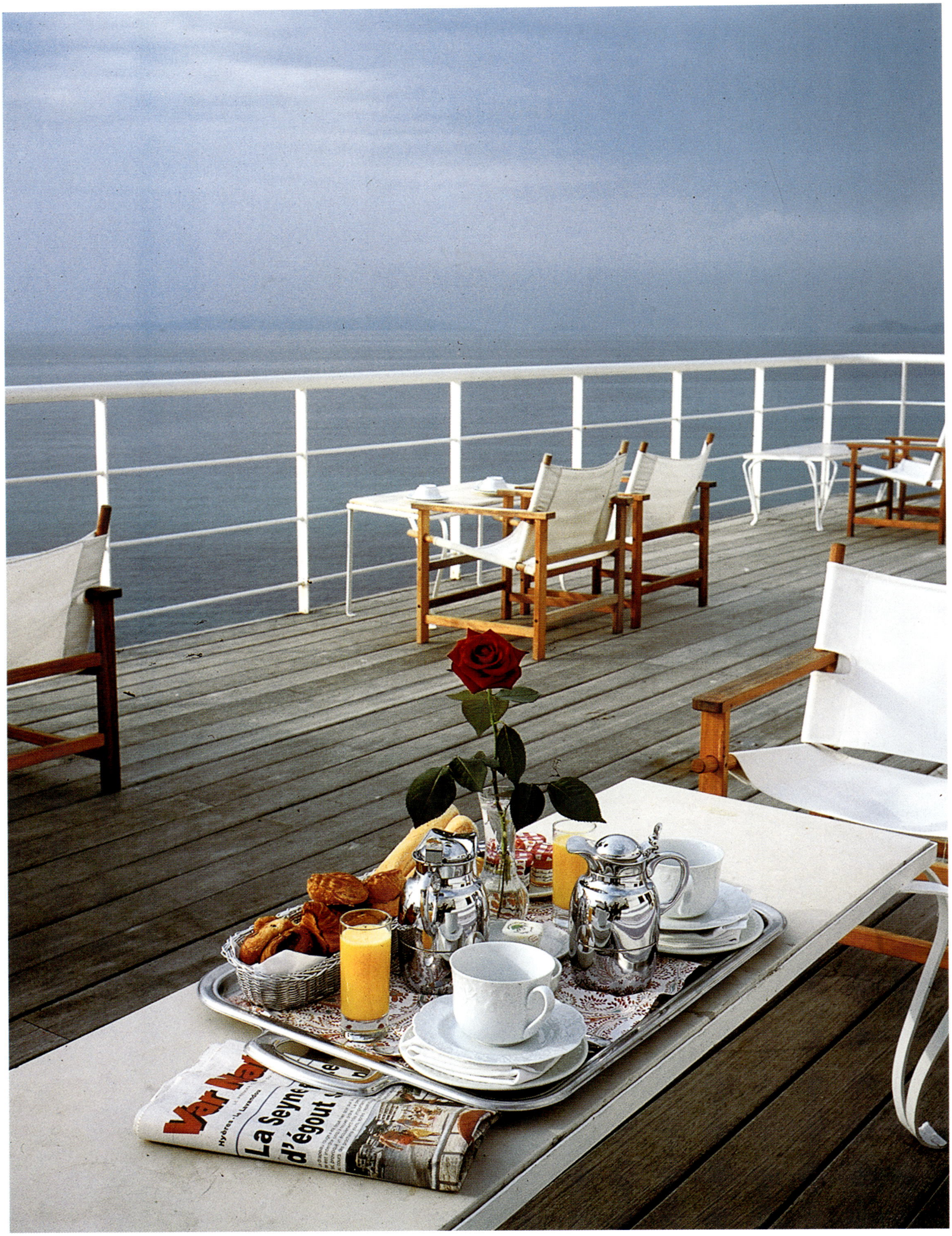
La Seyne
d'égout

Das Gefühl, sich auf einer Luxusjacht aufzuhalten.

Auberge de Noves

Im Herzen der Provence, inmitten eines 15 Hektar großen Parks mit Tannen und Eichen, liegt ein Landhaus aus dem 19. Jahrhundert. Wir schließen halb die Augen, atmen tief die herrlichen Aromen ein und stellen uns vor, wie hier einst die Dame des Hauses mit ihren weißgekleideten Kindern an der Hand über die Gartenwege promenierte oder wie ein unglücklich verliebtes Mädchen ihre Staffelei im Garten aufstellt und wehmütige Aquarelle von der prachtvollen Landschaft anfertigt ...

Von Wehmut ist heute nichts mehr zu spüren. Denn die Auberge de Noves ist jetzt ein wunderschönes Hotel, das mit diversen Michelinsternen ausgezeichnet wurde, und dazuhin ein Familienbetrieb mit Tradition, denn seit Robert und Suzanne Lalleman im Jahr 1955 die Pforten für Hotelgäste öffneten, haben hier stets Lallemans das Zepter geschwungen.

Robert und Suzanne bildeten ein ideales Team: Er übernahm den kreativen Part, legte Blüten aufs Frühstückstablett ... sie kombinierte pragmatisches Denken mit Stil und Geschmack. Unter ihrer Ägide wurde die Auberge de Noves zu einem Hotel für Lebensgenießer.

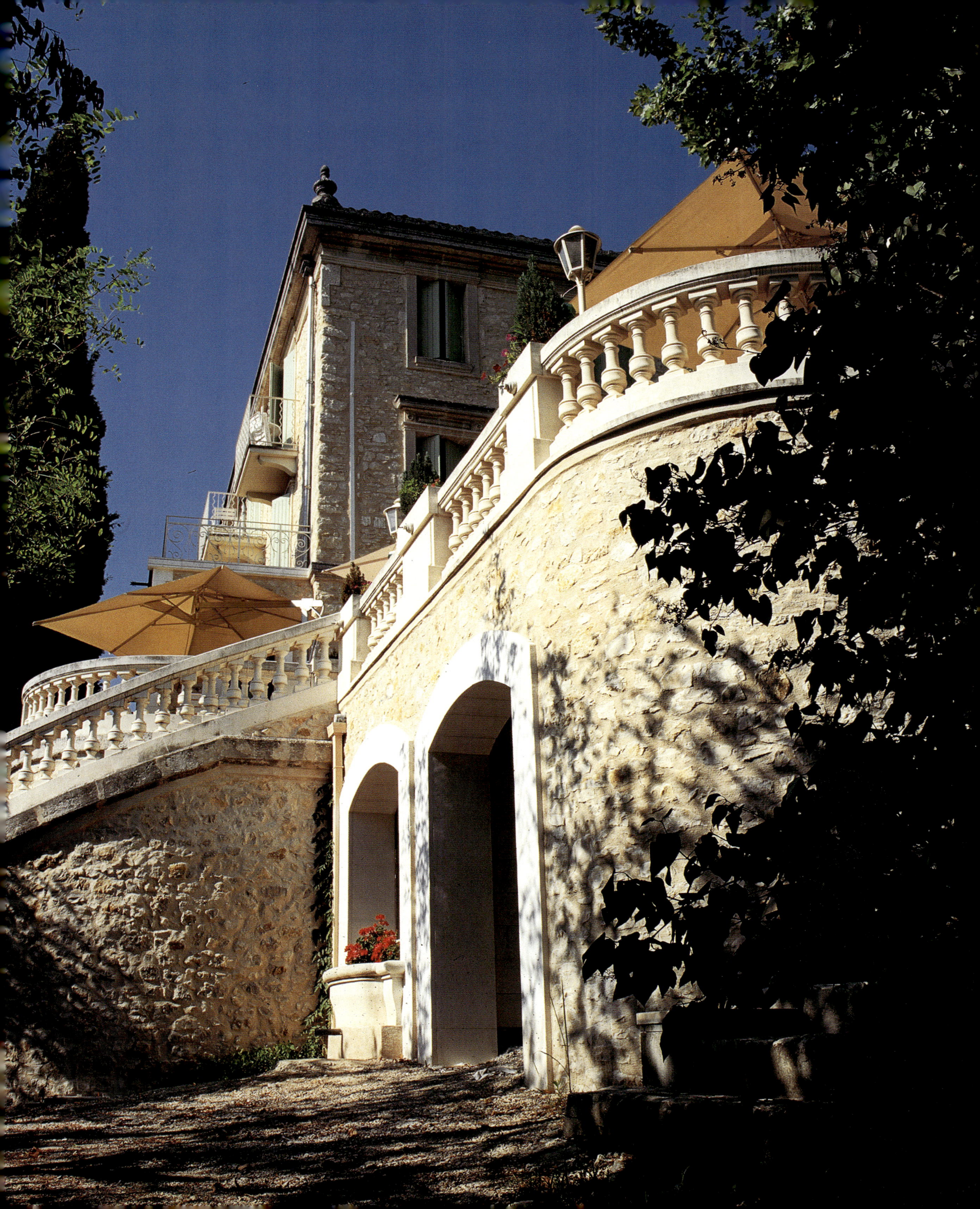

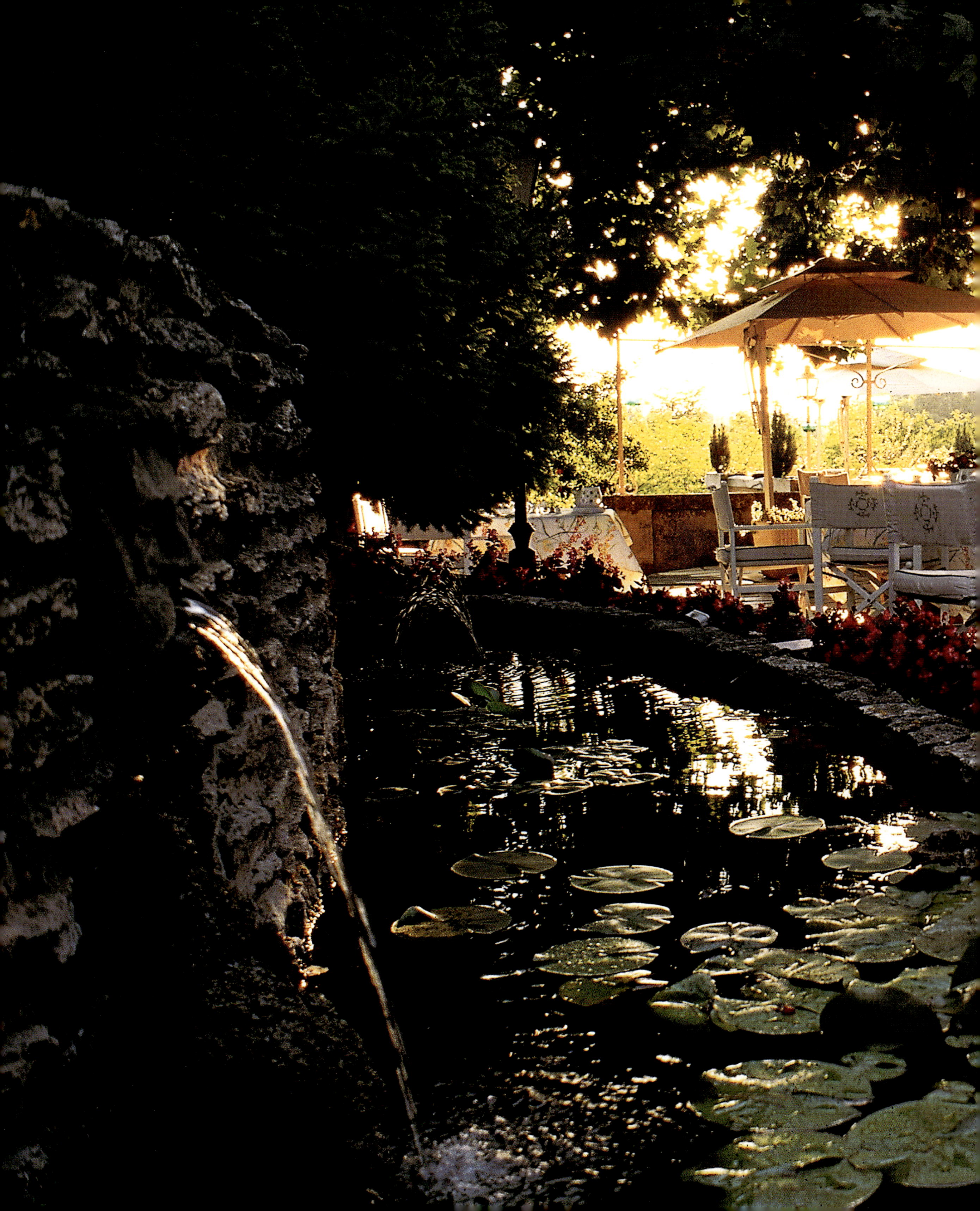

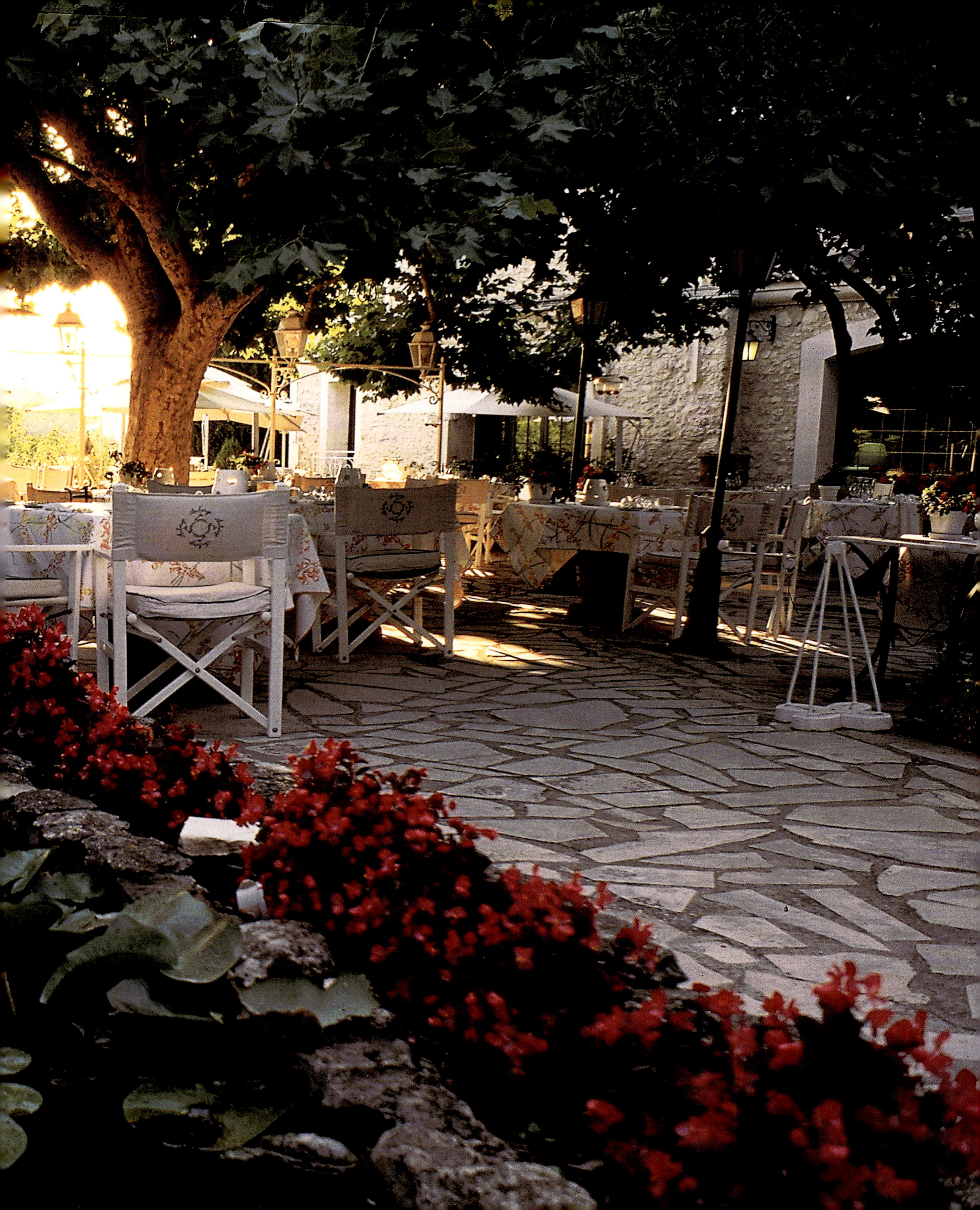

Inzwischen haben André Lalleman und seine Frau Jacqueline die Leitung übernommen, wiederum ein ideales Team: Sie versteht es, ein typisch provenzalisches Ambiente zu schaffen, er ist ein Gastgeber *par excellence*. Und Sohn Pierre II. ist nach langen „Streifzügen" durch Europa nach Hause zurückgekehrt und hat nun in der Küche das Sagen.

Die prachtvolle Umgebung lädt zum Spazierengehen ein, man kann aber auch Tennis oder Boule spielen, im beheizten Schwimmbecken seine Bahnen ziehen, und ganz in der Nähe gibt es einen Golfplatz. Hubertusjünger können in den Wäldern der Umgebung ihrer Leidenschaft frönen, und wer die Gegend einmal aus einer ganz anderen Perspektive genießen möchte, kann einen Hubschrauberflug buchen. Der wohl größte Genuß jedoch erwartet einen am Ende des Tages, mit einer Feinschmeckermahlzeit, von Pierre Lalleman meisterhaft zubereitet. Oder noch später, wenn man am Fenster seines komfortablen Zimmers steht und die Sonne über der Provence untergehen sieht.

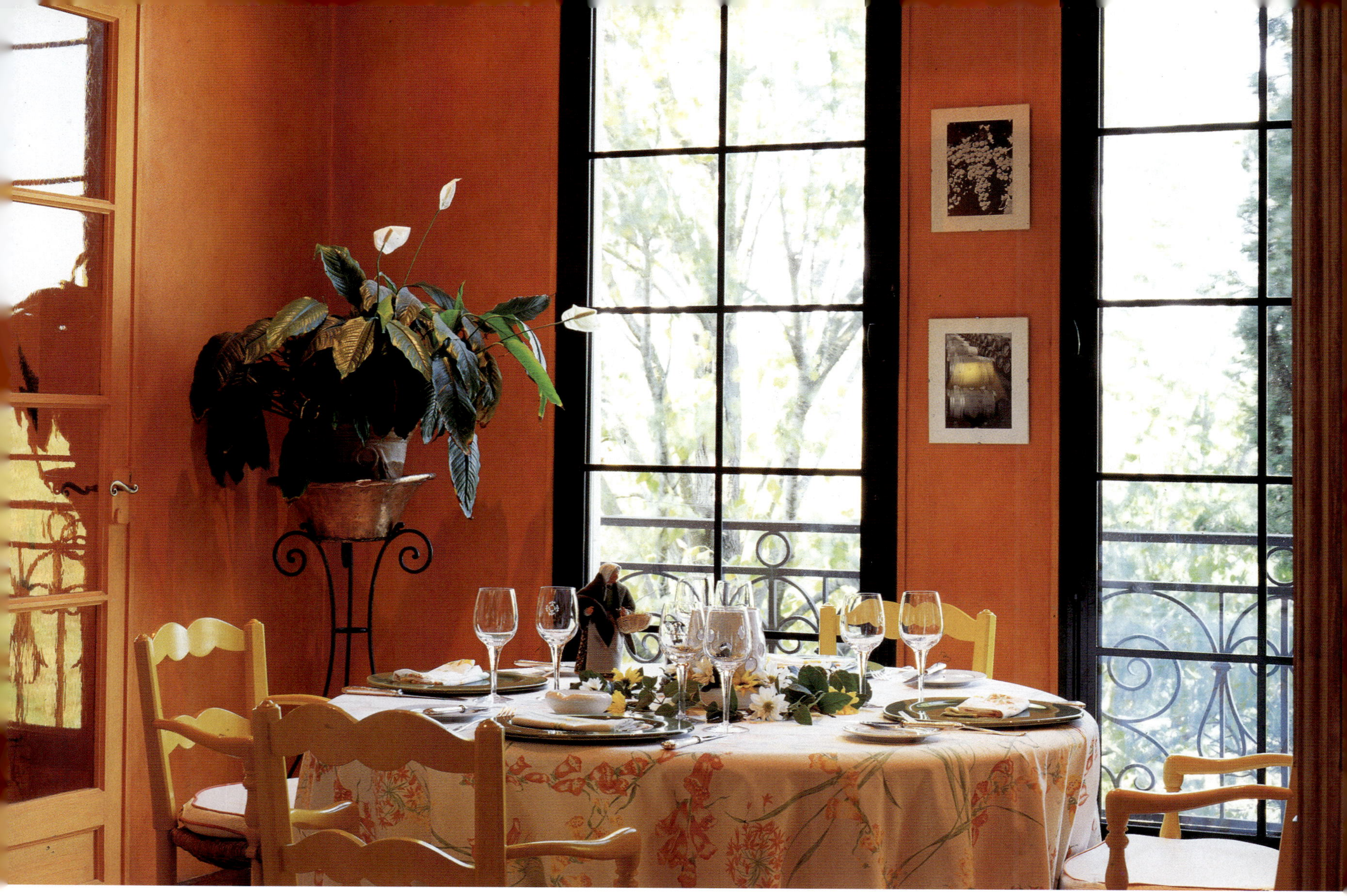

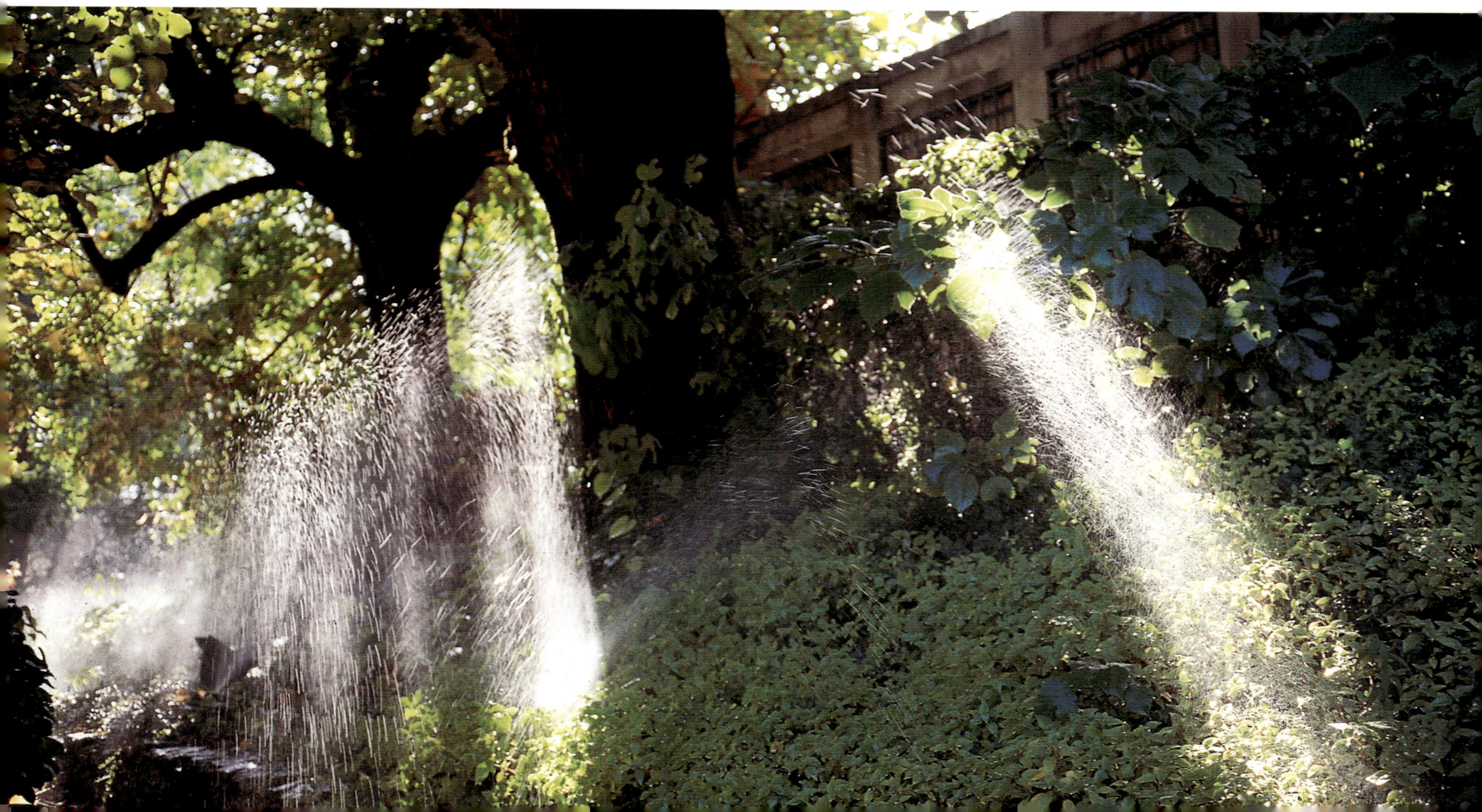

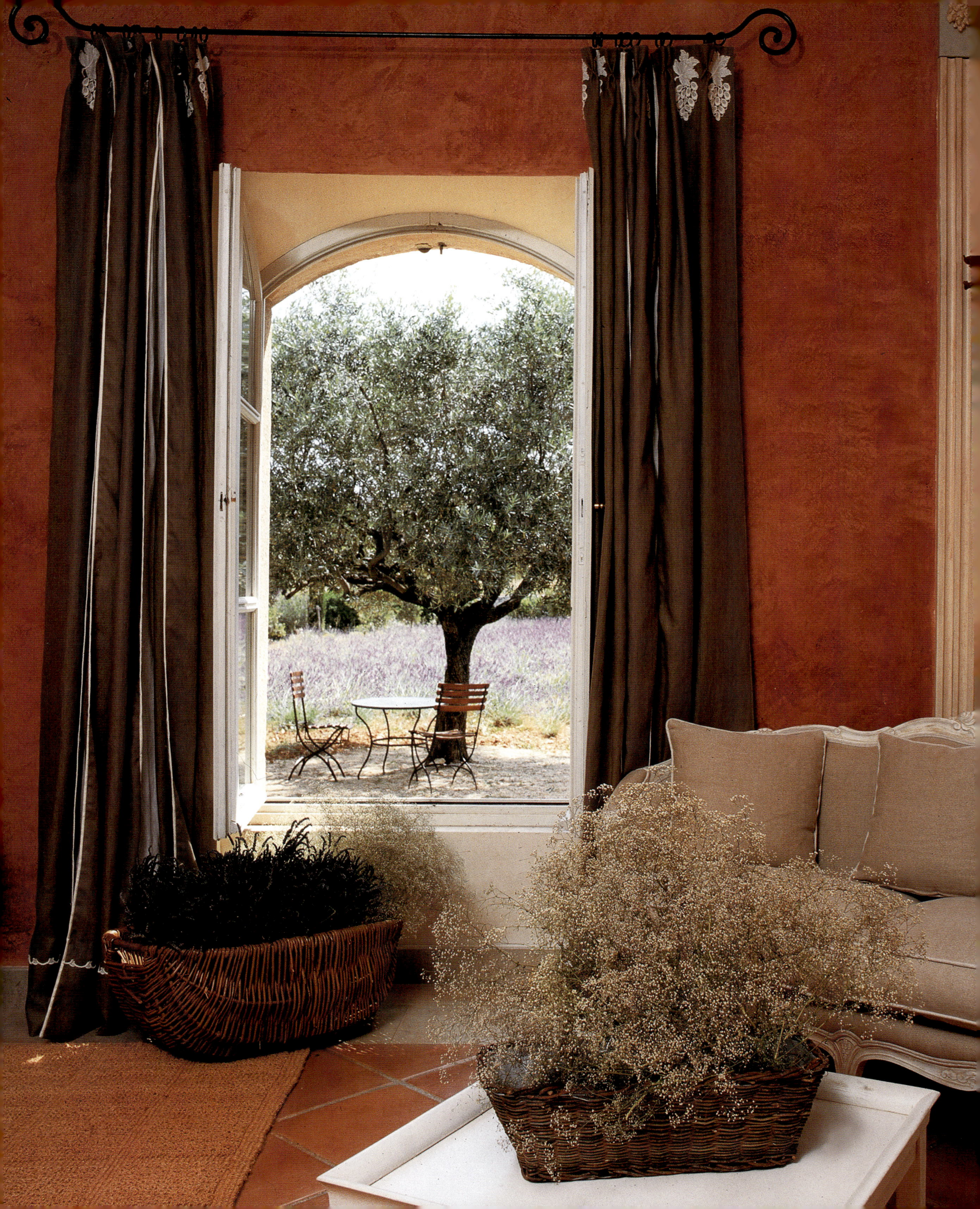

La Bastide de Capelongue

La Bastide de Capelongue im Département Vaucluse ist ein charmantes kleines Luxushotel, das seinen Gästen einen bezaubernden Blick über die schmucken Dächer des nahegelegenen Dörfchens Bonnieux bietet.

Jenseits des Dorfes glitzert im Morgenlicht ein träge dahinströmender Fluß, gesäumt von Baumreihen. Eine Kirchenglocke läutet, und eine Katze schmiegt sich an die Beine meines Liegestuhls neben dem Schwimmbad - es hat den Anschein, als wolle auch sie die friedvolle Atmosphäre und die herrliche Aussicht genießen.

Das Hotel La Bastide de Capelongue wurde im April 1997 eröffnet und hat sich innerhalb kürzester Zeit einen ausgezeichneten Ruf erworben. Die Einrichtung vermittelt das Gefühl, man bewege sich durch eine Kunstgalerie. Jedes Zimmer hat seine ganz individuelle Atmosphäre, mit ausgefallenem Mobiliar und Stoffen, die genau zum jeweiligen Stil passen. Ob klassisch provenzalisch oder rückhaltlos romantisch - jedes Zimmer ist beispielhaft exquisit ausgestattet. Liebevolle Details wie etwa die lavendelgefüllten kleinen Kissen, die als Schlüsselanhänger dienen, verleihen dem Aufenthalt hier eine besondere Note.

Ich begebe mich auf einen Streifzug durch Bonnieux und seine Umgebung. Auf dem kleinen Markt probiere ich köstliches Obst und staune über das reichhaltige Gemüseangebot aus dem Umland. In L'Isle-sur-la-Sorgue durchstöbere ich reizvolle Antiquitätenläden und beobachte anschließend bei einer Tasse Kaffee das bunte Treiben in den Straßen. Morgen, so nehme ich mir vor, werde ich nach Arles und Nîmes fahren, vielleicht aber auch nach Avignon mit seiner berühmten Brücke.

Später, im noch lichtdurchfluteten Speiseraum des Hotels, entscheide ich mich für ein erlesenes Diner mit einer Auswahl von Käsesorten der Region. Die Speisekarte hat der Sohn des Hauses Edouard Loubet, zusammengestellt, der als jüngster Chefkoch des Landes einen Michelinstern errang. Und das schmeckt man auch ...

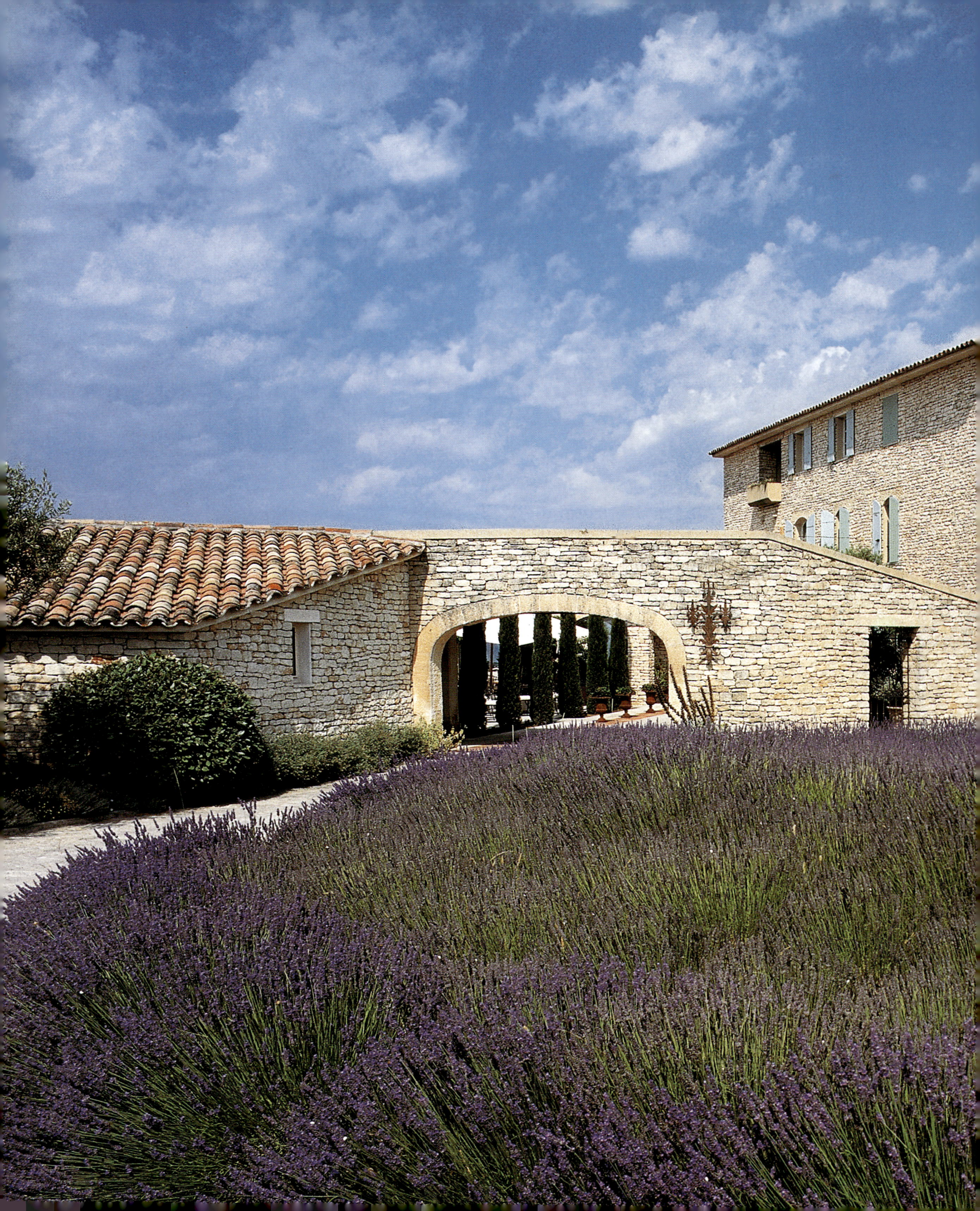

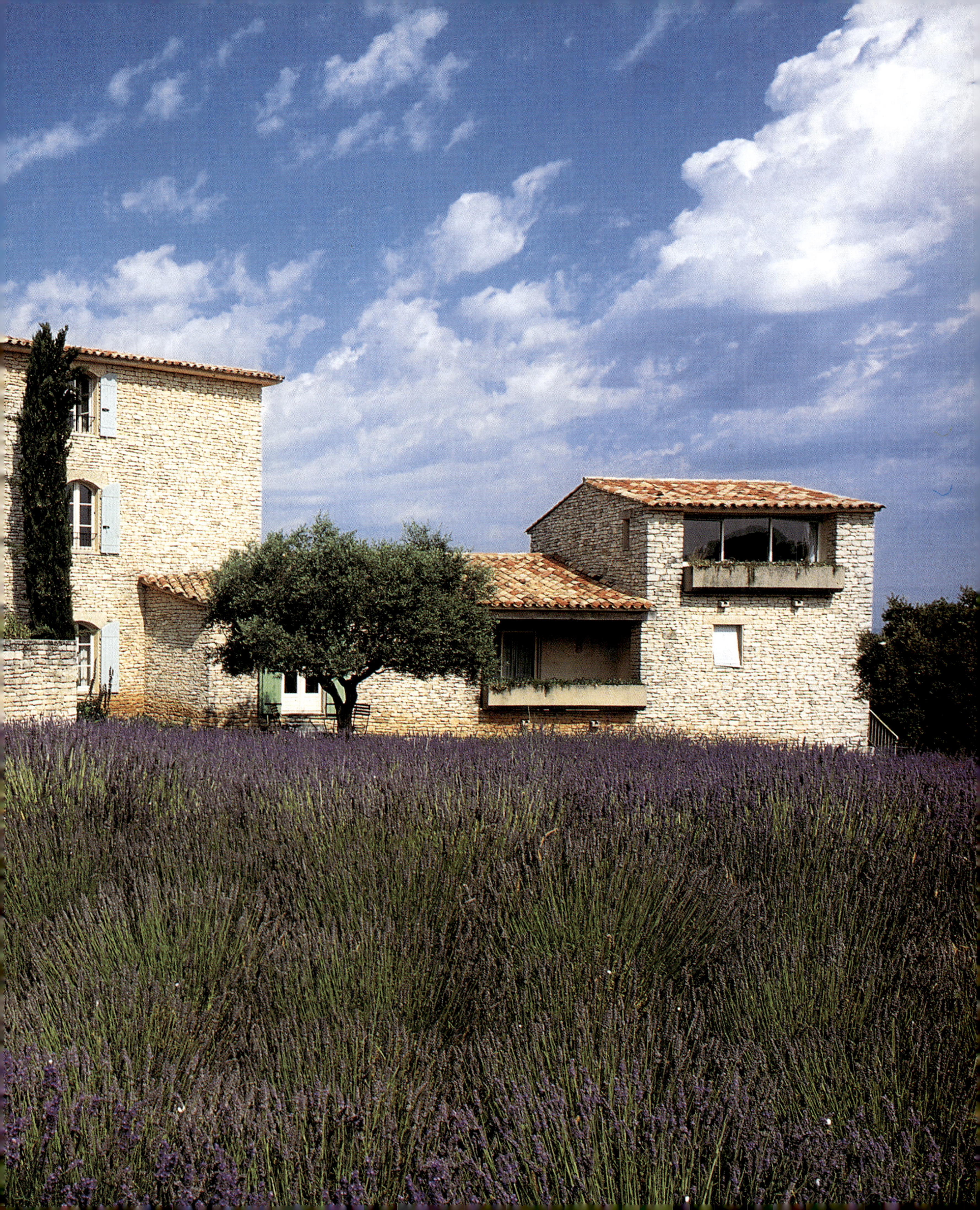

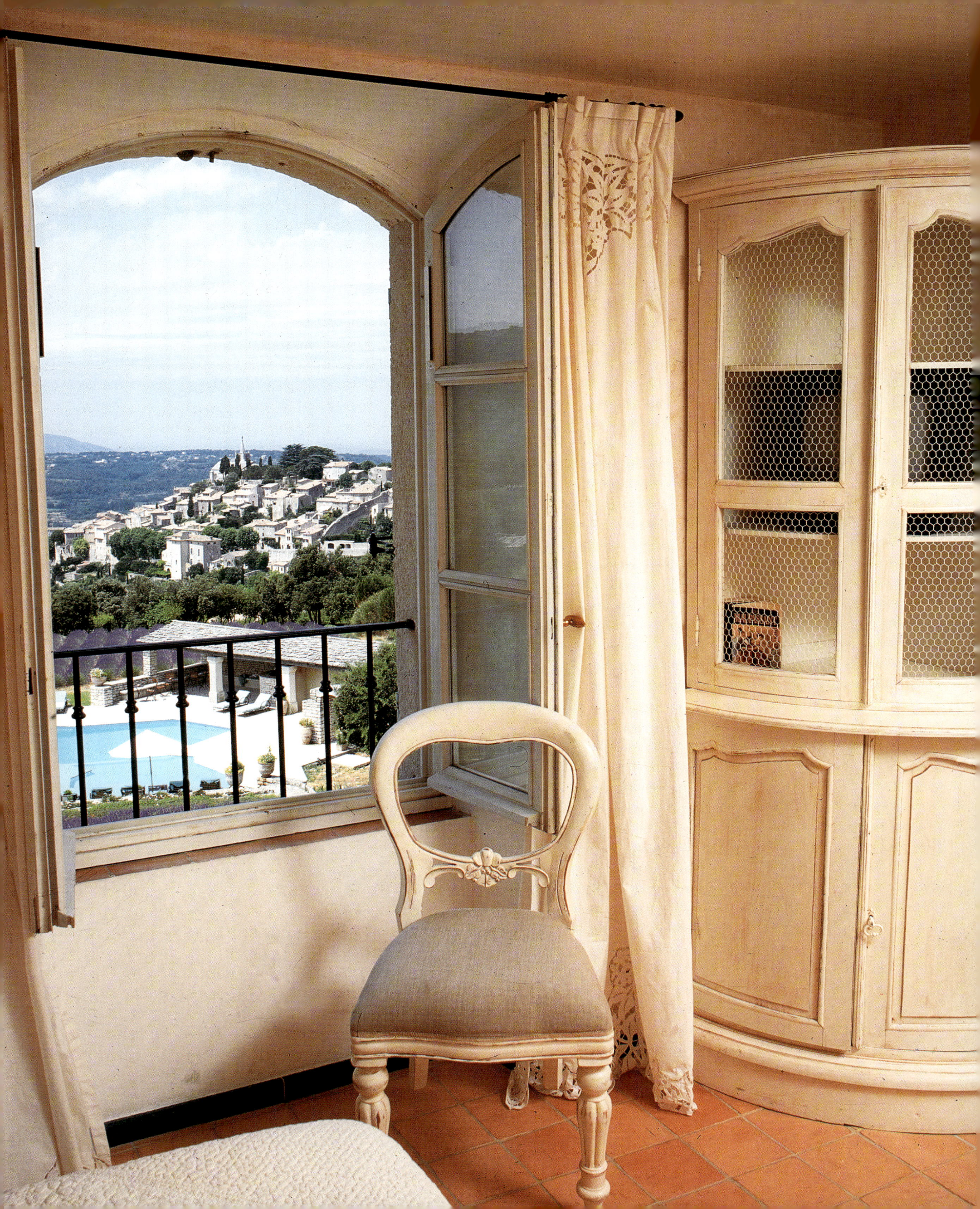

163

Villa Gallici

Nur einen Katzensprung vom Zentrum von Aix-en-Provence mit seinen roten, rosa- und terracottafarbenen Dächern, seinen noblen Herrenhäusern aus leuchtend gelbem Stein und seinen plätschernden Springbrunnen auf südlich anmutenden Plätzen, entfernt, haben zwei Innenarchitekten ((decorateurs)), Gil Déz und Charles Montemarco, in Zusammenarbeit mit Daniël Jouve ein provenzalisches Landhaus aus dem 18. Jahrhundert in eine exquisite Hotel-Residenz mit 22 Zimmern verwandelt.

Neben den für die Provence charakteristischen warmen Pastelltönen weist die Ausgestaltung des Gebäudes auch italienische und britische Einflüsse auf. Alle Zimmer haben eine eigene Terrasse oder einen kleinen Privatgarten und liegen ganz in der Nähe des einladenden Schwimmbeckens, das sich inmitten eines im florentinischen Stil gehaltenen Gartens befindet und von herrlich gewachsenen alten Zypressen umgeben ist.

Ein ganzes Heer von engagierten Hausangestellten in blendend weißen Schürzen sorgt ebenso unauffällig wie unermüdlich dafür, daß in der Villa Gallici auch das winzigste Detail liebevoll gepflegt wirkt: Die vielen silbernen Ziergegenstände sind stets frisch poliert, und jedes kleinste Stäubchen auf den Bilderrahmen wird sofort entfernt. Die Finesse geht hier sogar so weit, daß der Fußboden und die kostbaren Teppiche mit Lavendelextrakt besprenkelt werden, so daß der Salon, das Restaurant und die Bar von diesem für die ganze Gegend so typischen Duft erfüllt sind.

Bei schönem Wetter serviert man den Gästen die köstlichsten provenzalischen Mahlzeiten nicht nur im stimmungsvollen Restaurant, sondern auch am idyllischen Schwimmbad oder auf der romantischen Terrasse unter schattenspendenden Platanen.

Kurz: Die Villa Gallici ist ein Hotel, wie man es nur einmal unter tausend findet.

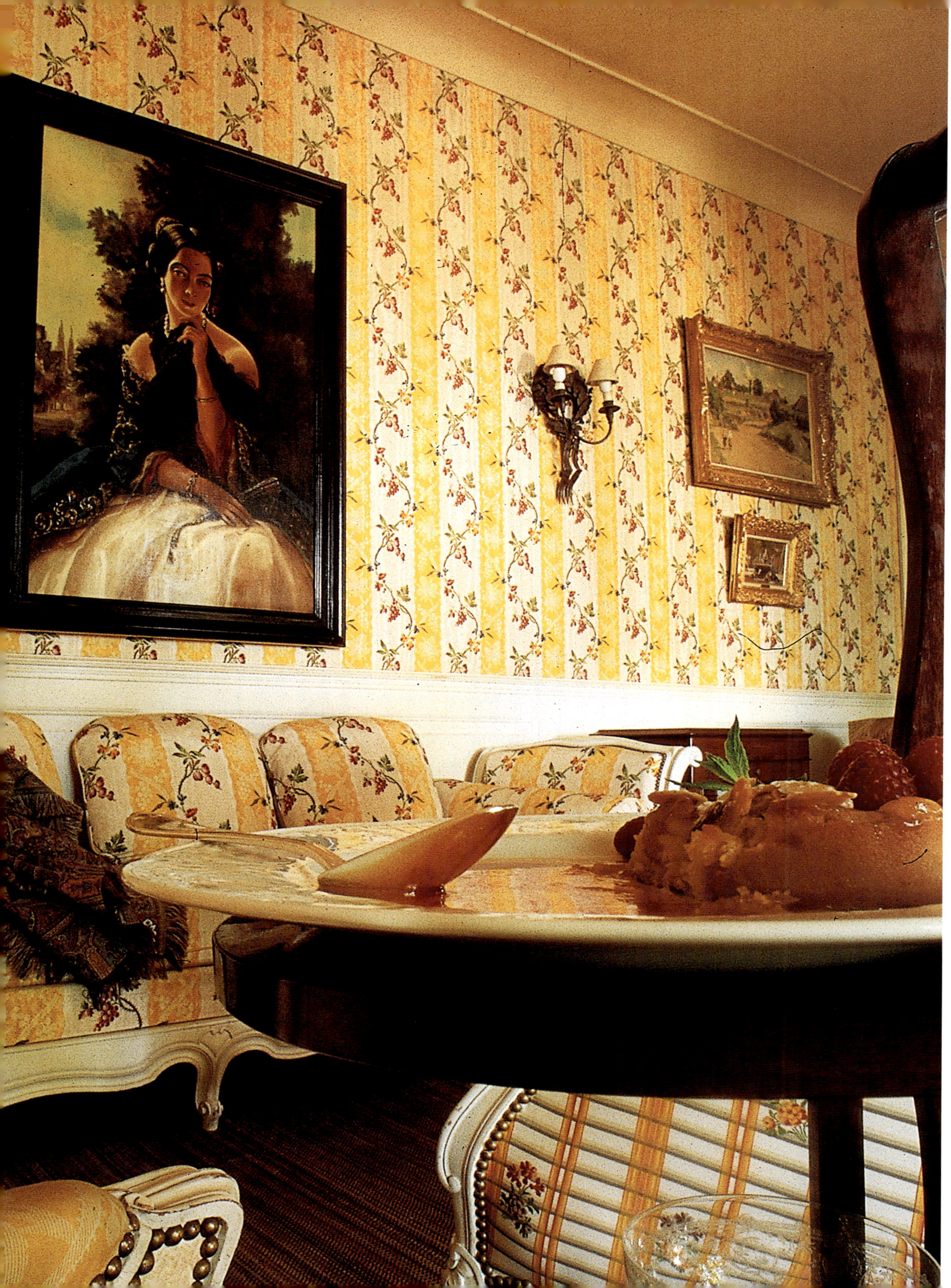

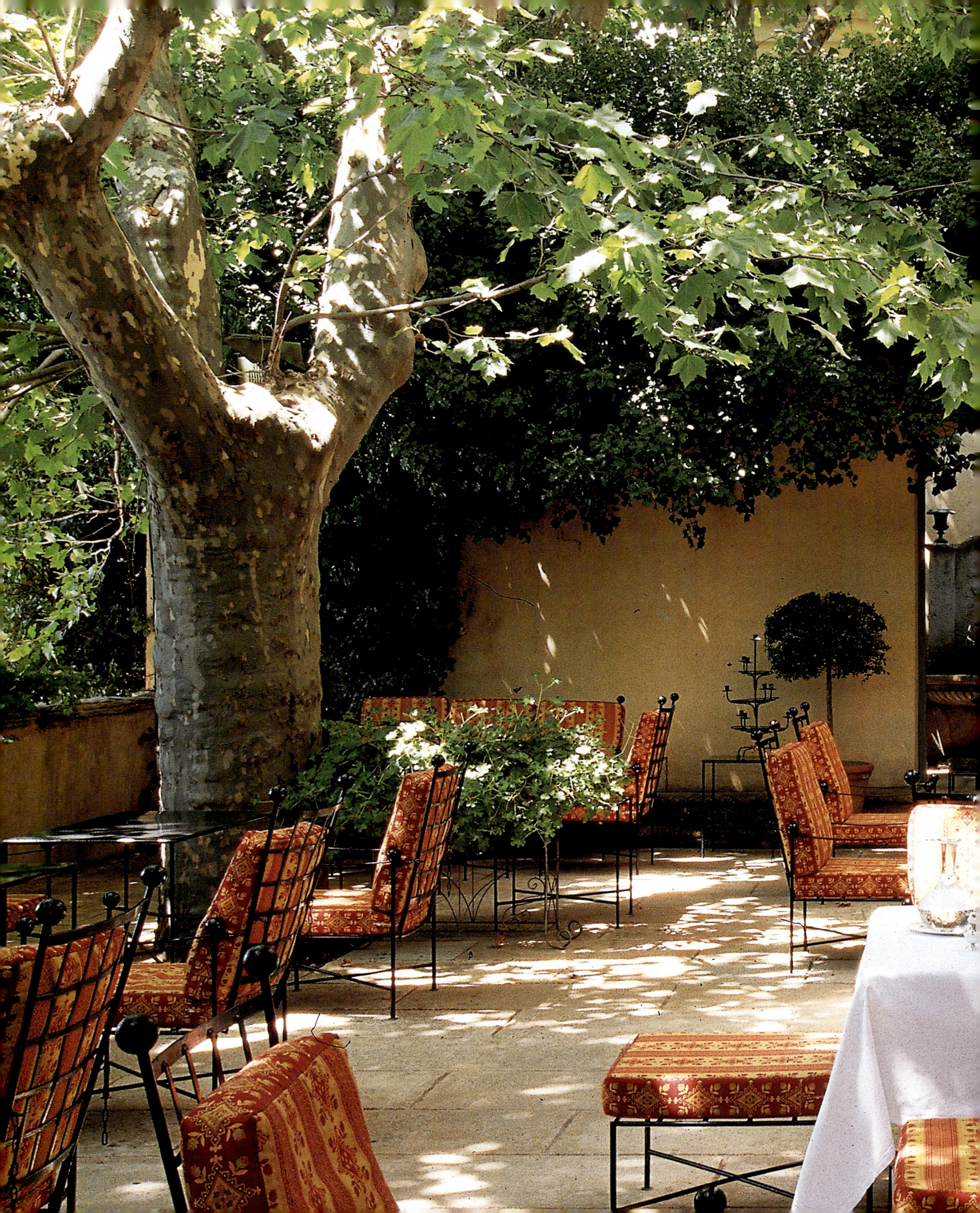

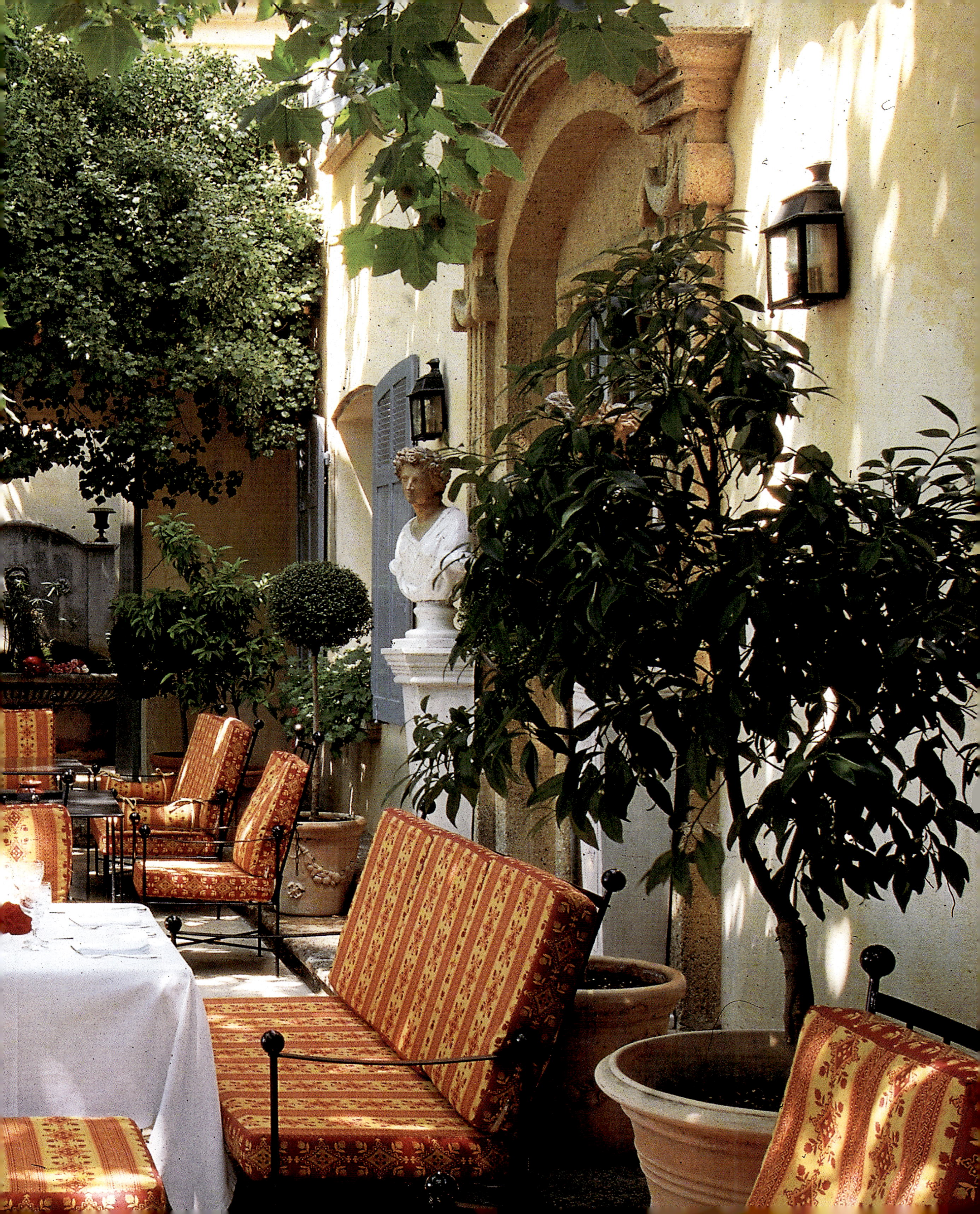

Engagiertes Personal sorgt für Perfektion bis ins winzigste Detail.

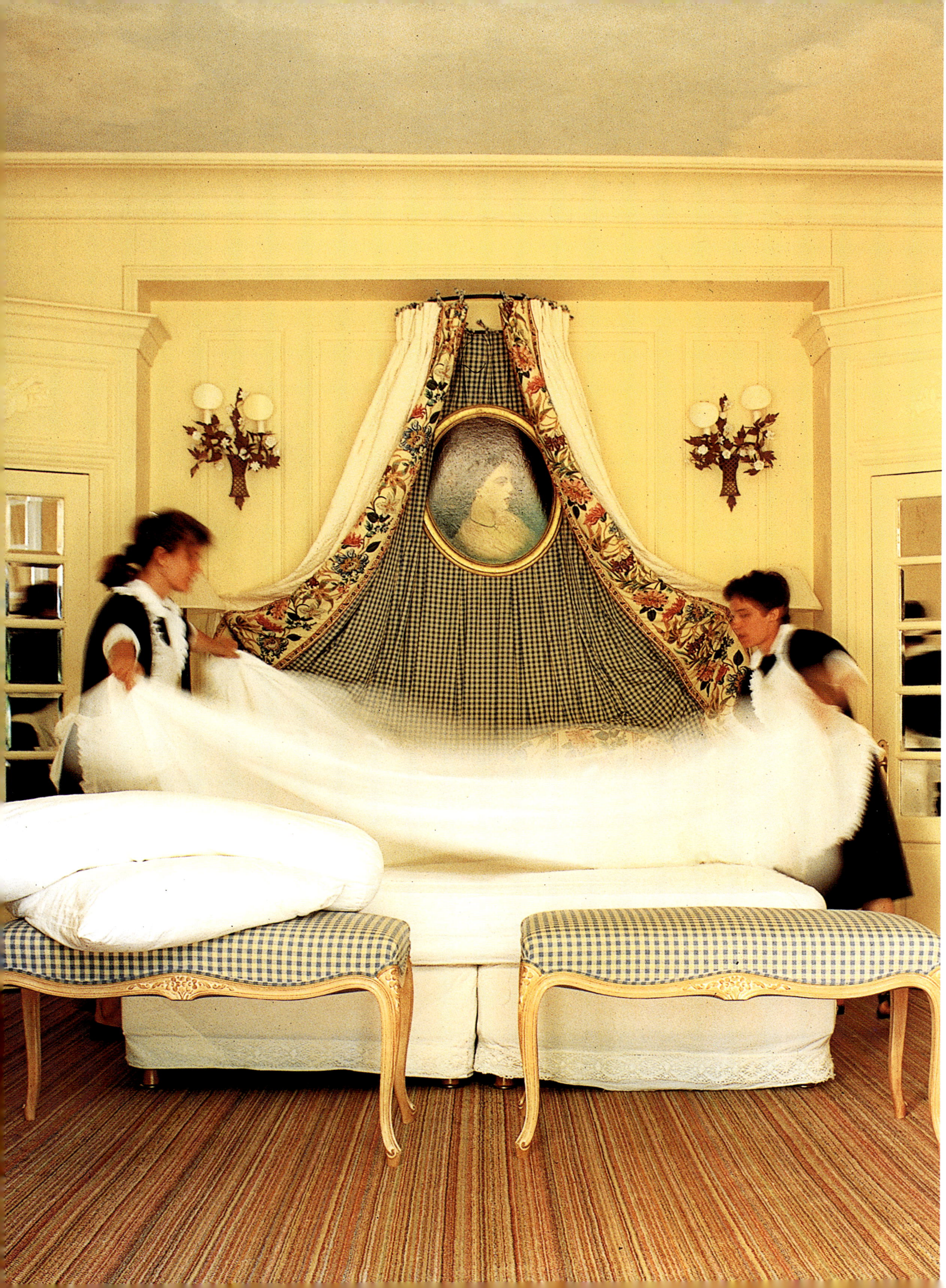

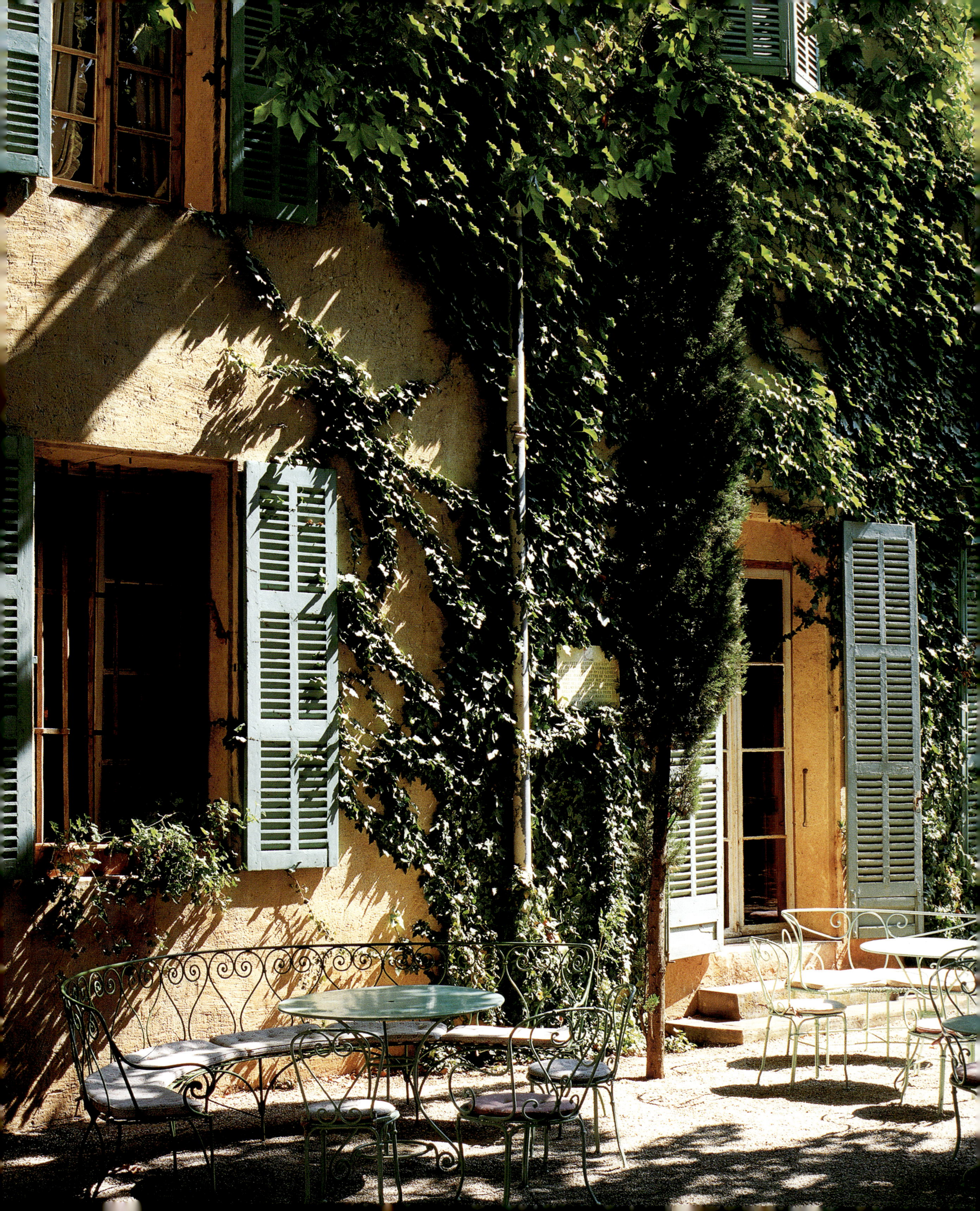

Le Relais de la Magdeleine

Der Tag war warm, einer der wärmsten des provenzalischen Sommers. Doch nun versinkt die Sonne hinter den Hügeln, und ich sitze an einem herrlich gedeckten Tisch mit funkelndem Tafelsilber und nippe an einem mir unbekannten, aber überaus köstlichen Wein, während ich die Speisekarte studierte. Eine kühle Brise streicht durch die Orangerie, und mittlerweile haben auch an den anderen Tischen Gäste Platz genommen. Ich sonne mich in dem Bewußtsein, zu den *happy few* zu gehören, mich als Ehrengast fühlen zu dürfen.

Hier, im Relais de la Magdeleine, nimmt dies auch nicht wunder: Das Ehepaar Marignane verwöhnt die Hotelgäste nach Kräften. Das Hotel steht inmitten einer friedvoll wirkenden Gartenanlage mit hohen Bäumen und Statuen aus dem 18. Jahrhundert, einem einladenden Schwimmbad und einer großen, herrlichen Terrasse, auf der man das Plätschern von Springbrunnen im Hintergrund hört. Die Lounge ist mit Möbeln im Stil Louis-treize eingerichtet, und im eleganten Speisesaal beeindrucken das wunderschön gearbeitete Parkett und kunstvolle Intarsienarbeiten. Eine ausladende Treppe führt zu den luxuriösen Hotelzimmern mit ihren Marmorbädern. In meinem Zimmer habe ich eine faszinierende Trompe-l'œil-Malerei unter den breiten Fenstern vorgefunden, außerdem Wandmalereien im Stil des 18. Jahrhunderts.

Doch jetzt, in der Orangerie, wird es Zeit, meine Wahl aus der Speisekarte zu treffen. Die charmante Madame Marignane berät mich dabei, und schon bald steht vor mir eine herrlich duftende Suppe aus frischen Gemüsen, und ich freue mich auf ein Hauptgericht aus Lammfleisch und, so ist mir angekündigt worden, allerlei geheimen Zutaten.

Am liebsten würde ich das Relais de la Magdeleine als Geheimtip handeln, stammte das Hotel nicht aus dem Jahr 1935 und wäre weit und breit für seine exzellente Küche, seine ausgezeichneten Weine und die ruhige, freundliche Atmosphäre bekannt.

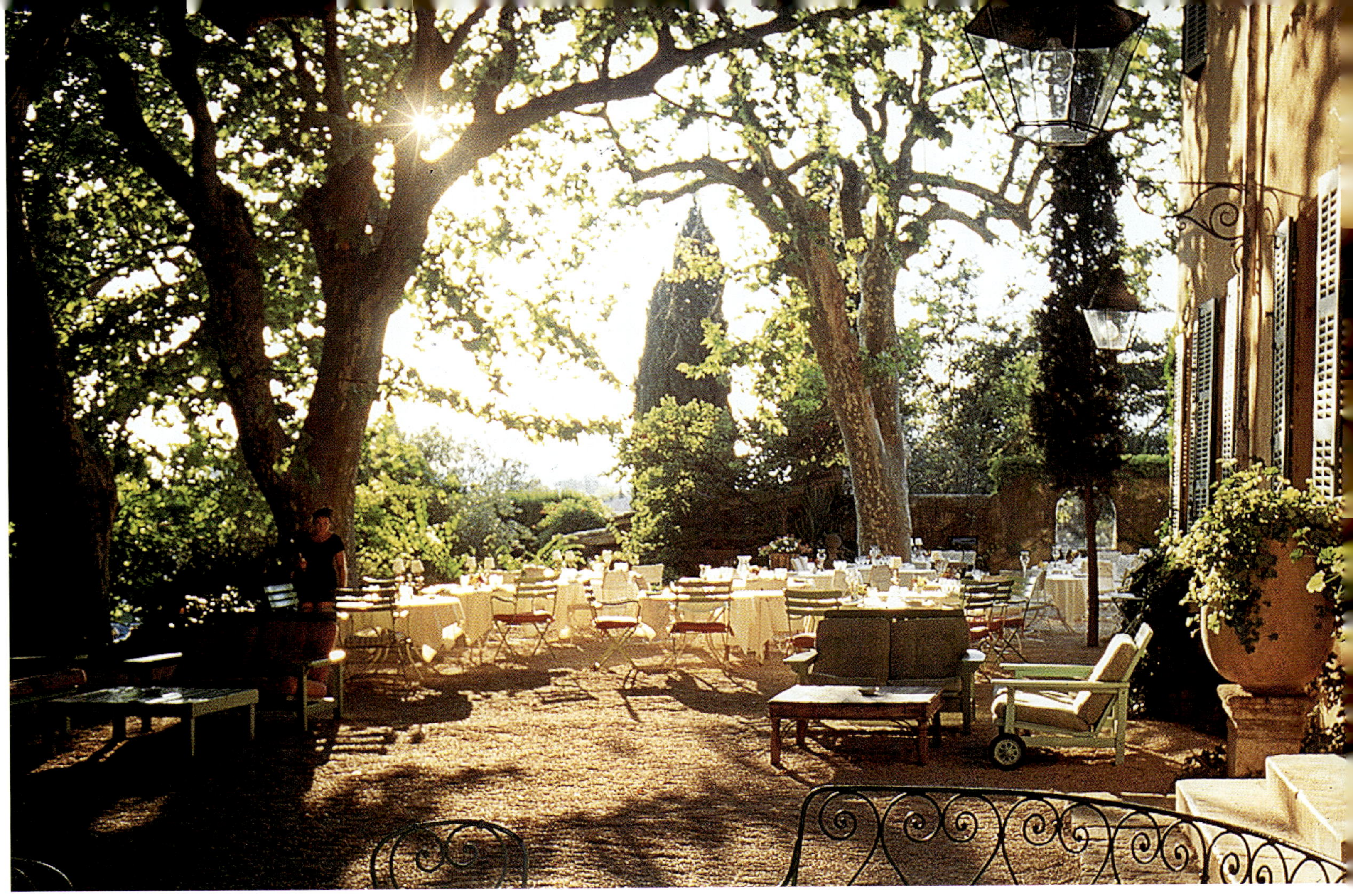

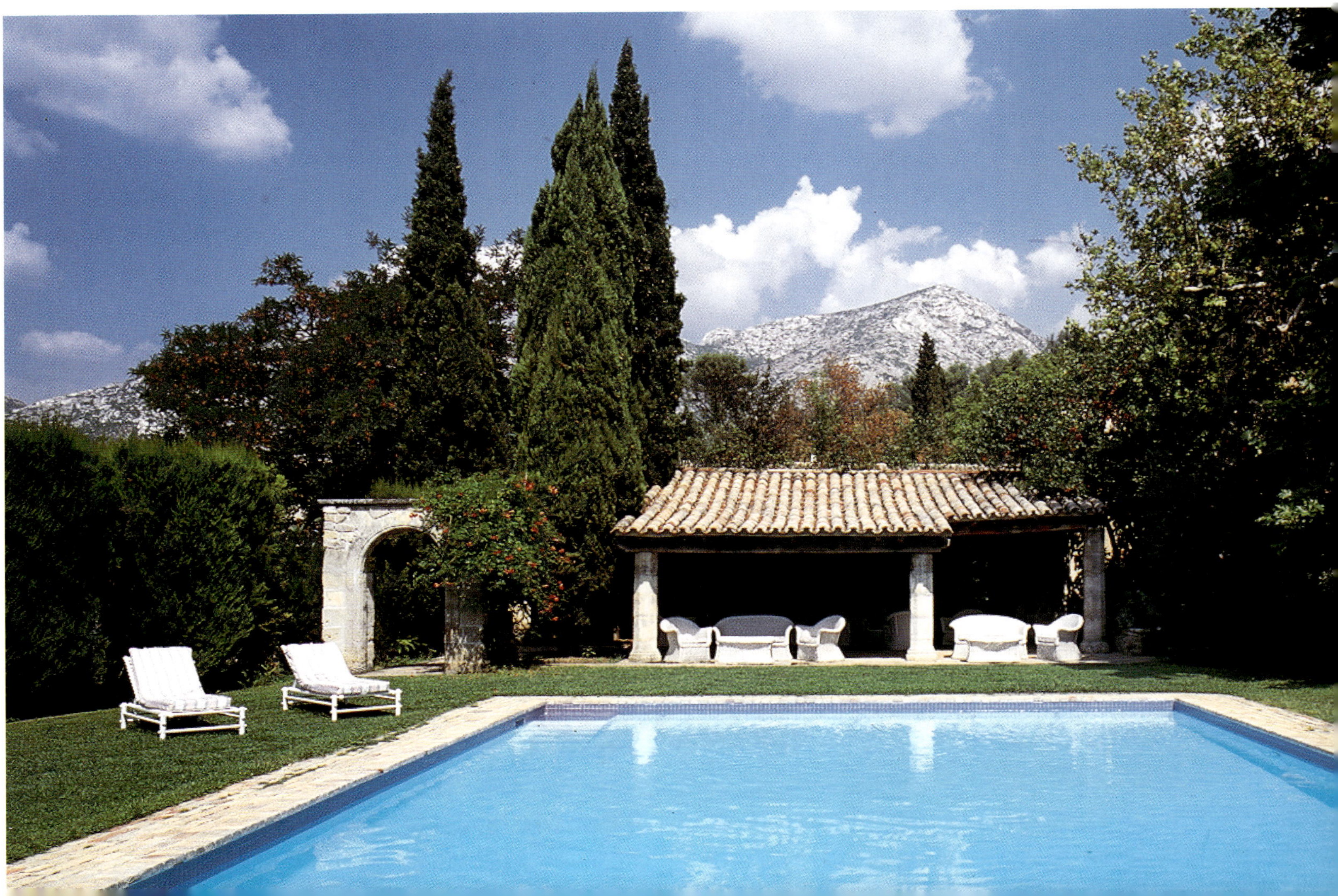

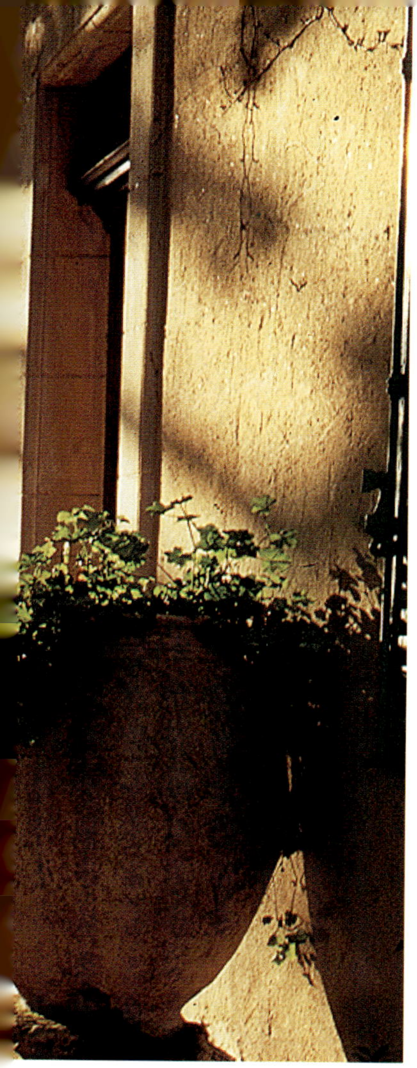

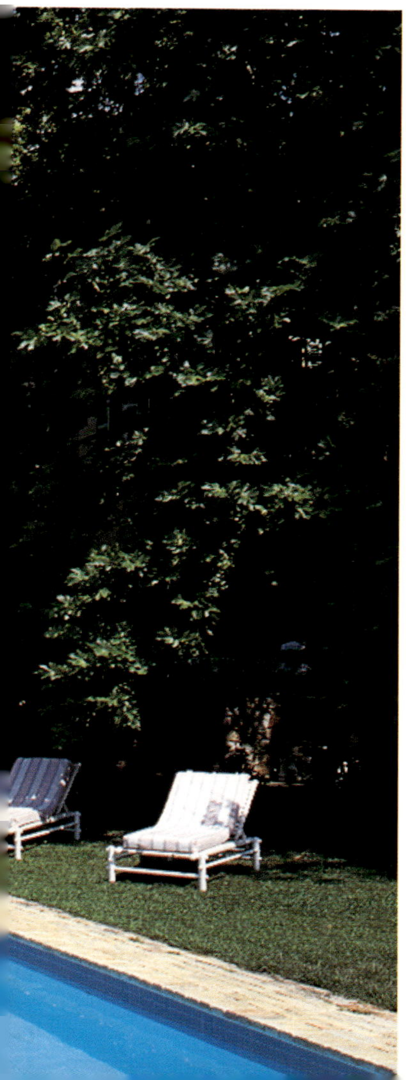

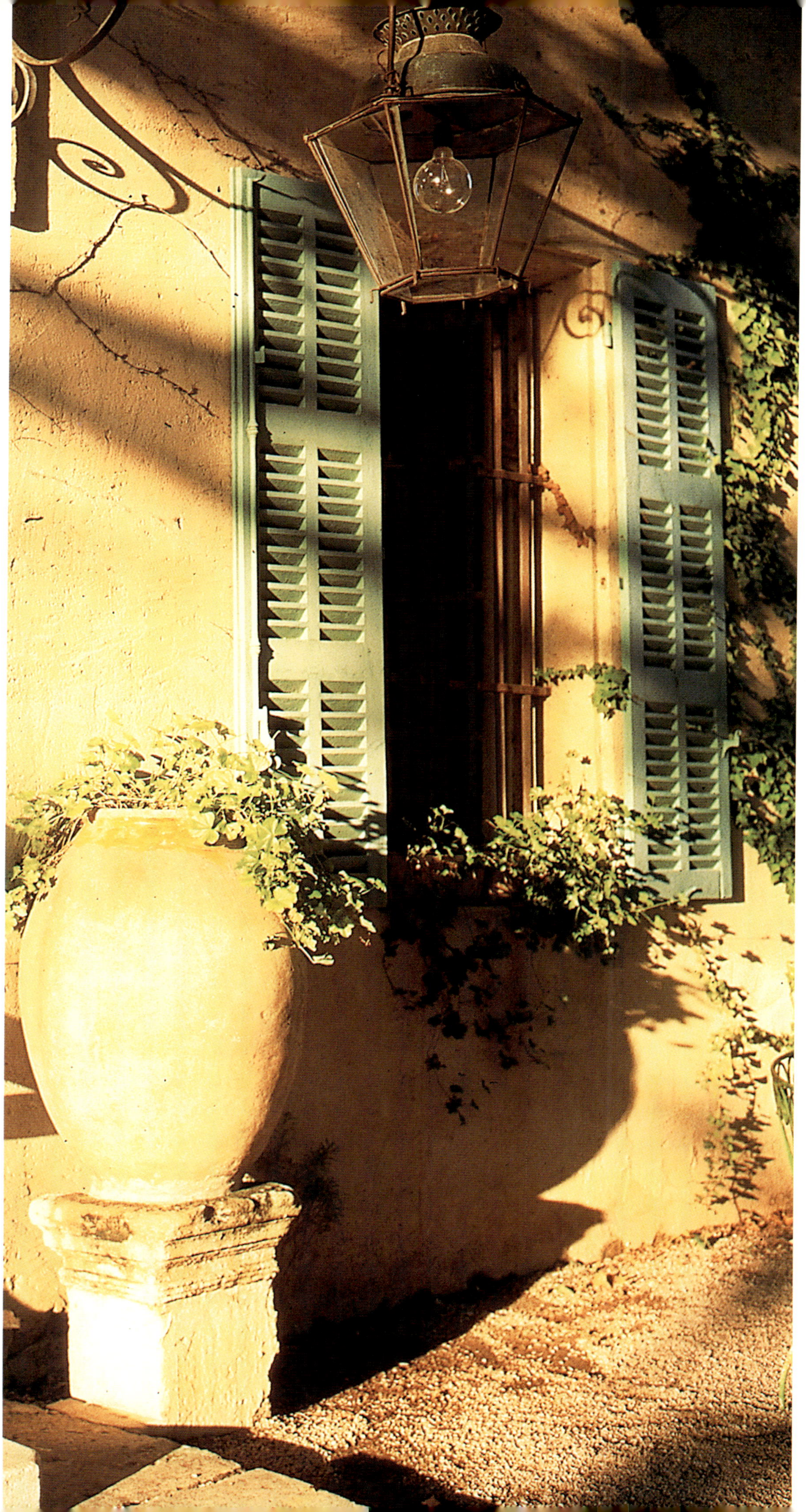

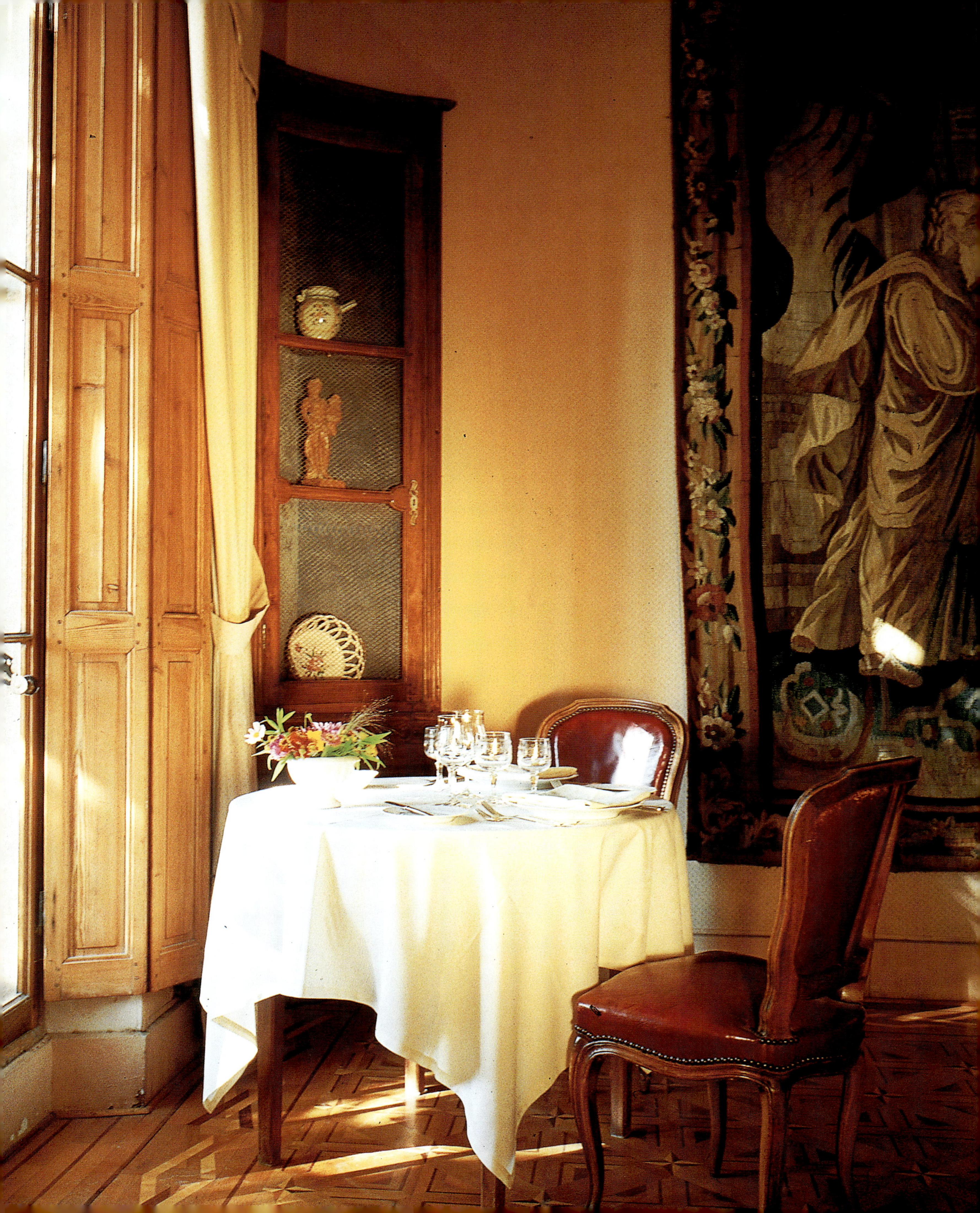

Im Spiesesaal beeindrucken wunderschönes Parkett und Intarsienarbeiten; eine breite Treppe führt zu den luxuriösen Zimmern.

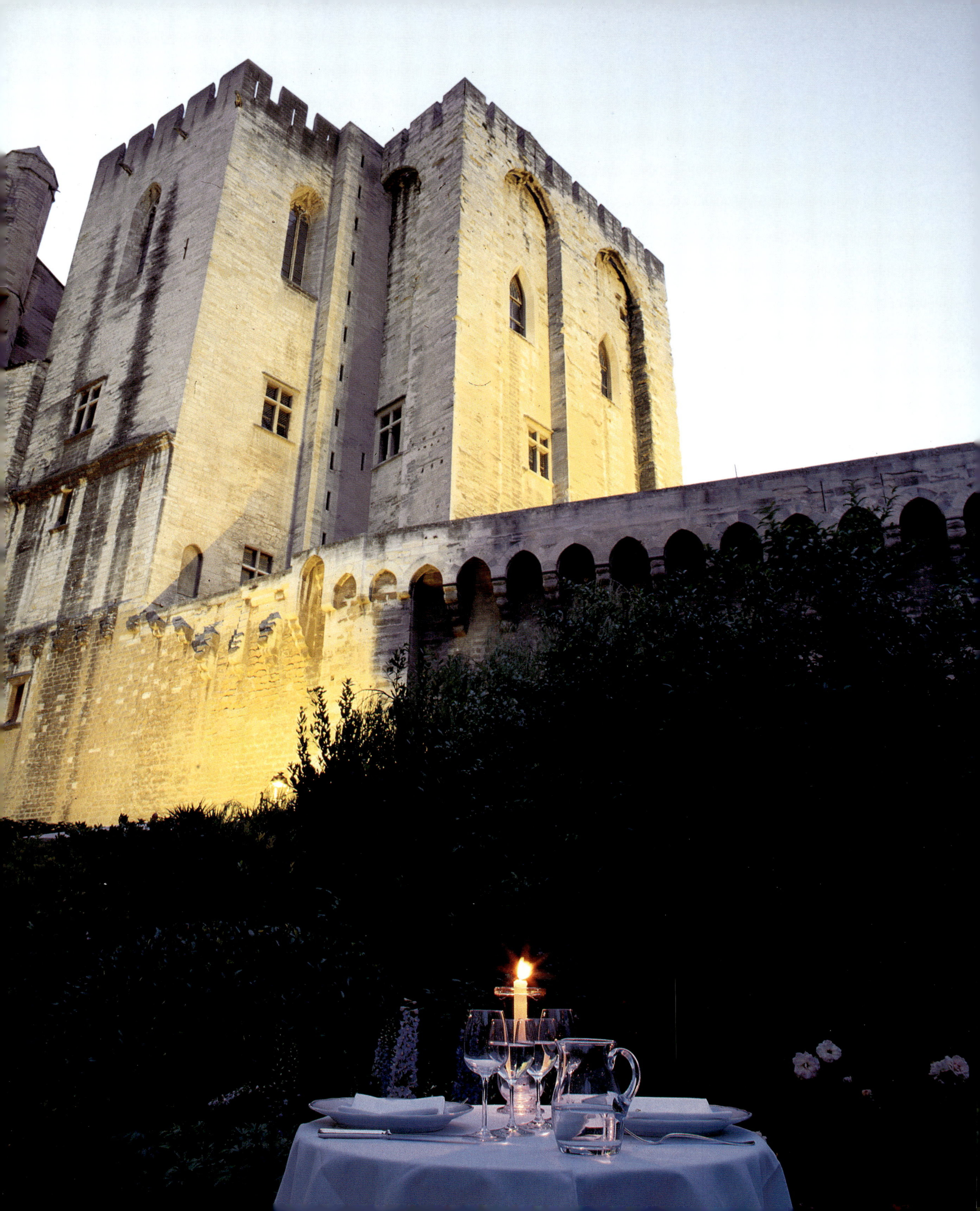

La Mirande

In einer stillen Straße mit Klinkerpflaster in Avignon, direkt gegenüber dem Papstpalast, liegt ein Traumhotel, das eigentlich viel zu schön ist, um "Hotel" genannt zu werden ... Denn hinter der würdevoll emporragenden zartgelben Fassade verbirgt sich eine überaus elegante, luxuriöse Welt.

Das Gebäude aus dem 17. Jahrhundert diente einst einem Kardinal als Residenz, und die heutigen Besitzer, die Familie Stein, machten La Mirande zu ihrem Lebenswerk. Der Sohn des Hauses, Martin, gab sogar sein Medizinstudium auf, um sich ganz der Restaurierung nach historischen Prinzipien widmen zu können. Gemeinsam mit dem Architekten François-Joseph Graf trug er alte Bilddokumente und authentisches Baumaterial zusammen: Dachziegel, Steine, Fenster aus geblasenem Glas... Mit Hilfe von Handwerkern, Kunstschmieden und Malern wurde Stück für Stück die Atmosphäre eines Familiensitzes aus längst vergangener Zeit neu geschaffen. Das Holzwerk, die Treppe mit ihrem reichverzierten Geländer, die rosa-ockerfarbene Patina an den Wänden des Speiseraums und die herrliche Decke im Stil des 15. Jahrhunderts - alles harmoniert aufs schönste miteinander. In historischen Musterkollektionen suchte man nach passenden Tapeten und Stoffen, um die Gästezimmer auszustatten; ein Hauch Fernost durchweht das provenzalische Ambiente. All dies kombinierten die Steins mit Möbelunikaten und allerlei kostbaren Ziergegenständen, die sie von ihren Reisen mitgebracht hatten. So kam eine märchenhaft anmutende Mischung von Stilen, Epochen und Erinnerungen zustande.

Jedes der neunzehn Zimmer ist individuell gestaltet, und selbst die kleinsten Details sind so gewählt, daß sie dem Gast Wohlbefinden vermitteln. Geradezu ein Inbegriff von Luxus sind die marmornen Bäder mit ihren altenglischen Armaturen.

Die Küche bietet - erwartungsgemäß - unwiderstehliche Köstlichkeiten, und wer sich von dem Küchenchef Daniel Hébet in seine Geheimnisse einweihen lassen möchte, kann im Souterrain des Hauses in einem anheimelnden Raum mit weißen Wandfliesen aus einer alten Marseiller Brasserie, umgeben von Küchenschränken voll provenzalischer Keramik, an einem Kochkurs teilnehmen. Mit Alain Davis Rezepten nimmt man ein Stückchen des La Mirande mit nach Hause und kann später in kulinarischen Erinnerungen schwelgen ...

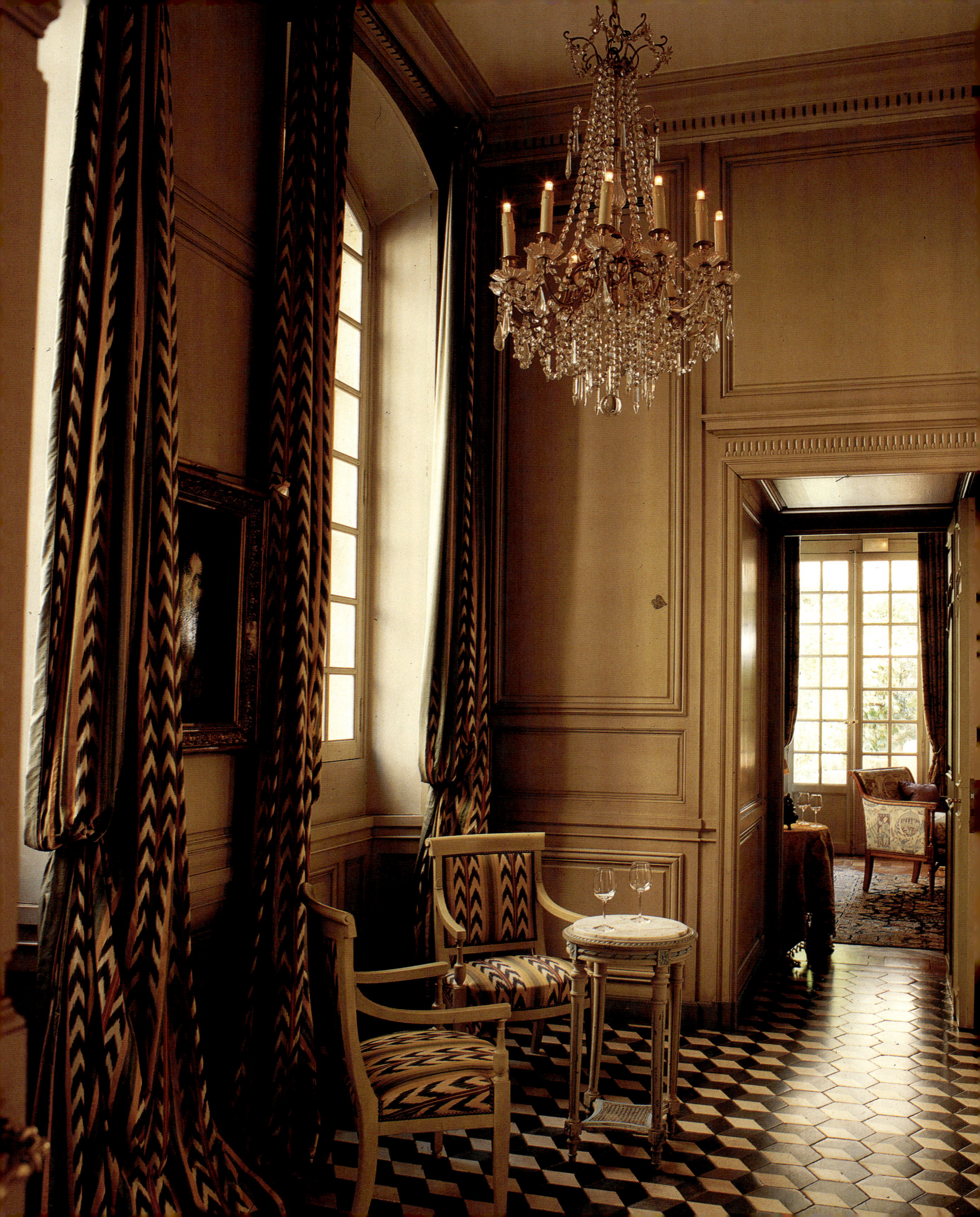

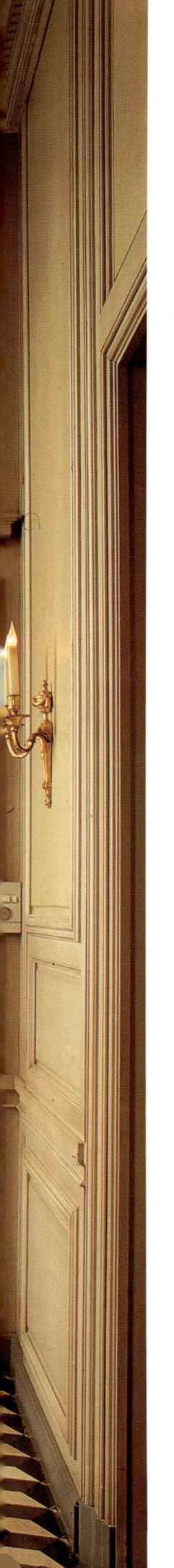

In dem Gebäude aus dem 17. Jahrhundert residierte einst ein Kardinal.

180

Hier vereinen sich Pracht und Eleganz.

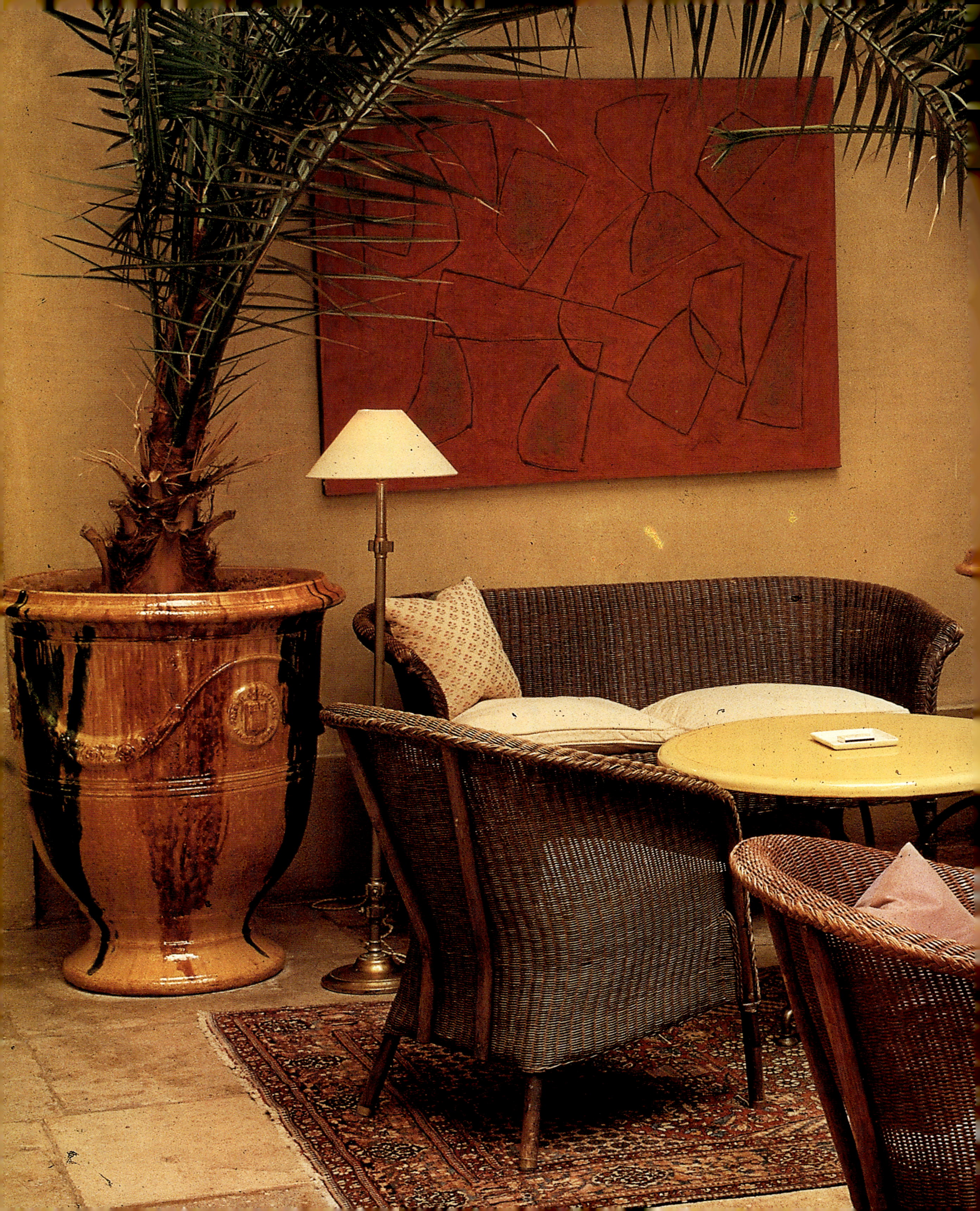

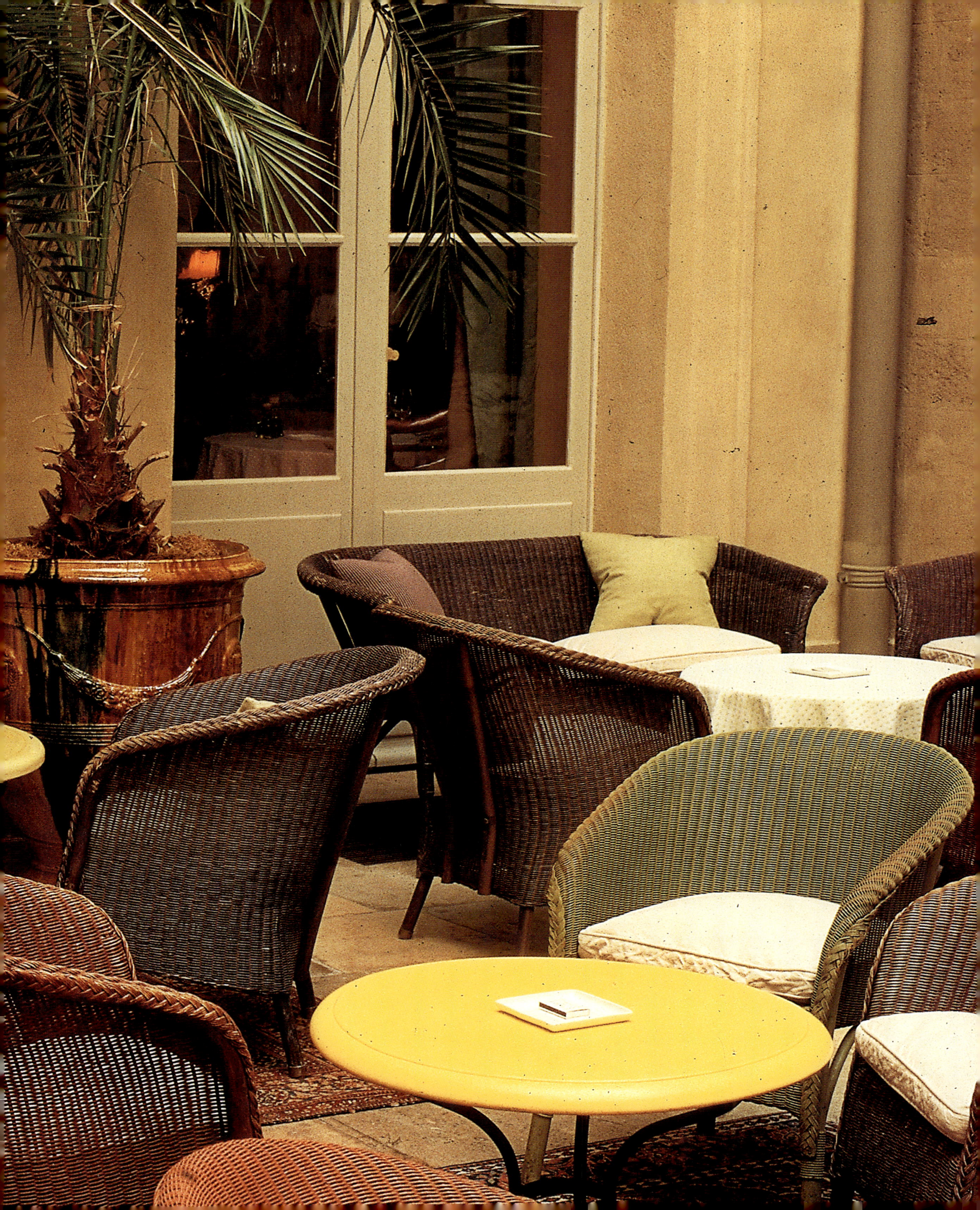

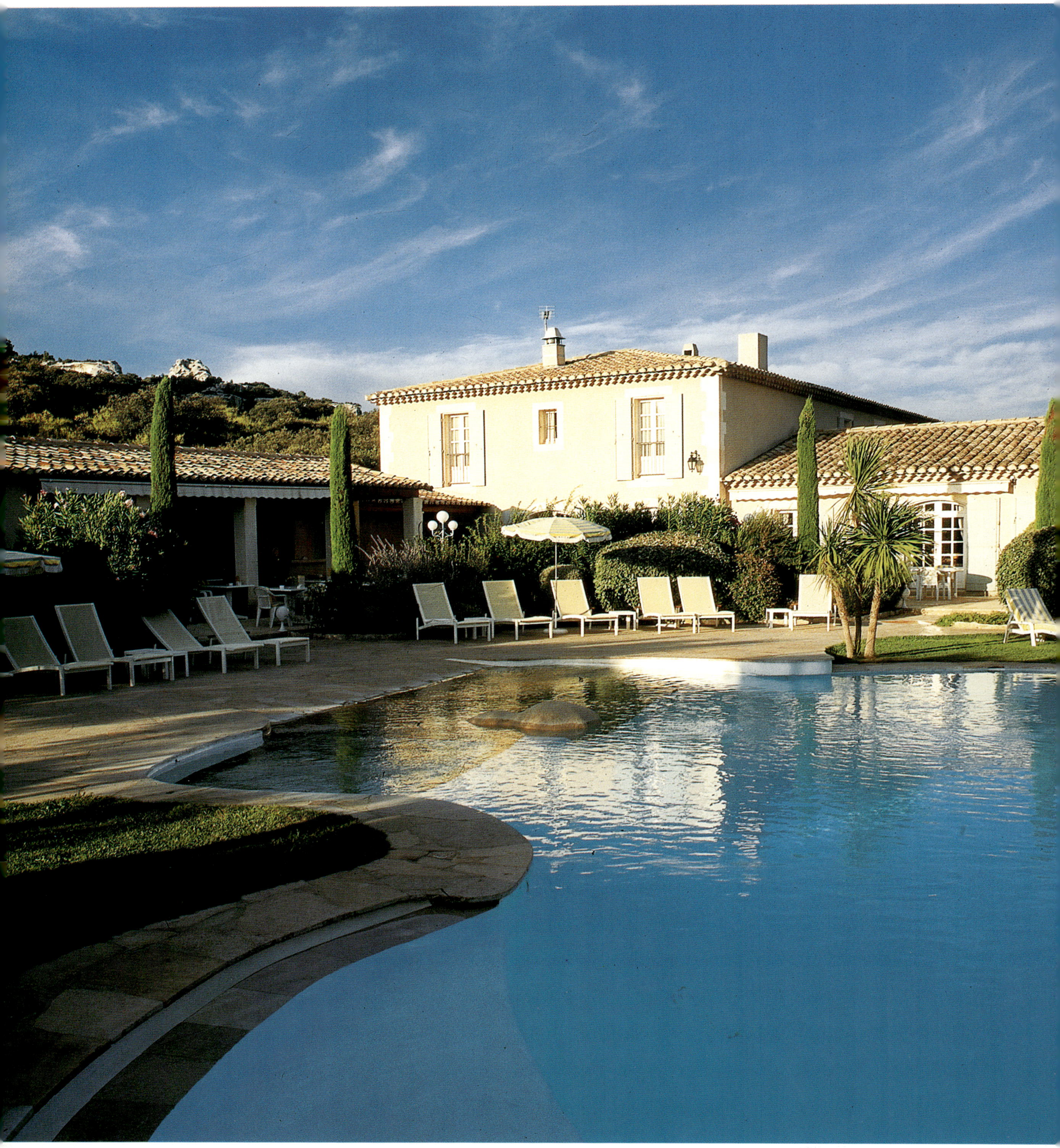

Le Mas de l'Oulivié

Am Rand des Dorfes Les Baux-de-Provence liegt, umgeben von Olivenbäumen, ein Hotel in atemberaubender Kulisse. Das Anwesen Mas de l'Oulivié wurde zwar erst in jüngerer Zeit erbaut, doch es fügt sich so perfekt in seine Umgebung ein, daß man den Eindruck hat, es sei schon immer dagewesen.

Bereits beim Betreten der luftigen, geräumigen Empfangshalle fühlt man sich zu Hause. Alles wirkt hell und angenehm, die Einrichtung ist äußerst geschmackvoll, und bei der Ausstattung hat man der regionalen Architektur Rechnung getragen. Die Terrakotta-Bodenfliesen sind handgefertigt, für das Dach wurden alte Ziegel verwendet, und bei der Fassade wurden Steine aus Les Baux verarbeitet. Das Gebäude, das in hellem Sandstein gehalten ist und dessen Fensterläden zart mandelgrün gestrichen sind, strahlt Ruhe und Behaglichkeit aus.

In unserem Zimmer bestimmen helle Farben und rustikale Möbel von namhaften Designern aus der Region die Atmosphäre, und die wunderhübschen Stoffe, für die die Provence so berühmt ist, fügen sich harmonisch ins Bild. Urgé ließ sich von alten provenzalischen Motiven inspirieren, und die Suite ist mit den neuesten Mustern aus der Kollektion Souleiado dekoriert.

Besonders schön wirkt das Schwimmbad, das wie eine kühlende Oase der Landschaft zu entspringen scheint. Neben Felspartien wurde ein Kieselstrand angelegt, ein Jacuzzi steht bereit, und Liegestühle laden zum Entspannen ein. Ein schönerer Ort, an dem man die überwältigenden Farben und Düfte der Provence genießen kann, ist kaum vorstellbar.

Wir blicken auf den herrlichen Garten hinaus und lassen uns einen ganz vorzüglichen Salat mit reichlich Olivenöl servieren (der Hausmarke übrigens, mit einer eigenen *appellation*). Ein Genuß - wie alles hier.

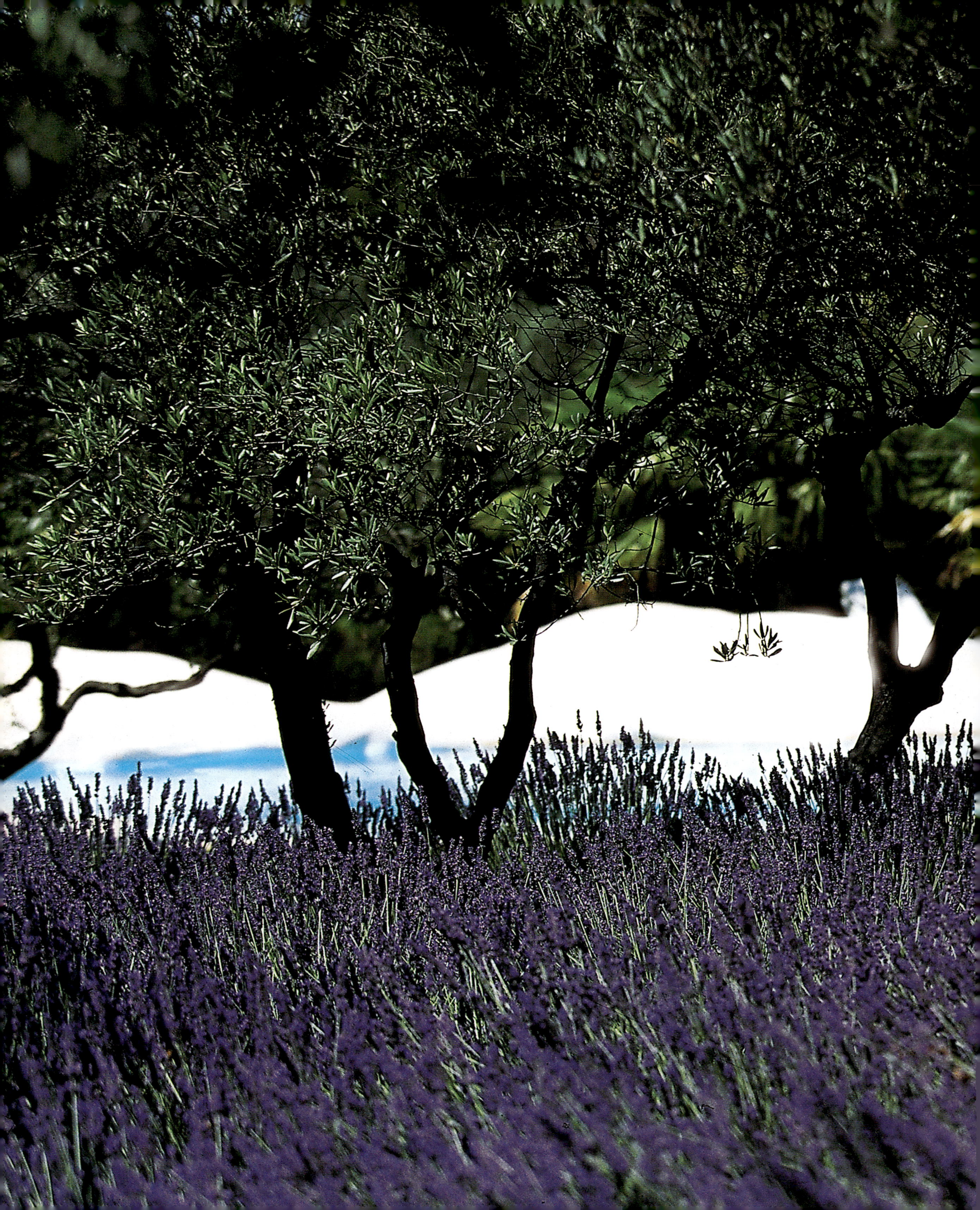

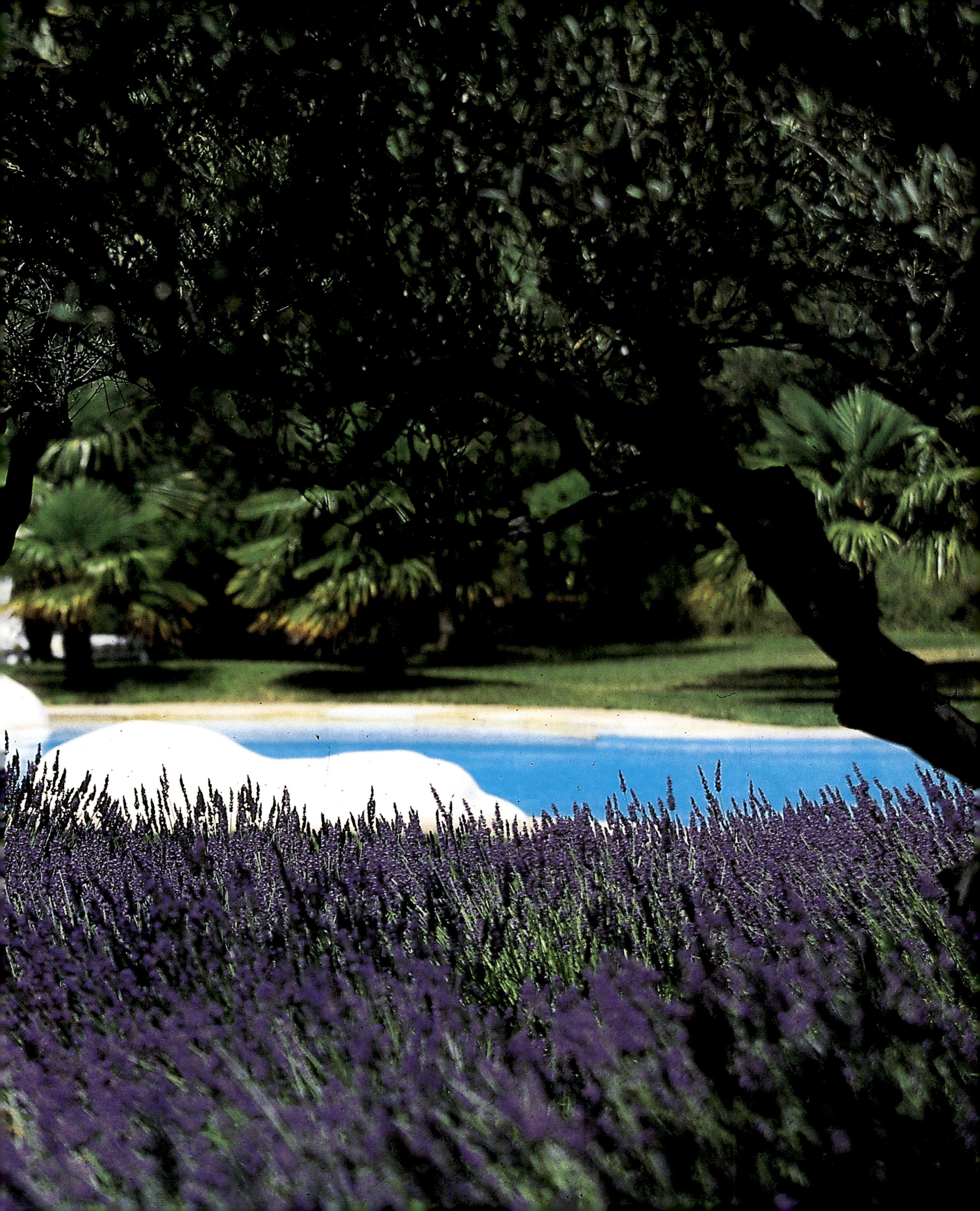

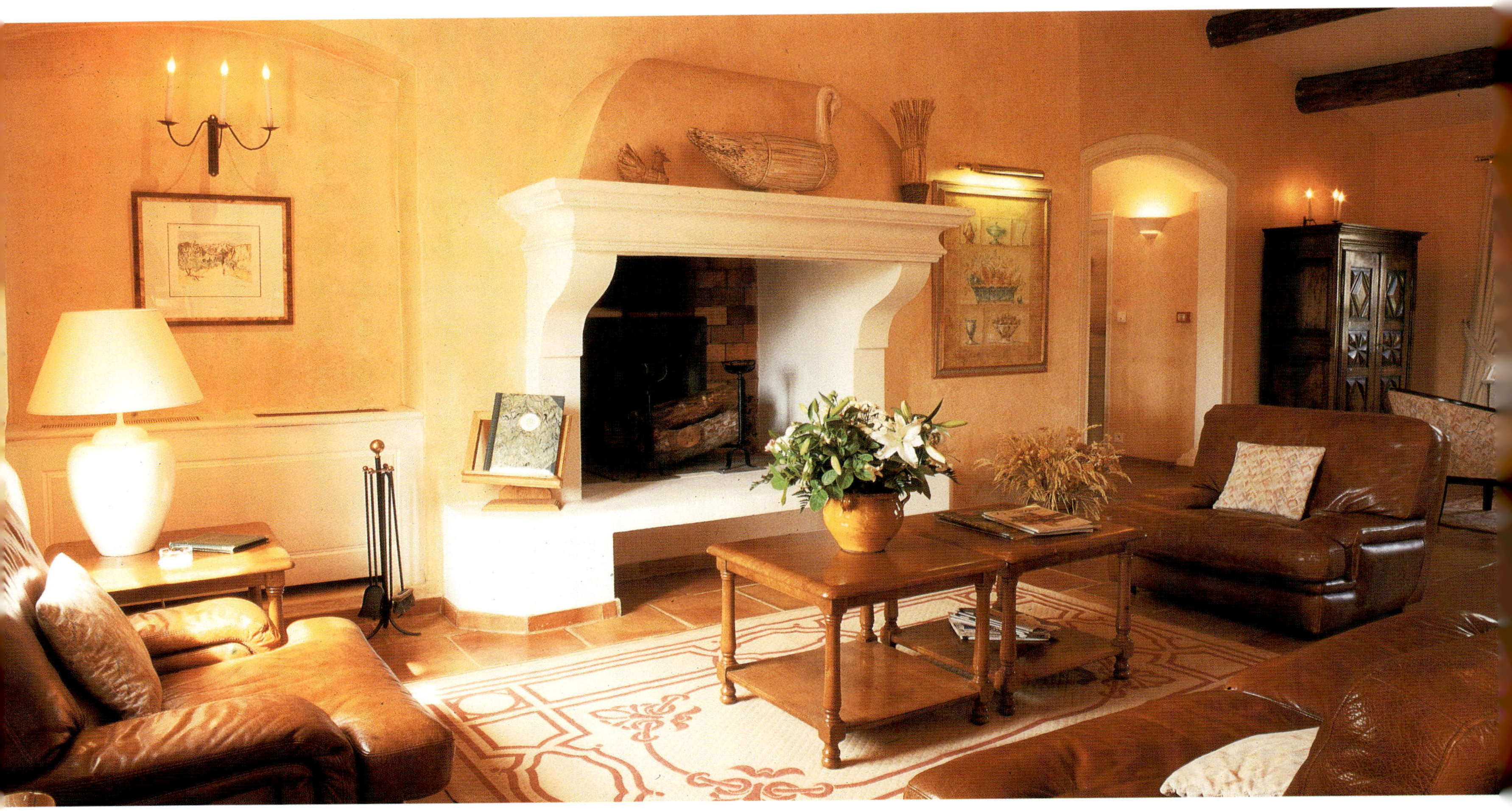

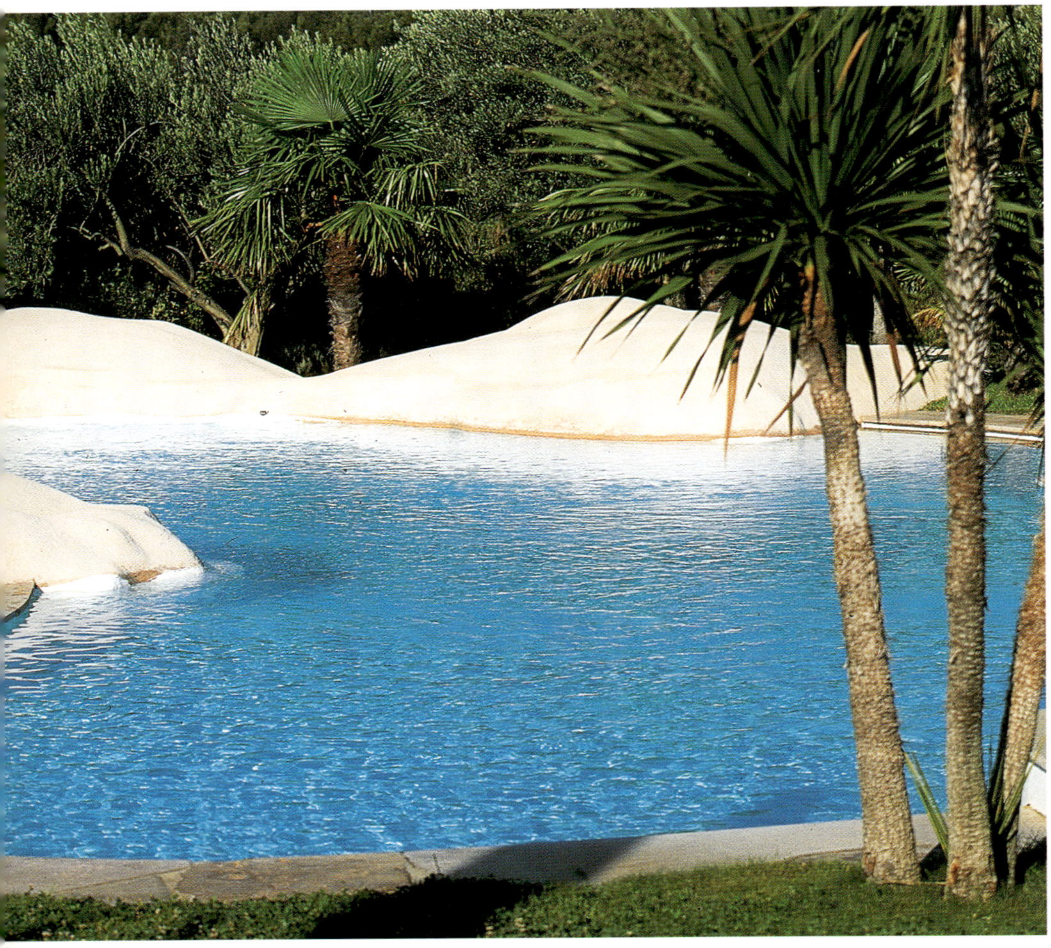

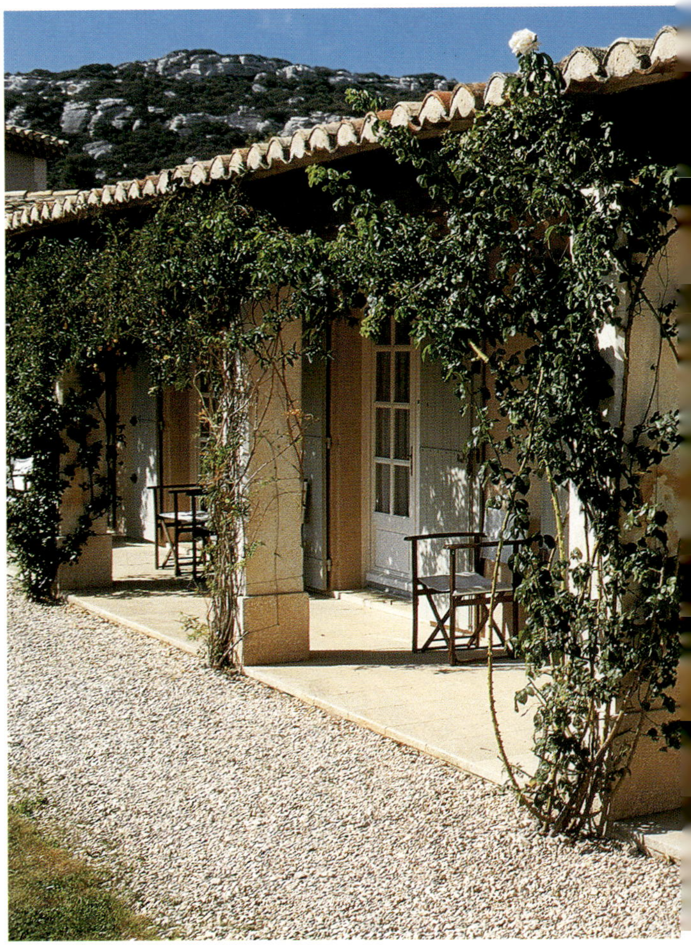

Am Fuß der Alpilles hat sich dieses Hotel seine eigene atemberaubende Kulisse geschaffen.

189

Le Mas de la Brune

Das Hotel Le Mas de la Brune, im Herzen der Provence am Rand eines reizvollen Dorfes in der Nähe von Arles gelegen, ist ein typischer Renaissancebau, ein wahres Juwel, das im Jahr 1572 für die Familie Isnard erbaut wurde. Seinen ansatzweise wehrhaften Charakter - ein Turm, kleine Fenster im untersten Stockwerk - mildern verspielte Ornamente und die vielen Annehmlichkeiten, die bewirken, daß man sich heimisch fühlt.

Betritt man das Hotel durch die schwere Eingangstür aus Eichenholz, sieht man mit einem Blick, daß auch die Einrichtung exquisit gewählt ist: In den eleganten Räumen mit ihren Steingewölben scheint die Vergangenheit fortzuleben, und die wunderschönen hellen Möbel sorgen für eine entspannte und heitere Atmosphäre.

Das Hotel wirkt fast wie ein Museum, aber eines voller Leben und Freundlichkeit. Unser Zimmer ist im romantischen Stil der Region eingerichtet, und die warmen Terracotta-Wände und das prachtvolle Himmelbett prägen die Atmosphäre. Lavendel- und Rosenduft weht uns entgegen, als wir das Fenster öffnen, die Luft des Südens einatmen und die sanfte Brise genießen, die in den Blättern der Kastanienbäume spielt. Doch bald locken das Schwimmbad und vor allem die bequemen Liegestühle am Rand. Wir nehmen ein ausgiebiges Sonnenbad und fühlen uns wie im Paradies.

Später, bei einem Drink am Kamin, beschließen wir, im Dorf essen zu gehen. Auf dem gemächlichen Spaziergang dorthin wollen wir den Duft der Kräuter und Blumen genießen, dem Zirpen der Grillen lauschen und uns auf die köstliche Mahlzeit freuen, die uns erwartet.

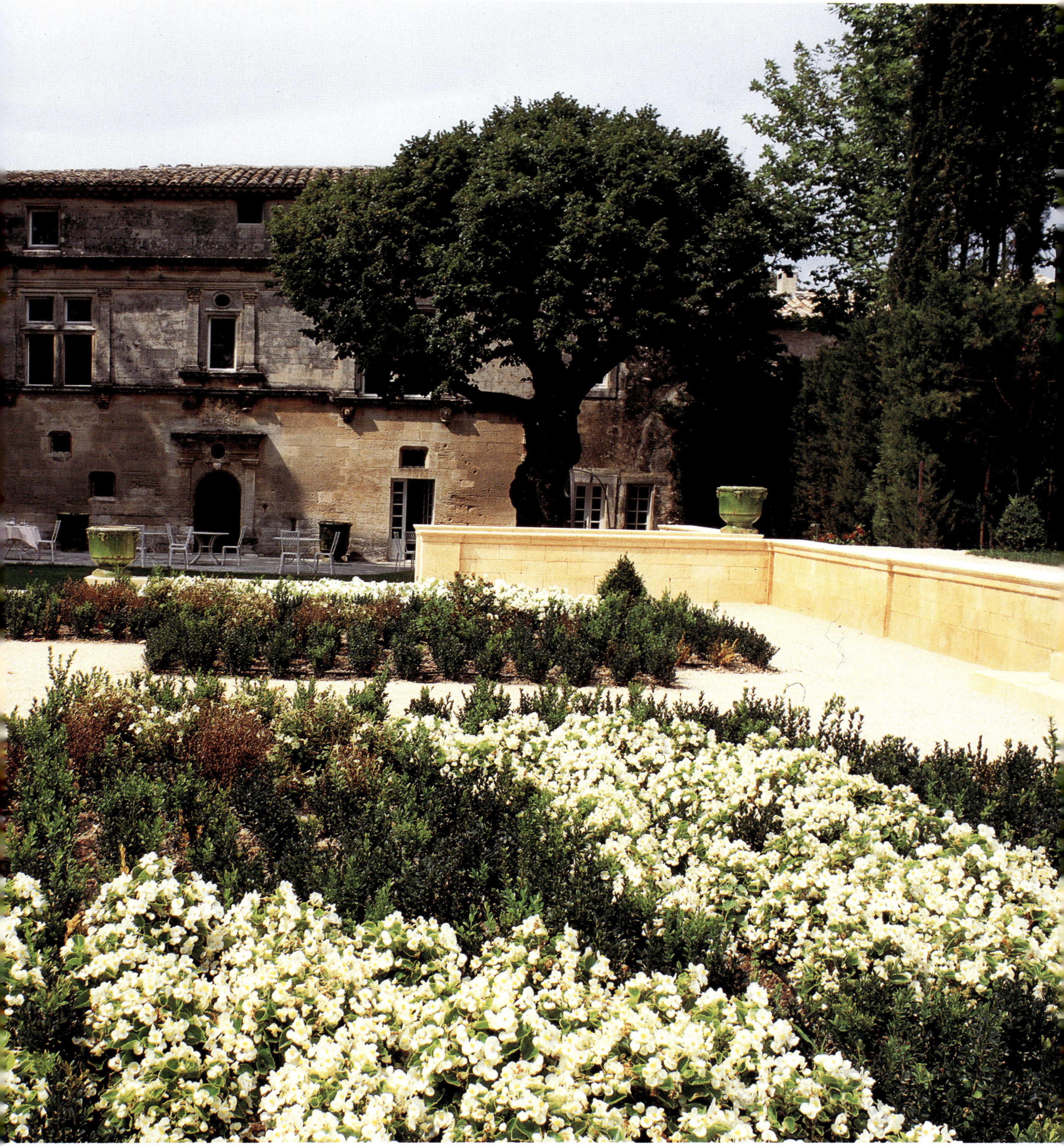

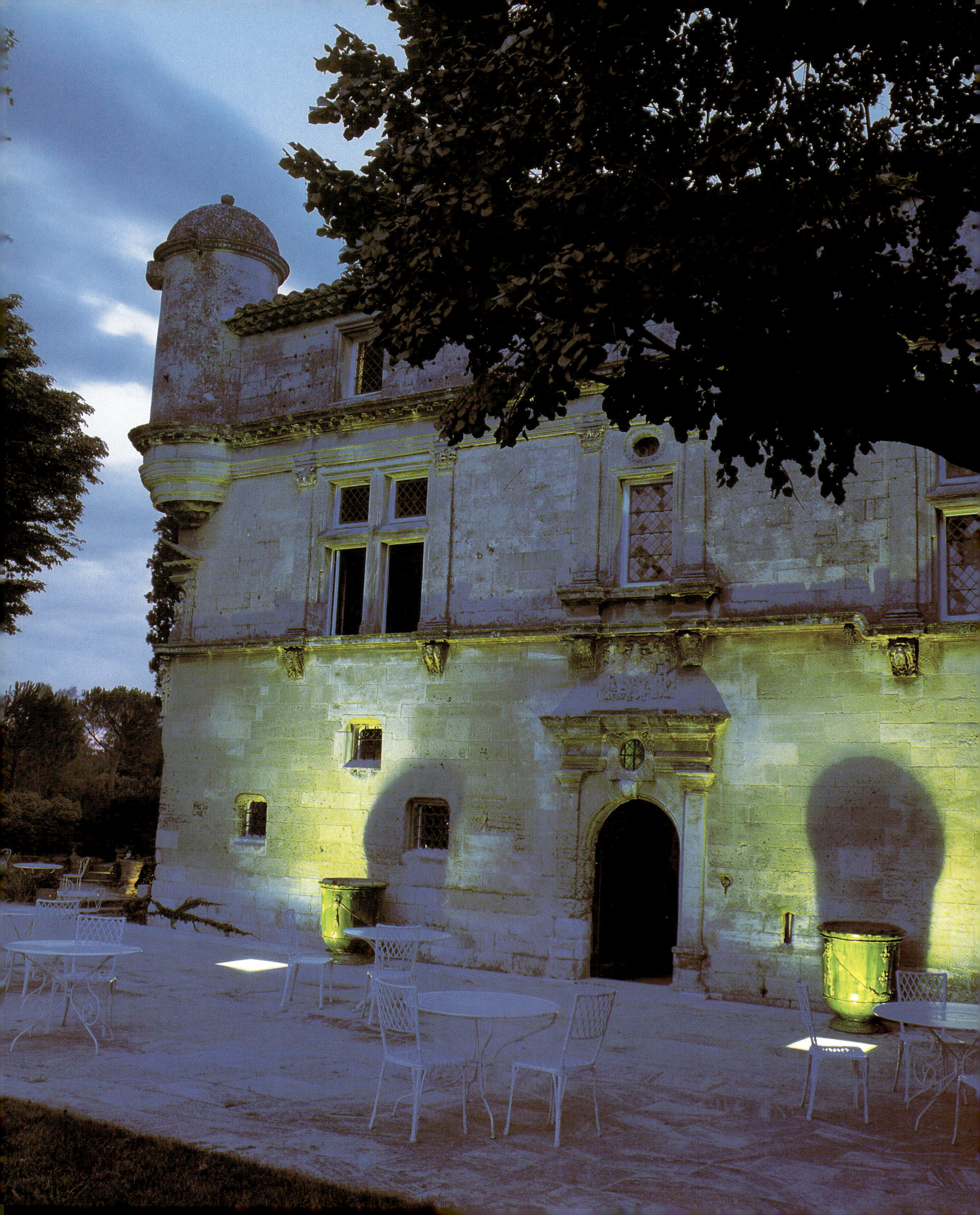

Ein wundervolles Renaissanceschloß mit allem erdenklichem Luxus.

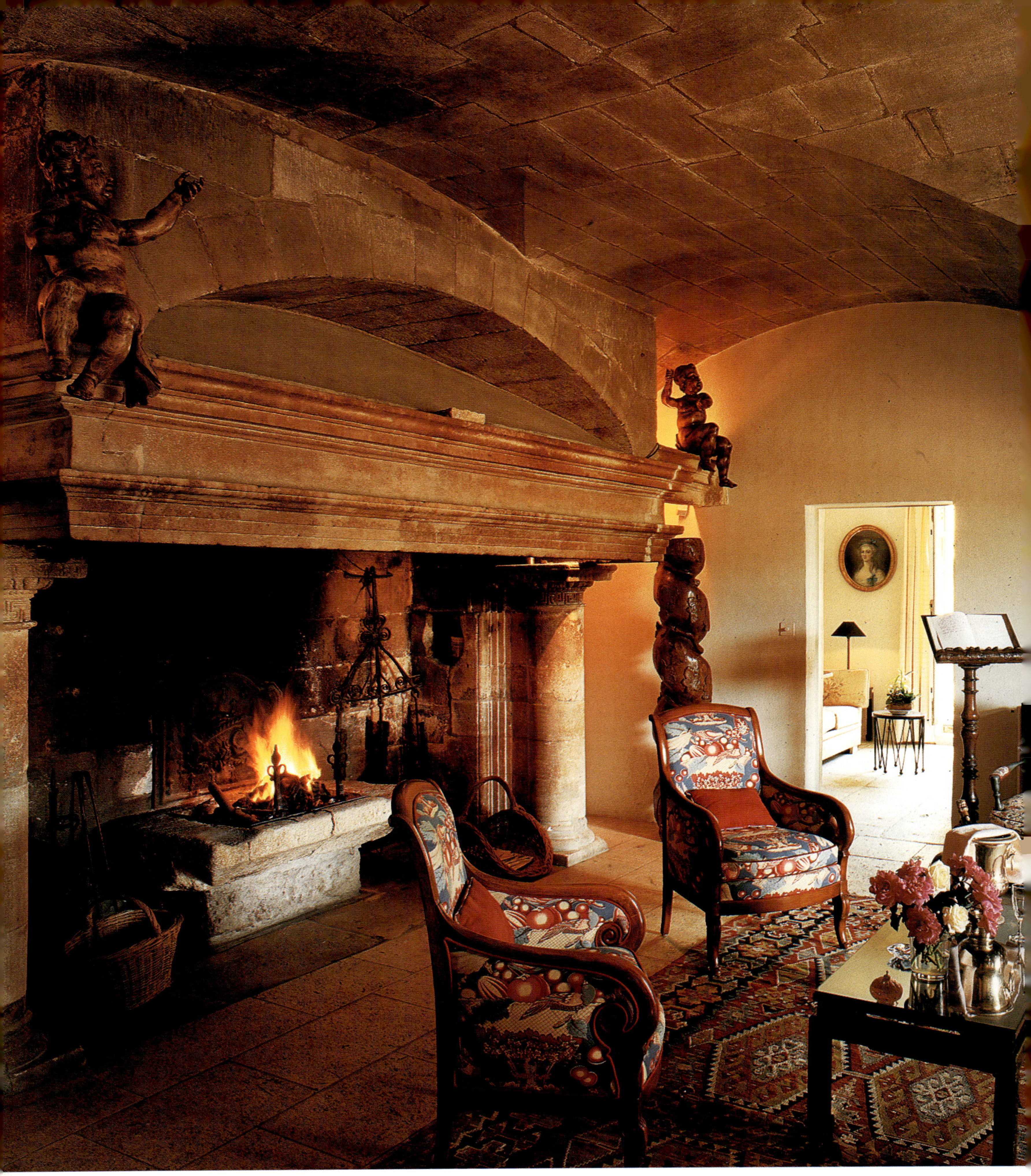

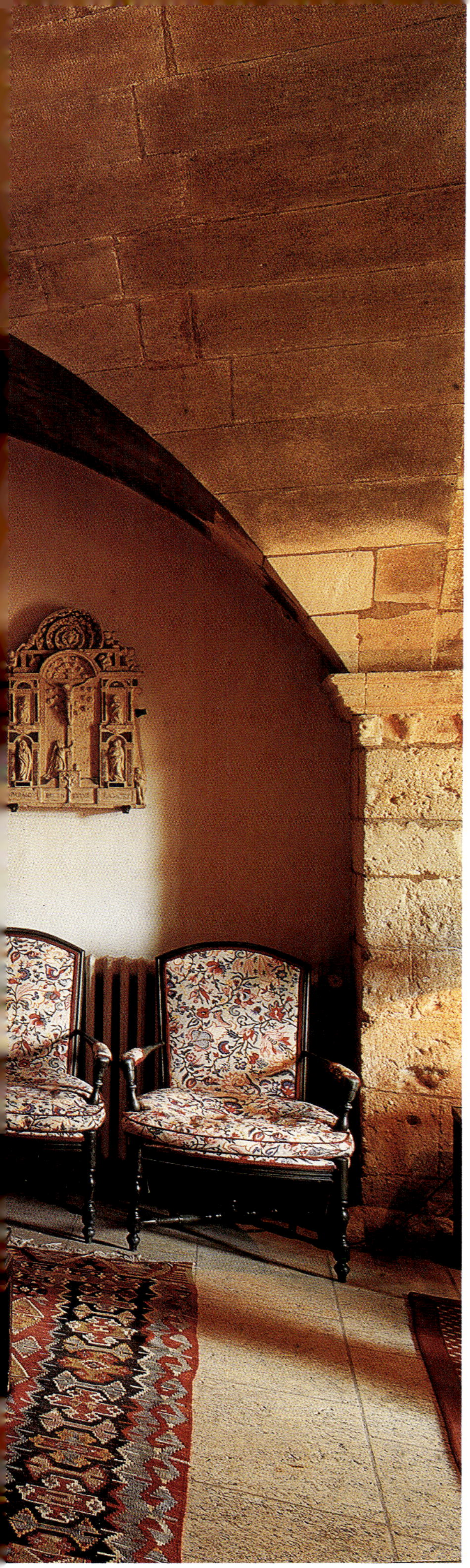
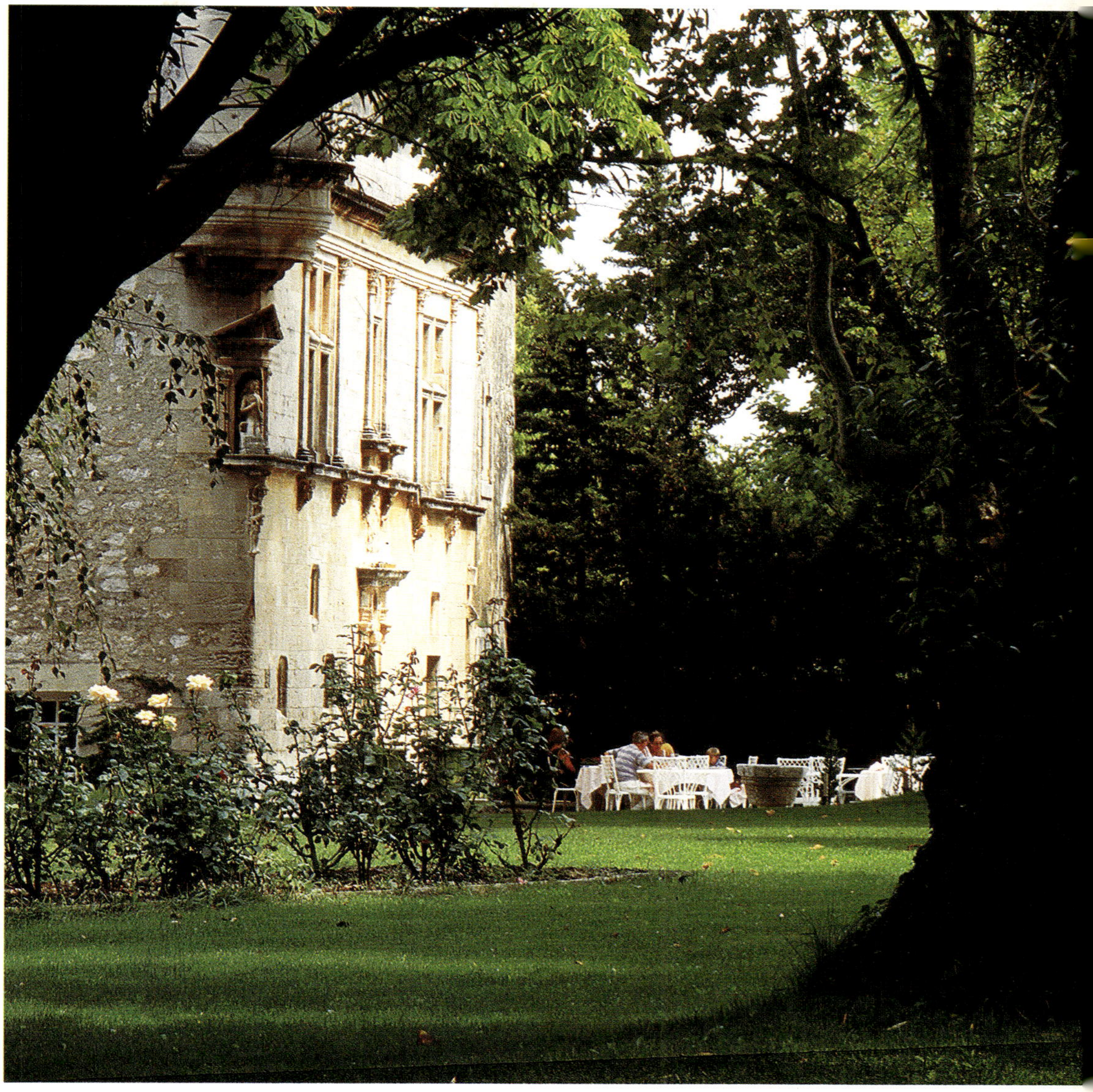
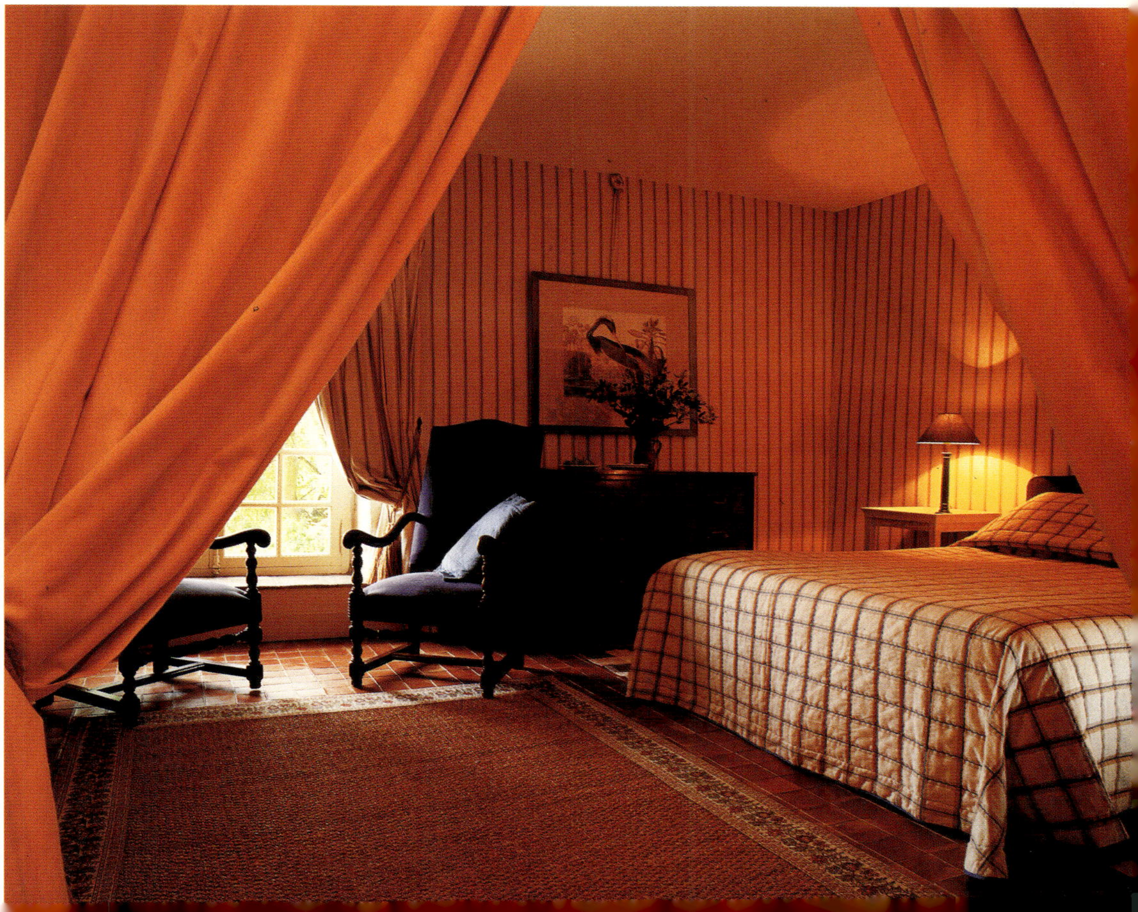

Le Bistrot d'Eygalières

Zu den genußreichsten Erlebnissen einer Reise gehören stets die kulinarischen Spezialitäten, die eine Region zu bieten hat. Und in der Provence bedeutet dies: frischer Fisch, zartes Lammfleisch, junges Gemüse - und natürlich die Vielfalt aromatischer Kräuter, die hier gedeihen: Thymian, Salbei, Bohnenkraut ...

Wir fragten die sympathischen Besitzer des Mas de la Brune, wo in der näheren Umgebung man gepflegt speisen könne. Ihr Tip entpuppte sich als gelungene Überraschung: Im Bistrot d'Eygalières kommt tatsächlich das Feinste auf den Tisch, das die Provence zu bieten hat - zubereitet von einem flämischen Koch.

Das Restaurant, das nach dem schmucken Dorf benannt ist, in dem es liegt, wird von Suzy und Wout Bru geführt. Die beiden lernten einander auf der Hotelfachschule in Brügge kennen, wo sie sechs Jahre lang ihr Metier erlernten, bevor sie in erstklassigen Häusern in Flandern, London und der Provence Erfahrungen sammelten und schließlich, im Jahr 1995, ihr eigenes Restaurant eröffneten. Suzy ist für den Service und die Weinkarte zuständig, und Wout schwingt in der Küche das Zepter. Daß das Bistrot d'Eygalières 1998 einen Michelinstern errang, sagt im Grunde genommen bereits genug über die Genüsse, die den Gast hier erwarten.

Von außen erinnert das Gebäude ein wenig an eine Dorfkneipe. Doch im Innern ist alles stil- und geschmackvoll, und so verwundert es nicht, daß das Ehepaar Bru bereits einen großen Kreis von Feinschmeckern zu ihren Stammgästen zählen kann. Wout bevorzugt die leichte Küche; er ist ein Meister seines Fachs und trifft beim Würzen und Verfeinern mit Kräutern immer exakt die richtige Dosierung. Seine Kochkunst ist irgendwo zwischen klassisch und spontan einzustufen, und natürlich haben Erzeugnisse aus der Region darin ihren festen Platz: *tarte* mit frischen Sardinen, gebratenes Täubchen mit *foie gras*, *brioche* mit Trüffeln, Lamm mit Salbei - die Wahl fällt schwer. Auf jeden Fall aber sollte man für eines der verführerischen Desserts Platz lassen, z.B. *millefeuille* mit Orangenmousse, Schokolade und wilden Himbeeren. Ein Gedicht ...

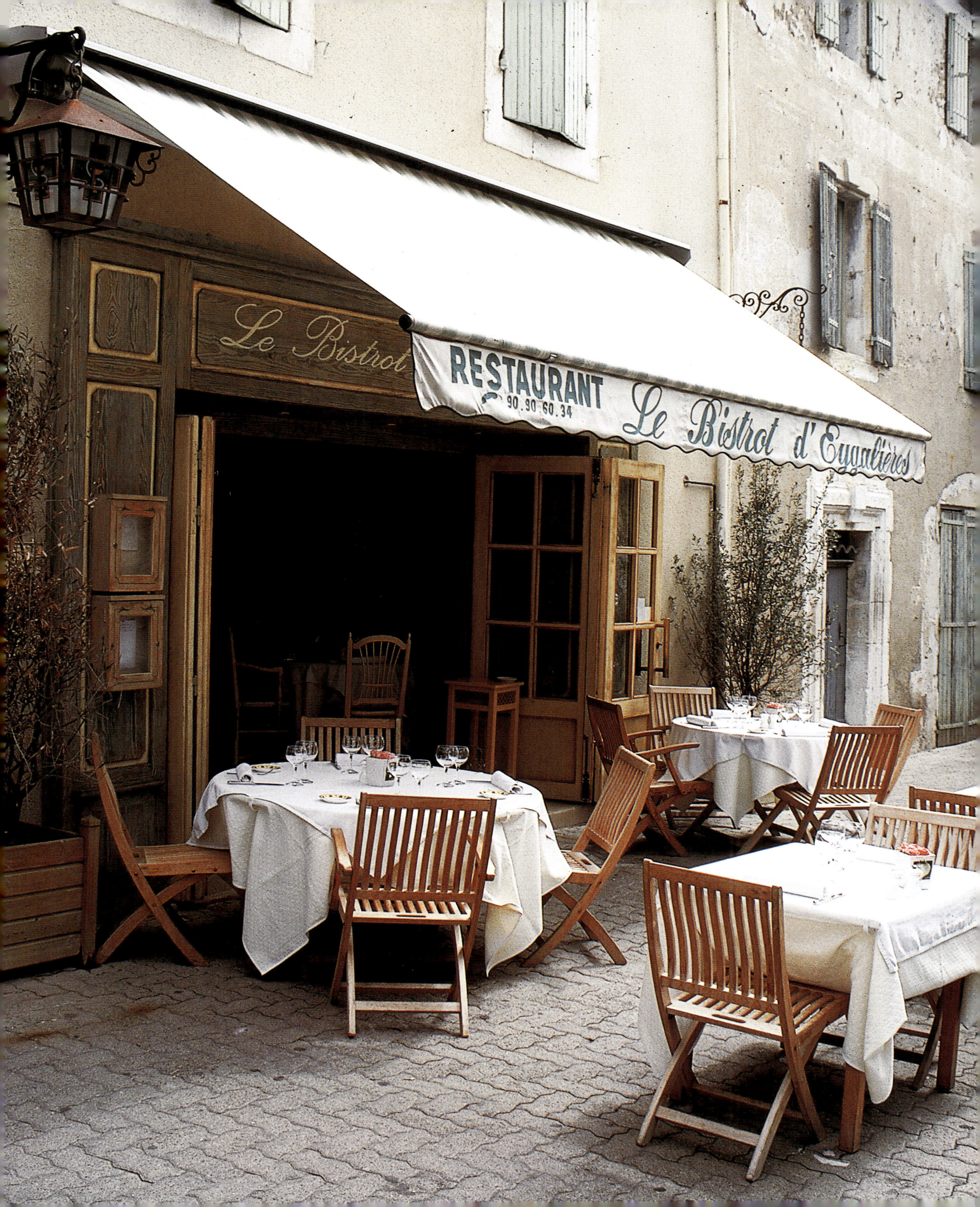
Le Bistrot
RESTAURANT
90.90.60.34
Le Bistrot d'Eygalières

NÜTZLICHE INFORMATIONEN

LE CHÂTEAU DES ALPILLES

- **Zimmer:** 15 Doppelzimmer (alle unterschiedlich ausgestattet) im Schloß und 4 Suiten und Appartements in den Hofgebäuden (moderner Landhausstil), Minibar, Telefon mit Amtsleitung, Wecker, Satellitenfernsehen, Klimaanlage
- **Im/am Hotel:** Schwimmbad, 2 Tennisplätze, Sauna, Massage auf Anfrage
- **In der näheren Umgebung:** Golf 1x9 Löcher (15 min), 1x18 Löcher (25 min) Reiten in Saint-Rémy-de-Provence oder in der Camargue (45 min)
- **Ausflüge und Sehenswürdigkeiten:** Gesamter Lubéron (sehr schöne provenzalische Dörfer) 30 min, Fontaine de Vaucluse, Les Baux, Fontvieille, Eygalières und Arles 30 min, Avignon 20 min, Nîmes 40 min, Camargue 45 min
- **Kreditkarten:** American Express, Carte Bleue, Diners Club, JCB (japanisch)
- **Restaurant:** Sehr gute Küche, einfach, aber delikat, aus regionalen Erzeugnissen. Chefkoch Mathias Bettinger (30 J.) Diner im Sommer auf

Route Départementale 31   p. 10
F. 13210 St Remy de Provence
Tel. (33) (0) 4 90/ 92 03 33
Fax. (33) (0) 4 90/ 92 45 17

der Terrasse oder im Speisesaal. Mittags nur am Schwimmbad (15.06.-15.09.)
- **Öffnungszeiten:** Hochsaison 01.05. bis 30.09., Nebensaison 15.02. bis 30.04. und 01.10. bis 15.11.
- **Angeschlossen an:** Châteaux et Hôtels Indépendants und Hostellerie d'Atmosphère.
- **Referenzen:** In Hotelführern: Michelin 3 *maisons rouges* (angenehmes Hotel, sehr komfortabel), Rivages: Hôtels de charme, Gault et Millau
- **Lage:** 2 km außerhalb von Saint-Rémy-de-Provence in einem 4 ha großen Park.
In Saint-Rémy-de-Provence Richtung Tarascon, Nîmes, Arles und nach 200 m links in eine kleine Straße (vor dem Krankenhaus) D31, dann nach 1,5 km auf der rechten Seite.

HOSTELLERIE DE CRILLON LE BRAVE

- **Zimmer:** 16 Zimmer und 8 Suiten (Telefon mit Amtsleitung, Minibar), einige Zimmer mit Klimaanlage, Zimmerservice
- **Im/am Hotel:** Parkplatz, Wäscheservice, Schwimmbad, Fahrräder, Boule
- **In der näheren Umgebung:** Tennis, Golf, Besuch von Weinkellereien
- **Ausflüge und Sehenswürdigkeiten:** Orange, Carpentras, Vaison-la-Romaine, Mont Ventoux, Avignon und Lubéron

Place de l'Eglise   p. 16
F. 84410 Crillon le Brave
Tel. (33) (0) 4 90/ 65 61 61
Fax. (33) (0) 4 90/ 65 62 86

- **Kreditkarten:** Die wichtigsten Kreditkarten werden akzeptiert (außer Diners Club)
- **Restaurant:** Traditionelle Feinschmeckerküche mit provenzalischem Akzent
- **Öffnungszeiten:** Von Mitte März bis 02.01.
- **Angeschlossen an:** Relais & Châteaux
- **Lage:** Bahnhof mit Fernzuganbindung Avignon 30 min, Flughafen Marseille/Marignane 90 min, oben im Dorf gelegen, neben der Kirche.

CLOÎTRE ST-LOUIS

- **Zimmer:** 72 Zimmer und 8 Suiten
- **Im/am Hotel:** Bar, Konferenzräume, Garten, Terrasse, Freibad, hoteleigener Parkplatz, Freibad (Mai-Oktober), Solarium
- **Ausflüge und Sehenswürdigkeiten:** Avignon und Umgebung, kulturelle und historische, aber auch geologische Sehenswürdigkeiten (Fontaine de Vaucluse, Gorges de l'Ardèche und Gorges du Verdon), Weinberge der Côtes du Rhône (u.a. Châteauneuf-du-Pape), Mont Ventoux, Lubéron
- **Kreditkarten:** Mastercard, VISA, JCB (japanisch), Diners Club, American Express

20, Rue Portail Boquier   p. 22
F. 84000 Avignon
Tel. (33) (0) 4 90/ 27 55 55
Fax. (33) (0) 4 90/ 82 24 01

- **Restaurant:** Traditionelle Küche (geschlossen samstags und sonntags zwischen 01.11. und 31.03. außerdem samstags und sonntags von 01.04. bis 31.10. kein Lunch, Betriebsferien im Februar)
- **Öffnungszeiten:** Ganzjährig geöffnet
- **Angeschlossen an:** Choice Hotels Int'l (quality hotel)
- **Referenzen:** Michelin, Gault et Millau
- **Lage:** Stadtzentrum, 200 m vom Bahnhof und 500 m vom Papstpalast
Über den Cours Jean-Jaurès, dann der Beschilderung 'Centre Ville' und 'Gare SNCF' folgen.

HOSTELLERIE LA GRANGETTE

- **Zimmer:** 16 Zimmer
- **Im/am Hotel:** Schwimmbad, Tennis, Wanderungen
- **In der näheren Umgebung:** Reiten 2 km, Golf, Kanu und Kajak 5 km
- **Ausflüge und Sehenswürdigkeiten:** Senanques, Isle-sur-la-Sorgue, Pernes-les-Fontaines, Carpentras, Gordes, Lubéron, Radausflüge an der Sorgue entlang, Touren
- **Kreditkarten:** VISA, American Express
- **Restaurant:** Provenzalische Feinschmeckerküche, traditionell

Chemin Cambuisson - p. 28
Route de Pernes
F. 84740 Velleron
Tel. (33) (0) 4 90/ 20 00 77
Fax. (33) (0) 4 90/ 20 07 06

- **Öffnungszeiten:** Geschlossen Ende November/ Anfang Dezember und Januar
- **Referenzen:** Gault et Millau, Auberges et Hôtels de charme
- **Lage:** 2 km außerhalb des Dorfes, Ausfahrt Avignon-Nord/Saint-Saturnin-les-Avignon, Pernes-les-Fontaines, Richtung Isle-sur-la-Sorgue, D938 Velleron.Isle sur Sorgue. D938 Velleron

LE MOULIN DE LOURMARIN

- **Zimmer:** 18 Zimmer und 2 Suiten (Telefon mit Amtsleitung, Privatsafe, Minibar, Satellitenfernsehen, Klimaanlage), Zimmerservice
- **Im/am Hotel:** Lift, Parkplatz, Wäscheservice, Schwimmbad, Sauna, vom Küchenchef geführte Wanderungen
- **In der näheren Umgebung:** Golf (15 Autominuten), Reiten, Tennis (im Dorf), Hubschrauberflüge, organisierte Wanderungen, Radtouren
- **Ausflüge und Sehenswürdigkeiten:** Aix-en-Provence, Avignon, Orange, Vaison-la-Romaine

F. 84160 Lourmarin p. 34
Tel. (33) (0) 4 90/ 68 06 69
Fax. (33) (0) 4 90/ 68 31 76

- **Kreditkarten:** Die wichtigsten Kreditkarten werden akzeptiert
- **Restaurant:** Feinschmeckerküche und provenzalisch
- **Öffnungszeiten:** Ganzjährig geöffnet
- **Lage:** Bahnhof mit Fernzuganbindung Aix-en-Provence 33 km oder Avignon 70 km. 50 km von Flughafen Marseille/Marignane. Das Hotel liegt im Dorf selbst.

DOMAINE DE CHÂTEAUNEUF

- **Zimmer:** 25 Zimmer und 5 Appartements
- **Im/am Hotel:** Golf (18 Löcher), Schwimmbad, Tennis, Volleyball, Pétanque
- **Ausflüge und Sehenswürdigkeiten:** Aix-en-Provence, Sternfahrten in der Provence
- **Kreditkarten:** VISA, American Express, JCB (japanisch), Eurocard, Mastercard
- **Restaurant:** Kreative Küche, im Speisesaal oder im Patio. Weine aus Bandol, renommierte Burgunder- und Bordeauxweine

F. 83860 Nans-les-Pins p. 40
Tel. (33) (0) 4 94/ 78 90 06
Fax. (33) (0) 4 94/ 78 63 30

- **Öffnungszeiten:** Mitte Januar und Februar geschlossen
- **Angeschlossen an:** Relais & Châteaux
- **Lage:** Zwischen Aix und Brignoles (A7), Ausfahrt Saint-Maximin-la-Sainte-Baume, N560, D80 Nans-les-Pins.

LE MAS DE LA FOUQUE

- **Zimmer:** 12 Zimmer und 2 Suiten
- **Im/am Hotel:** Tennis, Schwimmbad, Angeln
- **In der näheren Umgebung:** Golf, Reiten, Bootfahrten
- **Ausflüge und Sehenswürdigkeiten:** Arles 38 km, Nîmes und Montpellier 45 km, Vogelpark, Geländefahrten mit Jeep in der Camargue
- **Kreditkarten:** VISA, American Express, Diners Club, Mastercard, JCB (japanisch)
- **Restaurant:** Feinschmeckerküche und regionale Gerichte

Route du Petit Rhône p. 46
F. 13460 Stes-Maries-de-la-Mer
Tel. (33) (0) 4 90/ 97 81 02
Fax. (33) (0) 4 90/ 97 96 84

- **Öffnungszeiten:** Von 25.03. bis 02.11.
- **Angeschlossen an:** ILA, Hôtels de charme
- **Referenzen:** 4 Sterne NN, Michelin: 3 *maisons rouges* (angenehmes Hotel, sehr komfortabel)
- **Lage:** Inmitten der Camargue, umgeben von Seen, außerhalb von Saintes-Maries, 4 km auf der RD38 Richtung Route du Bac Sauvage.

LA BASTIDE

- **Zimmer:** 12 Zimmer (Nebensaison ± 360 FF, Hochsaison ± 460 FF, Frühstück ± 45 FF)
- **Im/am Hotel:** Schwimmbad, Boule
- **In der näheren Umgebung:** Tennis, Golf, Reiten, Wanderungen
- **Ausflüge und Sehenswürdigkeiten:** Les Baux-de-Provence (keine organisierten Ausflüge), Arles, Avignon

Chemin de Pestelade p. 52
F. 13810 Eygalières
Tel. (33) (0) 4 90/ 95 90 06
Fax. (33) (0) 4 90/ 95 99 77

- **Kreditkarten:** VISA, Eurocard, Mastercard
- **Restaurant:** Nicht vorhanden
- **Öffnungszeiten:** Hochsaison: Mai bis 15.10. Nebensaison: 16.10. bis 15.04.
- **Lage:** Auf dem Lande am Fuß der Alpilles, Autobahn Ausfahrt Cavaillon, anschließend Richtung Saint-Rémy-de-Provence.

JULES CÉSAR

- **Zimmer:** 49 Zimmer und 5 Appartements
- **Im/am Hotel:** Tennis, Bootsausflüge, Reitausflüge
- **Ausflüge und Sehenswürdigkeiten:** Arles, Camargue, Les Baux, Sternfahrten in der Provence
- **Kreditkarten:** VISA, American Express, JCB (japanisch), Eurocard, Mastercard
- **Restaurant:** „Lou Marquès", erlesene Spezialitäten aus der Region, ausgezeichnete Weinkarte
- **Öffnungszeiten:** Geschlossen von 02.11. bis 23.12.

9, Bd des Lices p. 56
F. 31631 Arles
Tel. (33) (0) 4 90/ 93 43 20
Fax. (33) (0) 4 90/ 93 33 47

- **Angeschlossen an:** Relais & Châteaux
- **Lage:** Altes Kloster mit Gartenhof im Zentrum von Arles.
Aus Richtung Nîmes Autobahn A54, Ausfahrt Nr. 5 Richtung Bd. G. Clemenceau, anschließend Bd. des Lices, Flughafen Nîmes 25 km, Marseille 80 km.

LA CABRO D'OR

- **Zimmer:** 31 Zimmer
- **Im/am Hotel:** Tennis, Schwimmbad, Kutschfahrten
- **In der näheren Umgebung:** Golf, Reiten, Mountainbike-Touren
- **Ausflüge und Sehenswürdigkeiten:** Zoo, Musée de Cheval, Dörfer, in denen *santons* hergestellt werden, Musée des Arômes et du Parfum, Cathédrale d'Images, Musée d'Antiquités, Château des Baux, Forêt de Bambou

F. 13520 Les Baux-de-Provence p. 62
Tel. (33) (0) 4 90/ 54 33 21
Fax. (33) (0) 4 90/ 54 45 98

- **Kreditkarten:** American Express, VISA, Mastercard
- **Restaurant:** Menü zu 195 FF, 280 FF, 440 FF und à la carte
- **Öffnungszeiten:** Geschlossen von 11.11. bis 20.12.
- **Angeschlossen an:** Relais & Châteaux
- **Lage:** Auf dem Lande, Autobahn A7, Ausfahrt Cavaillon Richtung Saint-Rémy-de-Provence, anschließend Richtung Les Baux.

ABBAYE DE SAINTE CROIX

- **Zimmer:** 24 Komfortzimmer (4 Sterne) mit Luxusbad, Klimaanlage, Satellitenfernsehen
- **Im/am Hotel:** Schwimmbad, Tennis (privater Tennisclub 300 m), Park (20 ha), Tischtennis
- **In der näheren Umgebung:** Reiten 5 km, Golf 10 km in Pont Royal
- **Ausflüge und Sehenswürdigkeiten:** Aix-en-Provence 30 km, Les Baux und Arles 40 km, Avignon und Marseille 45 km
- **Kreditkarten:** American Express, Carte Bleue, Mastercard, Diners Club und VISA

Val de Cuech-Dig p. 68
F. 13300 Salon-de-Provence
Tel. (33) (0) 4 90/ 56 24 55
Fax. (33) (0) 4 90/ 56 31 12

- **Restaurant:** Feinschmecker-Restaurant, 1 Michelinstern
- **Öffnungszeiten:** Von Mitte März bis Anfang November
- **Angeschlossen an:** Relais & Châteaux
- **Referenzen:** Michelin: 1 Stern und 3 *maisons rouges* (angenehmes Hotel, sehr komfortabel), 16/20 Gault et Millau und 2 Mützen.
- **Lage:** Auf den Hügeln von Salon mit unvergleichlicher Aussicht auf die Ebene.
Von Aix, Marseille, Lyon und Avignon: A7.
Von Montpellier, Arles: A54, erste Ausfahrt Salon-de-Provence.

CHÂTEAU DE MONTCAUD

- **Zimmer:** 29 Zimmer (Minibar, Satellitenfernsehen)
- **Im/am Hotel:** Bar, privater Park 5 ha, bewachter Parkplatz, Sauna, Hammam, Fitnesszentrum, Fahrräder
- **In der näheren Umgebung:** Golf (20 min), Reiten (2 km), Kanufahren (15 min), Wanderungen
- **Ausflüge und Sehenswürdigkeiten:** Gorges de l'Ardèche, Pont du Gard, Uzès, Cevennen, Avignon, Nîmes, Châteauneuf-du-Pape, Orange
- **Kreditkarten:** VISA, American Express, Eurocard, Mastercard, JCB (japanisch)
- **Restaurant:** Les Jardins de Montcaud
- **Öffnungszeiten:** Von Ende März bis Anfang November

Hameau de Combe p. 74
Route d'Alès (4km)
F. 30200 Bagnols sur Cèze
Tel. (33) (0) 4 66/ 89 60 60
Fax. (33) (0) 4 66/ 89 45 04

- **Angeschlossen an:** Relais & Châteaux
- **Referenzen:** Michelin, Gault et Millau, Bottin Gourmand
- **Lage:** 28 km nordwestlich von Avignon, südlich von Pont-Saint-Esprit.
Von Norden: A7 Ausfahrt Bollène, Richtung Pont-SaintEsprit.
Von Süden: A7 Ausfahrt Avignon-Sud, Richtung Bagnols-sur-Cèze oder A9 Ausfahrt Remoulins/Bagnols-sur-Cèze.

LE MAS D'ENTREMONT

- **Zimmer:** 17 Zimmer und Suiten (Telefon mit Amtsleitung, Minibar, Satellitenfernsehen, Privatsafe, Klimaanlage), Zimmerservice
- **Im/am Hotel:** Lift, Parkplatz, Autoverleih, Schwimmbad, Tennis
- **In der näheren Umgebung:** Golf (10 km), Reiten (10 km)
- **Ausflüge und Sehenswürdigkeiten:** Aix-en-Provence, Lubéron, Sternfahrten in der Provence

Route Nationale 7 p. 80
F. 13090 Aix-en-Provence
Tel. (33) (0) 4 42/ 17 42 42
Fax. (33) (0) 4 42/ 21 15 83

- **Kreditkarten:** Die wichtigsten Kreditkarten werden akzeptiert
- **Restaurant:** Traditionelle regionale Küche
- **Öffnungszeiten:** Geschlossen von 01.11. bis 15.03.
- **Lage:** 30 km von Flughafen Marseille/Marignane, 4 km vom Bahnhof Aix, ab Aix auf der RN7 Richtung Salon-de-Provence.

LE MAS DE PEINT

- **Zimmer:** 8 geräumige Zimmer und 2 Suiten (Telefon mit Amtsleitung, Minibar, Satellitenfernsehen, Privatsafe), Zimmerservice
- **Im/am Hotel:** Parkplatz, Autovermietung Arles, Wäscheservice, Geländefahrten im Jeep, Reiten, Schwimmbad, Mountainbike-Touren, Rundfahrten auf dem Gelände per Pferdekutsche
- **In der näheren Umgebung:** Golf (35 km), Tennis (25 km)
- **Ausflüge und Sehenswürdigkeiten:** Camargue, Arles, Aix-en-Provence und die Region Languedoc
- **Kreditkarten:** Die wichtigsten Kreditkarten werden akzeptiert

Le Sambuc p. 86
F. 13200 Arles
Tel. (33) (0) 4 90/ 97 20 62
Fax (33) (0) 4 90/ 97 22 20

- **Restaurant:** Hausgemachte Spezialitäten, mit u.a. eigenem Geflügel und selbstangebautem Gemüse, leichte Mahlzeiten am Schwimmbad, Lunch und Diner werden in der Wohnküche serviert
- **Öffnungszeiten:** Geschlossen von 13.11. bis 20.12. und von 15.01. bis 15.03.
- **Lage:** Arles 25 km, Strände 12 km, Flughafen Nîmes 55 km.
20 km südlich von Arles: D36 Richtung Salin-de-Giraud, in Le Sambuc links, dann noch 3 km.

HOSTELLERIE LE CASTELLAS

- **Zimmer:** 15 Zimmer und 2 Suiten (Telefon, Minibar, Klimaanlage, Fernsehen)
- **Im/am Hotel:** Privatparkplatz, Wäscheservice, Schwimmbad, Tennis im Dorf
- **In der näheren Umgebung:** Reiten, Kanu- und Kajakfahren, Wanderungen, Abenteuertouren, Schwimmen, Tennis
- **Ausflüge und Sehenswürdigkeiten:** Pont du Gard, Uzès, Avignon und Nîmes 25 km, Arles, Camargue
- **Kreditkarten:** VISA, American Express, Diners Club, JCB (japanisch)

Grand Rue p. 92
F. 30210 Collias
Tel. (33) (0) 4 66/ 22 88 88
Fax. (33) (0) 4 66/ 22 84 28

- **Restaurant:** Feinschmeckerküche, regionale und saisonale Spezialitäten
- **Öffnungszeiten:** Geöffnet von März bis Anfang Januar
- **Angeschlossen an:** Châteaux et Hôtels Indépendants
- **Referenzen:** Michelin, Gault et Millau, Champérard, Bottin Gourmand
- **Lage:** Mitten im Dorf Collias, 7 km vom Pont du Gard und von Uzès, 25 km von Nîmes und Avignon. Flughafen Nîmes/Garons 25 km.

HOSTELLERIE DU VALLON DE VALRUGUES

- **Zimmer:** 53 Zimmer (Fernsehen, Telefon, Minibar, Klimaanlage)
- **Im/am Hotel:** Schwimmbad, Bar, Billard, Musikzimmer, Fitnessraum, Sauna, Garten, Schwimmbad, Tennis, Golf
- **In der näheren Umgebung:** Entdeckungsfahrten in die Camargue, Arles, Les Baux, Lubéron, Alpilles
- **Ausflüge und Sehenswürdigkeiten:** Alles kann auf Anfrage organisiert werden

Chemin Canto Cigalo   p. 98
F. 13210 St Remy-de-Provence
Tel. (33) (0) 4 90/ 92 04 40
Fax. (33) (0) 4 90/ 92 44 01

- **Kreditkarten:** Carte Bleue, American Express, Diners Club, JCB (japanisch), Eurocard
- **Restaurant:** Feinschmeckerküche
- **Öffnungszeiten:** Geschlossen im Februar
- **Angeschlossen an:** Small Luxury Hotels
- **Referenzen:** Guide Michelin
- **Lage:** Provenzalisches Dorf nahe Les Baux de Provence (5 min), 15 min von Arles oder Flughafen Avignon. 35 min vom Flughafen Marseille.

CHÂTEAU UNANG

- **Zimmer:** 4 Zimmer
- **Im/am Hotel:** 80 Hektar großes Landgut, Wanderungen, Schwimmbad
- **In der näheren Umgebung:** Tennis, Reiten, Golf
- **Ausflüge und Sehenswürdigkeiten:** Avignon, die Dörfer des Lubéron, Isle-sur-la-Sorgue, Mont Ventoux, Vaison-la-Romaine, Châteauneuf-du-Pape
- **Kreditkarten:** VISA, Mastercard
- **Restaurant:** Diner (Reservierung erbeten)
- **Öffnungszeiten:** Von 01.04. bis 30.10.

Route de Methamis   p. 104
F. 84570 Malemort-du-Comtat
Tel. (33) (0) 4 90/ 69 71 06
Fax. (33) (0) 4 90/ 69 92 85

- **Angeschlossen an:** Châteaux et Hôtels Indépendants, Guide des Chambres d'Hôtes de Prestige, Guide des weekends amoureux en Provence
- **Lage:** Zwischen Avignon, Vaison-la Romaine und Gordes auf dem Lande.
A7 Ausfahrt Avignon-Nord, bis Carpentras fahren und anschließend Richtung Apt (6 km) bis Kreisverkehr, Richtung Malemort, anschließend Methamis. Château Unang liegt zwischen zwei Dörfern auf der rechten Seite.

OUSTAU DE BEAUMANIÈRE

- **Zimmer:** 22 Zimmer
- **Im/am Hotel:** Tennis, Schwimmbad, Reiten
- **Ausflüge und Sehenswürdigkeiten:** Camargue, Gordes, Bonnieux, Les Baux-de-Provence, Weinberge und Weinkellereien, Ölmühlen
- **Kreditkarten:** American Express, Diners Club, Carte Bleue, JCB (japanisch), Eurocard
- **Restaurant:** Vorhanden

F. 13520 Les Baux-de-Provence   p. 110
Tel. (33) (0) 4 90/ 54 33 07
Fax. (33) (0) 4 90/ 54 40 46

- **Öffnungszeiten:** Geschlossen von 05.01. bis 05.03.
- **Angeschlossen an:** Relais & Châteaux, Relais Gourmand
- **Lage:** Auf dem Lande.
Autobahn A7 Ausfahrt Cavaillon, Richtung Saint-Rémy-de-Provence.

GRAND-HÔTEL NORD PINUS

- **Zimmer:** 22 Zimmer (Telefon mit Amtsleitung, Satellitenfernsehen, Privatsafe, Minibar, Klimaanlage), Zimmerservice
- **Im/am Hotel:** Lift, Garage, Autoverleih
- **In der näheren Umgebung:** Tennis, Ausflüge per Boot oder Ausritte
- **Ausflüge und Sehenswürdigkeiten:** Arles, Camargue, Les Baux

Place Forum   p. 118
F. 13200 Arles
Tel. (33) (0) 4 90/ 93 44 44
Fax. (33) (0) 4 90/ 93 34 00

- **Kreditkarten:** Die wichtigsten Kreditkarten werden akzeptiert
- **Restaurant:** Provenzalische Küche
- **Öffnungszeiten:** Ganzjährig geöffnet
- **Lage:** Flughafen Marseille/Marignane 50 min, Flughafen Nîmes 25 min, Bahnhof Arles 5 min. Das Hotel liegt im Zentrum von Arles.

AUBERGE DE CASSAGNE

- **Zimmer:** 25 Zimmer und 5 Suiten (Minibar, Tresor, Satellitenfernsehen, Terrasse, Klimaanlage, Badezimmer mit Haartrockner), Zimmerservice
- **Im/am Hotel:** Schwimmbad, Tennis, Jacuzzi, Tischtennis, Boule
- **In der näheren Umgebung:** Reiten, Golf, Bowling, Wanderungen, Mountainbike-Touren
- **Ausflüge und Sehenswürdigkeiten:** Avignon, Saint-Rémy-de-Provence, Les Baux, Mont Ventoux, Isle-sur-la-Sorgue, Gordes, Roussillon, Arles
- **Kreditkarten:** VISA, Mastercard, Diners Club, American Express, Eurocard, JCB (japanisch)

450 Allée de Cassagne p. 122
F. 84130 Le Pontet-Avignon
Tel. (33) (0) 4 90/ 31 04 18
Fax. (33) (0) 4 90/ 32 25 09

- **Restaurant:** Feinschmecker-Restaurant mit Michelinstern
- **Öffnungszeiten:** Ganzjährig geöffnet
- **Angeschlossen an:** Romantik Hotel, Relais de Silence, Châteaux et Hôtels Indépendants
- **Lage:** 10 min vom Stadtzentrum Avignon, 10 min von Zahlstelle Avignon-Nord, 10 min Flughafen Avignon.
Von der A7: Ausfahrt Avignon-Nord
Von der A9: Richtung Carpentras, Le Pontet, anschließend die Straße Richtung Vedène.

MARIE D'AGOULT – CHÂTEAU D'ARPAILLARGUES

- **Zimmer:** 27 Zimmer (6 davon ebenerdig) und 2 Appartements
- **Im/am Hotel:** Schwimmbad, Tennis, Park und Garten
- **In der näheren Umgebung:** Golf, Kajak, Ballonfahrten, Ausritte
- **Ausflüge und Sehenswürdigkeiten:** Pont du Gard, Uzès, Nîmes, Avignon, Arles, Camargue
- **Kreditkarten:** American Express, VISA, Mastercard
- **Restaurant:** Raffinierte regionale Küche
- **Öffnungszeiten:** Von Ende März bis Ende Oktober

F. 30700 Uzès p. 128
Tel. (33) (0) 4 66/ 22 14 48
Fax. (33) (0) 4 66/ 22 56 10

- **Angeschlossen an:** Relais de Silence, Châteaux et Hôtels Indépendants, Hôtels Particuliers
- **Referenzen:** 3 Sterne NN, Michelin
- **Lage:** 4 km außerhalb von Uzès (Straße nach Anduze) am Rand des Dorfes.
Aus Richtung Lyon: Remoulins - Uzès - Arpaillargues.
Aus Richtung Marseille: Arles - Nîmes Ouest - Alès - Uzès.
Aus Richtung Montpellier: Nîmes Ouest - Alès - Uzès.

HÔTEL DU GÉNÉRAL D'ENTRAIGUES

- **Zimmer:** 19 Zimmer
- **Im/am Hotel:** Lift, Schwimmbad, begrünte Terrassen, Salon, Bar
- **In der näheren Umgebung:** Golf, Mountainbike-Touren, Reiten, Kajak
- **Ausflüge und Sehenswürdigkeiten:** Uzès, le Duché, Avignon, Pont du Gard, Nîmes, Arles, Cevennen
- **Kreditkarten:** American Express, VISA, Diners Club, Mastercard
- **Restaurant:** Traditionelle Feinschmeckerküche

Place de l'Evêché p. 128
F. 30700 Uzès
Tel. (33) (0) 4 66/ 22 32 68
Fax. (33) (0) 4 66/ 22 57 01

- **Öffnungszeiten:** Ganzjährig geöffnet
- **Angeschlossen an:** Hôtels Particuliers
- **Referenzen:** 3 Sterne NN
- **Lage:** Uzès Place de l'Evéché (Stadtzentrum).
Aus Richtung Avignon: Remoulins - Uzès.
Aus Richtung Montpellier: Nîmes Ouest - Alès - Uzès.
Aus Richtung Marseille: Nîmes Ouest - Alès - Uzès.

HOSTELLERIE LES FRÊNES

- **Zimmer:** 20 Zimmer und 5 Suiten (Telefon mit Amtsleitung, Minibar, Satellitenfernsehen, Privatsafe, Klimaanlage, Radio), Zimmerservice
- **Im/am Hotel:** Parkplatz, Lift, Wäscheservice, Autoverleih, Schwimmbad, Jacuzzi, Sauna
- **In der näheren Umgebung:** Reiten, Tennis, Golf, Radfahren
- **Ausflüge und Sehenswürdigkeiten:** Avignon, Camargue
- **Kreditkarten:** Die wichtigsten Kreditkarten werden akzeptiert

645, Avenue des Vertes-Rives p. 134
F. 84140 Montfavet/ Avignon
Tel. (33) (0) 4 90/ 31 17 93
Fax. (33) (0) 4 90/ 23 95 03

- **Restaurant:** Klassische Feinschmeckerküche mit provenzalischem Akzent
- **Öffnungszeiten:** Geöffnet von Anfang April bis Ende Oktober
- **Angeschlossen an:** Relais & Châteaux
- **Lage:** 10 min von Bahnhof Avignon, 1 Stunde vom Flughafen Marseille.
A7 Ausfahrt Avignon-Sud, Richtung Avignon, Ausfahrt Nr. 8. In Montfavet gegenüber der Kirche rechts.

HOSTELLERIE CHÂTEAU DE LA PIOLINE

- **Zimmer:** 18 Zimmer und 3 Suiten (Telefon mit Amtsleitung, Satellitenfernsehen, Klimaanlage), Zimmerservice
- **Im/am Hotel:** Schwimmbad, Parkplatz, Wäscheservice, Autoverleih, Reservierungsservice für Theatervorstellungen
- **In der näheren Umgebung:** Golfplatz (3 km), Reiten, Tennis
- **Ausflüge und Sehenswürdigkeiten:** Aix-en-Provence, Lubéron, Alpilles

F. 13290 Aix-en-Provence p. 140
Tel. (33) (0) 4 42/ 20 07 81
Fax. (33) (0) 4 42/ 59 96 12

- **Kreditkarten:** Die wichtigsten Kreditkarten werden akzeptiert (außer Diners Club)
- **Restaurant:** Feinste regionale Gerichte
- **Öffnungszeiten:** Ganzjährig geöffnet
- **Angeschlossen an:** Châteaux et Hotels Indépendants
- **Lage:** 3 km vom Stadtzentrum Aix-en-Provence und vom Bahnhof, 30 Autominuten vom Flughafen Marseille/Marignane.

LES ROCHES

- **Zimmer:** 35 Zimmer und 5 Appartements mit Meeresblick (Telefon mit Amtsleitung, Minibar, Klimaanlage, Haartrockner)
- **Im/am Hotel:** Parkplatz, Autoverleih, Wäscheservice, Schwimmbad, Kajaks, Tauchschule, Bootsverleih
- **In der näheren Umgebung:** Tennis (3 km), Golf (10 km) Reiten (10 km), alle Wassersportarten 3 km im Umkreis
- **Ausflüge und Sehenswürdigkeiten:** Îles d'Or (Porquerolles, Port Cros), Hyères, Bormes-les-Mimosas, Saint-Tropez
- **Kreditkarten:** Die wichtigsten Kreditkarten werden akzeptiert

1, Avenue de Trois Dauphins, p. 146
Aiguebelle
F. 83380 Le Lavandou
Tel. (33) (0) 4 94/ 71 05 07
Fax. (33) (0) 4 94/ 71 08 40

- **Restaurant:** Feinschmeckerküche mit raffiniertem regionalem Touch
- **Öffnungszeiten:** Von Ende März bis Mitte Oktober
- **Angeschlossen an:** Relais & Châteaux
- **Lage:** In einer Felsbucht in Meeresnähe, vollständig abgeschirmter Privatstrand. 30 min vom Flughafen Toulon und von Hyères, 1,5 h vom Flughafen Marseille/Marignane 2 h vom Flughafen Nizza.

AUBERGE DE NOVES

- **Zimmer:** 19 Zimmer und 4 Appartements „Junior Suites"
- **Im/am Hotel:** Behindertengerechte Ausstattung, Lift, Privatparkplatz gratis, Wäscheservice, Tennis, Tischtennis, Schwimmbad, Mountainbike-Touren, 15 ha großes Areal
- **In der näheren Umgebung:** Reiten (5 km), Golf (3 Plätze im Umkreis von 30 km) Jagd, Angeln
- **Ausflüge und Sehenswürdigkeiten:** Avignon, Orange, Châteauneuf-du-Pape, Alpilles, Lubéron, Isle-sur-la-Sorgue, Camargue
- **Kreditkarten:** American Express, Diners Club, VISA, Mastercard, JCB (japanisch), Eurocard
- **Restaurant:** Speisesaal, Wintergarten und überdachte Terrasse im Sommer

Domaine de Deves p. 152
Route de Châteaurenard
F. 13550 Noves
Tel. (33) (0) 4 90/ 24 28 28
Fax. (33) (0) 4 90/ 24 28 00

- **Öffnungszeiten:** Ganzjährig geöffnet
- **Angeschlossen an:** Relais & Châteaux
- **Referenzen:** 1 Michelinstern, 2 *maisons rouges* (angenehmes Hotel, komfortabel), Gault et Millau, 2 Sterne Bottin Gourmand
- **Lage:** 7 km vom Flughafen Avignon, 15 km vom TGV-Bahnhof Avignon, 65 km vom Flughafen Marseille. A7 Ausfahrt Avignon-Sud, Richtung Aix - Marseille, anschließend Richtung Châteaurenard.

LA BASTIDE DE CAPELONGUE

- **Zimmer:** 17 Zimmer, davon ein Zimmer mit behindertengerechter Ausstattung
- **Im/am Hotel:** Schwimmbad
- **In der näheren Umgebung:** Tennis, Golf, Mountainbike-Touren
- **Ausflüge und Sehenswürdigkeiten:** Dörfer im Lubéron, Museen
- **Kreditkarten:** Carte Bleue, Eurocard, VISA, American Express, Diners Club

F. 84480 Bonnieux p. 158
Tel. (33) (0) 4 90/ 75 89 78
Fax. (33) (0) 4 90/ 75 93 03

- **Restaurant:** Vorhanden
- **Öffnungszeiten:** Von Mitte März bis Mitte November
- **Angeschlossen an:** Relais & Châteaux
- **Referenzen:** Gault et Millau, Michelin
- **Lage:** Im Herzen des Lubéron mit Blick auf Bonnieux, A7 Ausfahrt Avignon-Sud, anschließend D100.

VILLA GALLICI

- **Zimmer:** 22 Zimmer und Suiten, alle mit Klimaanlage (Satellitenfernsehen, Minibar, Telefon mit Amtsleitung, Safe, Radio), Zimmerservice, Wäscheservice, Parkplatz, Autoverleih
- **Im/am Hotel:** Schwimmbad
- **In der näheren Umgebung:** Sauna, Health Club, Tennis, Golf, Reiten, Radfahren, geführte Wanderungen
- **Ausflüge und Sehenswürdigkeiten:** Aix-en-Provence, Lubéron, Calanques

31 Avenue de la Violette p. 164
(Impasse des Grands Pins)
F-13100 Aix-en-Provence
Tel. (33) (0) 4 42/ 23 29 23
Fax. (33) (0) 4 42/ 96 30 45

- **Kreditkarten:** Die wichtigsten Kreditkarten werden akzeptiert
- **Restaurant:** Provenzalische Küche, nur für Hotelgäste
- **Öffnungszeiten:** Ganzjährig geöffnet
- **Angeschlossen an:** Relais & Châteaux
- **Lage:** 5 Gehminuten vom Zentrum Aix-en-Provence, 30 min Fahrt vom Flughafen Marseille, 10 min Fahrt vom Bahnhof. Im Zentrum von Aix den Schildern mit der Aufschrift „Villa Gallici" folgen.

RELAIS DE LA MAGDELEINE

- **Zimmer:** 24 Zimmer (Zimmerservice)
- **Im/am Hotel:** Parkplatz, Autoverleih, Wäscheservice, Lift, Schwimmbad
- **In der näheren Umgebung:** Tennis (1 km), Reiten (1 km), Golf (10 km), Wanderungen
- **Ausflüge und Sehenswürdigkeiten:** Die Felsbuchten von Cassis, Aix-en-Provence, Victoire-Saint-Baume

Rond point de la Fontaine - p. 170
RN396
F. 13420 Gémenos
Tel. (33) (0) 4 42/ 32 20 16
Fax. (33) (0) 4 42/ 32 02 26

- **Kreditkarten:** VISA, Mastercard
- **Restaurant:** Vorhanden
- **Öffnungszeiten:** Von 15.03. bis 01.12.
- **Angeschlossen an:** Châteaux et Hôtels Indépendants
- **Lage:** 35 min vom Flughafen Marseille/Marignane.

LA MIRANDE

- **Zimmer:** 19 Zimmer und 1 Suite (Telefon mit Amtsleitung, Minibar, Satellitenfernsehen, Privatsafe, Klimaanlage), Zimmerservice
- **Im/am Hotel:** Lift, Parkplatz, Wäscheservice, Kochkurse für Feinschmecker, klassische Konzerte, Jazzclub
- **Ausflüge und Sehenswürdigkeiten:** Avignon, Camargue
- **Kreditkarten:** Die wichtigsten Kreditkarten werden akzeptiert

4, Place de la Mirande p. 176
F. 84000 Avignon
Tel. (33) (0) 4 90/ 85 93 93
Fax. (33) (0) 4 90/ 86 26 85

- **Restaurant:** Französische Feinschmeckerküche mit provenzalischem Touch
- **Öffnungszeiten:** Ganzjährig geöffnet
- **Angeschlossen an:** Small Luxury Hotels
- **Lage:** Im Zentrum von Avignon, 5 min vom Bahnhof, 1 h vom Flughafen Marseille/Marignane. Das Hotel liegt hinter dem Papstpalast.

LE MAS DE L'OULIVIÉ

- **Zimmer:** 22 Zimmer und 1 Suite, alle mit Klimaanlage (Telefon, Minibar, Tresor, Fernsehen)
- **Im/am Hotel:** Privatparkplatz, Autoverleih, Wäscheservice, Wechselstube Schwimmbad, Tennis
- **In der näheren Umgebung:** Golf (2 km), Reiten (1 km), Mountainbike-Touren, Geländefahrten in der Camargue, Wanderungen in den Alpilles
- **Ausflüge und Sehenswürdigkeiten:** Dorf und Zitadelle Les Baux-de-Provence, Saint-Rémy-de-Provence, Avignon, Arles, Camargue
- **Kreditkarten:** Die wichtigsten Kreditkarten werden akzeptiert

Les Arcoules p. 184
F. 13520 Les Baux-de-Provence
Tel. (33) (0) 4 90/ 54 35 78
Fax. (33) (0) 4 90/ 54 44 31

- **Restaurant:** Provenzalische Spezialitäten, mittags auf der Terrasse am Schwimmbad
- **Öffnungszeiten:** Geschlossen von Mitte November bis Mitte März
- **Angeschlossen an:** Châteaux et Hôtels Indépendants
- **Lage:** 35 km vom Flughafen Avignon, 45 km von Nîmes, 60 km von Marseille. TGV-Bahnhof/Arles 15 km
Ausfahrt A7 Avignon-Sud, Ausfahrt A54 Saint-Martin-de-Crau, D78 Richtung Fontvieille.

LE MAS DE LA BRUNE

F. 13810 Eygalières
Tel. (33) (0) 4 90/ 95 90 77
Fax. (33) (0) 4 90/ 95 99 21

p. 190

- **Zimmer:** 9 Zimmer und 1 Appartement
- **Im/am Hotel:** Privatparkplatz, Wäscheservice, Schwimmbad, ruhiger Park, Garten
- **In der näheren Umgebung:** Golf (20 km)
- **Ausflüge und Sehenswürdigkeiten:** Saint-Rémy-de-Provence, Les Baux, Avignon, Arles
- **Kreditkarten:** VISA, Eurocard, Mastercard
- **Restaurant:** Nicht vorhanden
- **Öffnungszeiten:** Geschlossen vom 15.12. bis 15.01.
- **Angeschlossen an:** Châteaux et Hôtels Indépendants

- **Referenzen:** Michelin und Gault et Millau
- **Lage:** Mitten in den Alpilles, 25 km von Avignon, 45 km vom Flughafen Marseille/Marignane, 50 km von Nîmes und Arles
  A7 Ausfahrt Cavaillon, dann D99 Richtung Saint-Rémy-de-Provence.

LE BISTROT D'EYGALIÈRES

- Kreditkarten: Eurocard, Mastercard, VISA, Carte Bleue
- Restaurant: 1 Michelinstern
  Spezialitäten: *noix coquilles Saint-Jacques crues marinées, crème de Tourteaux, pommes rattes poêlées aux truffes, foie de canard poêlé au vinaigre balsamique, rouleau de pigeon aux échalotes confites, milles feuilles aux chocolates, mousse d'orange, fraises des bois*
- Öffnungszeiten: Von Ostern bis Mitte Oktober
- Angeschlossen an: Michelin, Gault et Millau, Bottin Gourmand, Guide Hubert

Rue de la République p. 196
F. 13810 Eygalières
Tel. (33) (0) 4 90/ 90 60 34
Fax (33) (0) 4 90/ 90 60 37

- Referenzen: 1 Michelinstern
- Lage: Ortsmitte.
  Autobahn A7 Lyon - Avignon, Ausfahrt Cavaillon, RN99 Richtung Saint-Rémy-de-Provence, anschließend 10 km nach Eygalières, Ortsmitte, Rue de la République.

Les Roches